JN331135

芸術学・宗教学・哲学の現場から

思索の道標をもとめて

ドイツ観念論研究会 編

萌書房

まえがき

本書は、「ドイツ観念論研究会」第三期の活動の総括として、第三期期間中に報告された論考に基づいて編まれた論集の一つです。本書の内容は、したがって、本研究会の特徴と密接に関係しています。本書について読者のご理解を請うため、初めに、本研究会の活動内容について概観しておく必要があります。それは次の三点に集約されるでしょう。

まず、本研究会は、会名から想像される限り、ドイツ観念論の諸思想に関する研究を専らとするかに解されますが、ドイツ観念論の諸思想が哲学・芸術（ロマン主義）・宗教の三領域間の相互交流に特徴を持っていたように、実際にはドイツ観念論の枠に留まらず、主としてドイツ系の、これら三領域の往還を特徴とする、思想上の研究交流を実践してきたということです。

次に、本研究会は、第二期までの活動の拠点が京都に置かれていたこととも関連して、いわゆる京都学派、とりわけその領袖・西田幾多郎の思想に関して、様々な角度からのアプローチを試みました。もっとも、本研究会と西田哲学との関連は、単に地理的・偶然的なものというに留まらない、ある意味では必然的なものでもあります。というのも、西田哲学の主要な思想源泉がドイツ観念論にあり、また西田哲学が哲学・芸術・宗教の三領域が分かちがたく絡み合った独特の特徴を有していることは広く知られるところであって、このことが本研究会の趣旨とよく合致するからです。

第三に、本研究会活動のもう一つの重要な動向として挙げられるのは、東京に本拠地を置く実存思想協会との合同研究会活動です。この合同研究会はすでに一〇年以上前から、年に一度、東京と京都で交代に開催されてきました。特に第三期では、寄川条路会長のリーダーシップの下、多彩なテーマが設定され、広範な知的刺激に富む研究交流が行われました。しかしそうした多様性の根底には常に、多くのハイデガー研究者を擁する実存思想協会と、同じくハイデガーに造詣の深い本研究会の会員を中心とする交流が通奏低音のように流れているのです。

以上のような本研究会の特徴を踏まえて、本書の内容に関連したことを次に述べておきます。

西田哲学（本書には西田に関する論考は含まれていませんが）も、ハイデガーの思想も、広い意味では、ドイツ観念論という思想的源流に連なる水脈です。本書に収められた論考で言及されているベンヤミンやシェーラーらもまたこの源流に関係していますし、さらにはこの源流の源泉の一つとして、ベーメやクザーヌスらのドイツ神秘主義の宗教思想があると言えるでしょう。しかもドイツ観念論の思想に〝物自体〟という「宿題」を出したのは、カントの批判哲学という、もう一つの直近の源泉でした。ショーペンハウアーやニーチェはこの「宿題」に、ドイツ観念論とは違う角度から答えを出そうとした思想家たちと言えます。本書に収められた諸論考のテーマの広がりは、こうして本研究会の持つ広がりに関連して、緩やかな纏《まとま》りを有するのです。

本研究会は、こうしてドイツ観念論という源流ばかりでなく、その源泉や支流をも包括する広い射程を有する研究を推進してきました。そしてさらに比喩を用いて言えば、この川が哲学・芸術（美学）・宗教という、三つの「船」を現代にまで運んできたと言うことができるでしょう。絶対精神の弁証法的展開の段階を芸術・宗教・哲学の順に設定したヘーゲルに倣って、我々は本書の構成を「芸術」「宗教」「哲学」の順に配置しました。

とはいえ、それぞれの論文はそれらが発表された機会も全体テーマも必ずしも同一ではないため、それぞれの主張するところを、例えば体系的統一を背景とする単一の視点に収斂させるといったようなことはできません（したがって、読者は、それぞれの関心にしたがって、どの章から読み進めていただいても結構です）。しかし、本書の執筆者は皆、現代という、得体の知れない時代を、理性的思惟によって乗り越えていくために、暗闇の中でも進むべき方向を明確に指し示す「道標」を設置していきたい、という共通の目標を有しています。

もちろん、勝義における正しい「道標」の設置ということは容易ではありませんし、「正しさ」なるものがよって立つ地盤が動くとすれば、この目的自体がそもそも挫折せざるをえないでしょう。したがってこの「道標」は、より控えめに、かつ正確に言えば、これを見る旅人（読者）がそこで立ち止まって考えるための道標であって、それが指し示す方向に進むことを強制するものではありません。進むか否かの決定は、もとより旅人にゆだねられています。めまぐるしく変化し流れ過ぎていく濁流のような現代にあって、無為に流れに身をゆだねるのではなく、そうしている時には見落としがちの事柄について、しばし流れに抗して読者とともに考えたい、それは、執筆者たちのこうした思いが託された「道標」なのです。進むべき道を読者の皆さんが自ら考え抜くために、我々の呈示する「思索の道標」を参考にしていただければ幸いです。

なお、各部の扉の裏にそれぞれの部の責任編集者（第Ⅰ部・石黒義昭、第Ⅱ部・来栖哲明、第Ⅲ部・佐野之人）による見取り図が添えられていますので、ここではそれぞれの論考の内容について紹介することは割愛させていただきます。また、「あとがき」に代えて、第三期・ドイツ観念論研究会の活動の詳細がまとめられています。適宜、ご参照いただければ幸いです。

最後に、この企画の出版を快く引き受けてくださり、原稿の整理や表記の統一にかかる面倒な筆削の労を惜しまず編集に協力してくださった萌書房の白石徳浩さんに、この場を借りて心から感謝の意を表したいと思います。

二〇〇七年九月二五日

第三期ドイツ観念論研究会幹事　高梨友宏

思索の道標をもとめて——芸術学・宗教学・哲学の現場から——＊目　次

第Ⅱ部　宗教篇

第Ⅲ部　哲学篇

思索の道標をもとめて

――芸術学・宗教学・哲学の現場から――

第I部

芸術篇

■「藝術の終焉」が語られるようになって久しい。確かに、今日、美や創造といった概念から自由になったアーティストたちは、それぞれの価値を主張している。旧来の軛から解放されたアートが、以前では想像もつかなかったような可能性を追究しているのは間違いない。しかし、その結果、どんな意味があるのか分からない「作品」が生まれるようになったことも否めない。「藝術は尺度を失った」という人もいる。偉大な藝術の時代は去り、言わば「何でもあり」の状況だ。そんな中で、藝術学の徒は何をすればよいのだろう。途方に暮れるばかりだが、もし藝術から「尺度」が失われているのであれば、藝術や藝術経験を考えぬいた思考、つまり原点に立ち返るのが筋であろう。

第1章では、美学〔感性論〕を基礎づけたカントの『判断力批判』が取り上げられる。難解な概念が読み解かれるだけではなく、カントとともに「美学すること」が実践されている。続く第2章は、崇高という概念を軸として、藝術における視覚と触覚の問題を提起する。これは、第1章を補完するものであると同時に、美学・藝術学の流れを概観し、その背景となった諸藝術を紹介する役割も果たしている。第3章では言語の問題が扱われる。様々な藝術論において藝術の核心と見なされてきた言語に関して、読者はベンヤミンとともに考えることになるだろう。最後の第4章で紹介されているのは、ハイデガーである。ハイデガーの思惟を辿った場合、藝術論がどのような方向へ向かいうるのか、その一つの道として環境論が考えられている。このように、第Ⅰ部の各章は、美学・藝術論の古典を振り返りながら、現在の様々な状況に批判的に対峙することを試みている。

（石黒義昭）

第1章　批判精神からの美学の誕生
――カント美学からの／への問いかけ――

第一節　批判とは何か

はじめに

「批判精神」「批判」という言葉を前面に出してしまうと、その好戦的な、あるいは挑発的な響きに怯まれるやもしれないと恐れる。とりわけ、「批判」という言葉が厳しい非難や糾弾、時として、自らを棚上げした一方的な誹謗中傷の同義として受け取られるやもしれぬ日本語においては。しかし、ここでの批判とはそのような意味ではない。

通例「批判」と訳される欧米語（〔英・仏〕critique/〔独〕Kritik）の語源となっている古代ギリシャ語（kritikē）は「弁別する」「決定する」「判断する」を意味する動詞（krinein）から派生している。この動詞は日常一般の瑣末事から、法的な正義・不正、社会的善悪に至るまで、様々な事柄についての判断・弁別・決定を意味する最も一般的な語として用いられていた。(1)ゆえに、批判とはまず、ある事柄について、そこに含まれるあれこれの可能性を吟味し、そこから一つの判断、弁別、決定を行うことの意として解される。かくして、批判においては、その正当な根拠（基準：kriterion）が重要となる。そして、さらにこれらの判断や決定が、生きるか死ぬかの岐路の選択へと直結するような場合、批判は「危機（クライシス：〔英〕crisis）」と語源を共有することになる。生死に関わる病状変化についての診断が下される時、または、一つの判断が局面の重要な分岐点となるような場面、そのような状況が危機である。存在することの存在理由がその根本から脅かされ、存亡をかけた判断・決断をいやおうなく迫られる状況、それが危機である。

以上のことを踏まえるならば、批判には二つのポイントが含み込まれていることに気づく。第一に、批判とは、問題となっている事柄に積極的に関与しない、無責任に放たれた言葉ではなく、様々な判断を介して当該状況に能動的に関与していく振る舞いであるということ。第二に、批判には、それを行うことが現況において差し迫った切実なものとして必要とされているという意識、つまりは、危機意識が根底に存在しているということ。してみれば、批判（クリティック）とは、ある事柄に対して当事者として関わりつつも、その事柄が含み持つ多くの可能性を冷静に吟味し、その事柄のあり様の根幹に関わる判断を下すということであり、それはクライシスの只中にあるものに対して、判断を介して能動的・積極的に参与することにほかならない。この限りにおいて、クリティックとはクライシスに抗う姿勢であるとも言える。クリティックがクリティカルなもの（critical：決定的に重要な）として要請される時、そこにクライシスはある。だがしかし、クライシスはまたクリティックによって克服されもするのである。

ところで「批判」という語を自身の哲学の中心に据えた哲学者として有名なのはカント（Immanuel Kant, 1724-1804）である。カント哲学は「批判哲学」とも呼ばれる。このことは、カント哲学が哲学の重要問題や当時の哲学のあり様そのものについての危機意識とその克服という二つを主動力としていることを意味する。カントは次のように述べている。「我々の時代は真の意味で批判の時代であり、すべてのものが批判に付されなければならない。宗教は神聖性によって、立法は尊厳によって、ともに批判から逃れようとする。しかしそうなると逆に、それらは自らに対する正当な疑惑を引き起こし、偽りなき尊敬を要求できなくなる。尊敬とは、理性の自由で開かれた吟味に持ちこたえることができたものだけに理性が認めるものなのである」(2)。カントの当時の現状認識では、宗教や立法といった本来「偽りなき尊敬」を要求できるはずのものが、疑惑に晒され始めている。しかも、こうした疑惑は社会状況の変化や学問の進歩によって生じた「正当」なものでさえある。近代の黎明期たるこの時期において、旧来の価値を盲信し、その威光に依存することは、疑惑を呼び寄せるのみならず、それが本来主張できるはずのものまで手放してしまう結果になる。批判とはそのような危機的状況から、かけられた嫌疑を晴らし、本来要求できるはずのものを再び手にするための方法である。そして、この批判という作業は、権威や伝統といったものに理性が制限されることなく、それぞれの個人が自らの理性を自由に使用し、互いの考えをぶつけ合うという仕方でのみ実行されなければならない。尊敬とは、批判に先立って与えられているものではなく、理性による批判を経て初めて認められるべきものなのである。

さて、それから約二〇〇年後、我々の現代はどうであろうか。やはり、我々の時代もまた、それに見合った仕方で、あらゆるものが批判に付される必要がありはしないだろうか。もちろん、美や芸術も例外ではない。そして、さらに言えば、カントの美学そのものさえも。

美学することを学ぶ

カント美学は美学史上においても重要な位置を占めている。だが、こうした伝統的な過去の評価は批判の前では差し控えられなければならない。また、芸術と美との結合はもはや自明ではない。美しくない芸術が美術館で展示されることはもはや珍しくないし、美術館に展示されるものだけが芸術ではないだろう。そもそも美とは何か。芸術とは何か。そして、このような美学の中心概念が喪失の危機にある時、美学に入門することの意味とは。ましてや、二〇〇年前のカント美学に果たして我々が学ぶべきものなど残されているのだろうか。

この問いに答えるべく、カントの言葉を引用してみよう。「学校教育を終えた若者は学ぶことに慣れてしまっている。そこで今度は哲学を学ぼう（Philosophie lernen）と考えるが、これは不可能である。というのも、今は、哲学すること（philosophieren lernen）を学ばなければならないからである」(3)。哲学において、本来学ばねばならないのは哲学することであって、哲学ではない。哲学を学ぶとは、例えば、哲学史上の重要な出来事や思想家の思想の要点を覚えるといったような、知識の習得（暗記）である。この場合には、自分で考えるというよりも、時にはむしろ、自らのうちに生じる当然の疑問や違和感を抑えるようにして、ひたすらに知識を詰め込むことが必要となる。カントはこれに代えて、哲学することを学ぶ必要性を説く。哲学することを学ぶとは、「一層成熟した自分なりの洞察」(4)の獲得であり、自らの理性を行使し、自らで考えることを学び取ることである。

同じことは美学にも当てはまりはしないだろうか。カント美学を学ぶのではなく、カント美学から美学することを学ぶこと。カント美学を補助手段として、自らで美学することへと向かって一歩を踏み出すこと。カント美学から最初に学ぶべきことは、そのような批判的な学びの姿勢である。ゆえに、本論考の目的は、学ばれてすでに久しいカント美学から、美学することを学び取ることである。その際、以下では、カントの『判断力批判』(5)（一七九〇）の「弁証論（Dialektik）」を中心に据えて、論を進めることにする。というのも、ここは、美に対する、互いに相異なる二つの主張が正当なものとして提出されるという、ある種の危機的な状況が批判的に解決される箇所だからであり、ここではどのように判断するかという問題、一言で言えば、批判の可能性そのものに焦点が当てられているからである(6)。

第二節　カント美学のクリティカルポイント

趣味のアンチノミー

カント哲学・美学において批判という語が担う役割を簡単に見たところで、美的な価値を有するものについての批判に焦点を絞って、さらに論を進めてみよう。批判において理性は、判断対象の存在にとってクリティカルな事柄について、自分自身で合理的に、そして、他者にそのプロセスを明らかにできるような仕方で判断しなければならない。しかし、この批判のあり方を、美あるいは美学の対象となるものに即して考えると、そこには特有の困難が存在することにすぐ気づく。つまり、美の判断においては、そもそも客観的な基準が存在せず、それゆえ、それは批判の体をなさないのではないかという疑義である。なるほど、真理に関する判断であれば、客観的な基準に依拠して、判断を下すことができる。しかし、美についての判断に従うべき客観的基準など存在するのであろうか。この問題意識を携えて、「弁証論」に進もう。

カントは美を判定する能力を「趣味（Geschmack）」、「このバラは美しい」のような、趣味による判断を「趣味判断（Geschmacksurteil）」と呼び（vgl. *KU*. §1. S. 39）、『判断力批判』「弁証論」を二つの相対立する命題、すなわち定立命題と反定立命題を示すことから始めている。「定立命題：趣味判断は概念に基づかない。というのも、もし概念に基づくならば、趣味判断について議論する（disputieren）ことができる（証明によって決定できる）からである」（*KU*. §56. S. 197）。この定立命題では、趣味判断が概念に依拠していないことが主張されている。というのも美についての判断の真偽は判断対象を客観的に分析することによって証明できないからである。それに対して、反定立命題においては、美の判定に際して判断主観に生じる必然性の意識、つまりは、趣味判断によって表明されている内容はそれを下した主観のみに当てはまるのではなく、他のすべての人に普遍的に妥当するはずであるという意識を拠り所として、そのような意識が正当性を持つ根拠として、やはり何らかの概念が趣味判断の根底には置かれていなければならないということが主張される。「反定立命題：趣味判断は概念に基づく。というのも、もし概念に基づかないならば、趣味判断が異なっているにもかかわらず、趣味判断について論争する（streiten）ことすらできなくなる（他の人々がこの判断と必然的に一致することを要求できなくなる）からである」（*KU*. §56. S. 197）。

これら二つの命題は主語（「趣味判断」）を同じくしているにもかかわらず、同じ一つの主語に対して「概念に基づく」「概念に基づかない」という相反する述語を伴っており、両命題は相互に対立する関係を形成している。これがカントの言う「趣味の二律背反（アンチノミー）」である。

しかも、この二律背反は、不注意に起因する誤りのようなものではなく、カントの言葉を借りるならば、我々にとって避けることできない「自然な錯覚」（*KU*. §57. S. 197）として現れる。つまり、弁証論における定立命題と反定立命題は、それに先立って行われたカントによる趣味判断の解明のうちに根拠を持つものであり、二つの命題は趣味判断に属する二つの本性に対応している。定立命題は趣味判断の美的性格に、反定立命題は趣味判断の普遍妥当性要求に対応し、そのようなものとして相互に矛盾するかのような、錯覚をもたらすのである。それぞれの命題について検討してみよう。

趣味判断の美的性格と普遍的妥当性

趣味判断の美的性格とは、その判断の根拠が快・不快の感情に基づくことを指している。カントは次のように述べている。「あるものが美しいか、そうでないかを区別するために、我々は表象を、悟性を通じて、認識のために客体へと関係づけるのではなく、（おそらくは悟性と結合された）構想力を通じて、主観と主観の快・不快の感情へと関係づける。それゆえ、趣味判断は認識判断ではなく、したがって、論理的（logisch）ではなく、美的（ästhetisch）である」（*KU.* §1. S. 39）。悟性とは概念を駆使して、論理的に思考する能力であり、これは主として自然科学における認識に関わる。構想力とは感性に与えられた諸直観の多様から形象を作り上げる能力であり、思考の対象に具体的な（直観可能な）形を与える。これら二つの能力は論理的な認識判断はもちろんのこと、趣味判断においても、それが判断である以上、重要な役割を担っている。

ある判断が美的である場合には、判断の成立プロセスに判断主観のあり様が不可欠の構成要素として含まれている。それに対して、論理的客観的判断は判断主観の固有性を問わない。むしろ逆に、それは特定の主観の様態から独立し、対象の側において完結するという点においてその真価が問われる。例えば、水分子は水素原子と酸素原子から成るという判断は、対象とその構成要素の客観的関係性に基づく判断であり、判断主観の状態から完全に独立している。ところが、この絵は美しいという美的趣味判断においては、その主語と述語を媒介するものとして、判断主観の心的状態、端的には快・不快の感情が必要となる。美的判断は判断主観の情緒的参与を必須の成立要件とし、対象の側だけで決して完結しない。趣味判断もまた快・不快の感情という主観的なものに基づく判断である以上（例えば、ある絵画のできの良し悪しは実際にそれを鑑賞する中で、自分自身に問い合わせるほかないのであるから）、判断対象を根拠として、判断の真偽を主張・証明できるようなものではない。対象の性質を最終的な根拠として持ち出すことができない以上、美的判断については議論ができないことになる。このように、趣味判断の美的性格と弁証論の定立命題はまったく同じことを意味している。

しかし、趣味判断は美的判断であっても、普遍的妥当性を要求しうるという点で、感覚的な快に基づく判断から峻別されなければならない。美についての判断は、「リンゴは美味しい」のような感覚的判断と、感情に基づくという点においては同じであるが、前者は普遍的妥当性を必ず随伴している点で後者から決定的に区別されなければならない。「蓼食う虫も好き好き」と言われるように、感覚的快に基づく判断が相対的であることに甘んじ、普遍的妥当性要求を最初から断念している以上、そこには普遍性を保証するものへの問いは存在しない。ところが、趣味判断は感情に基づく判断でありながら、普遍的妥当性を正当に要求できる。カントは次のように述べる。「普遍的妥当性をこのように要求することは、我々が何かあるものを美しいと言明する判断に本質的に属しているのであるから、言明する際に普遍的妥当性を考えないならば、誰一人、美しいという表現を用いようなどと思わないだろう」（*KU.* §8. S. 51）。

カントによれば、何かを主語として、それに「美しい」という述語を付加する時、その関係性の意識には必ず、単に判断主観一人のみならず、他のすべての主観がそれに同意し、同じように判断することへの確信が含まれていなければならない。あるものが私一人にとって美しいと言明することはナンセンスであり、「美しい」という表現には、他のすべての主観が私の判断と一致することへの期待が伴われている。そして、そのような確信・期待が趣味判断に本質的なものとして属している以上、そうした確信・期待の根拠となるものもまた意識されていなければならないはずであり、ここに反定立命題はその論拠を見出すことになる。

これら二つの契機（美的という性格と普遍的妥当性要求）は「美しい」という表現に本質的なものとして属しており、そのようなものとして趣味の二律背反を形成する。したがって、ここから予想されることは、趣味の二律背反における対立とはどちらかの命題を偽であると斥ければ、それで済まされるような種類のものではないということである。事実、カントによるこの二律背反の解決は、両命題ともに肯定するという方向性において実行される。

アンチノミーの解決

まず、カントは定立命題と反定立命題において使用されている「概念」という同じ言葉が両者において、それぞれ異なるものを指示していることを指摘する。定立命題において、概念とは直観化可能な概念であり、反定立命題において、概念とは対応する直観が存在しない規定不可能な理性概念である。「定立命題では、『趣味判断は規定された諸概念に基づかない』と述べられるべきであるし、反定立命題では『趣味判断は、たとえ規定されていないものであるとしても、何らかのある概念（つまりは、諸現象の超感性的基体）に基づいている』と述べられるべきである[7]。そうすれば、両者の間には対立は存在しなくなるだろう」（*KU.* §57. S. 199）。定立命題において、趣味判断の根拠として否定されているのは「規定された概念」であり、反定立命題において、肯定されているのは「規定されていない、ある概念」である。その際、概念の規定・未規定に関わっているのは直観である。概念と直観とが結合されることで初めて、認識可能なものとして対象が成立し、両者は相互に規定し合う補完的な関係のうちにある。概念は、それに対応する直観と結合されることで、概念という単なる思考の産物は直観可能な具体的な形式（概念によって指示される対象）を持つことになり、意味するものと意味されるもの、指示するものと指示されるものとの相互参照関係が形成される。概念は対象の直観形式を指定し、対象の直観は概念の実在性を保証し、それを例示する。定立命題において否定されているのは、そのような対象認識の場面において使用される概念、直観によって規定され、特定の対象へと関係づけられた概念である。それに対して、反定立命題において使用されている概念は直観によって規定されえない概念、すなわち、単に思考されるに留まるほかない「理念」である。

さらに、このような二種の概念区分に、「議論すること」と「論争すること」という区分が重なっている。「論争すること（Streiten）と議論すること（Disputieren）は確かに、両者が諸判断の相互対立を通じて、それらの一致を生み出そうとする点では同じであるが、しかし、議論することがこうしたことを証明根拠としての規定された諸概念にしたがって遂行しようとする点、したがって、それが判断の諸根拠としての客観的概念を想定する点では、両者は異なっている」（*KU.* §56. S. 196）。カントの語法によれば、議論することができるのは、規定された概念に関してのみであり、規定されていない概念に関しては論争することができるのみである。これら二つを区分するのもまた、概念に対応する直観が存在するかどうかという点である。そして、趣味判断は直観を通じて規定可能な対象概念に依拠するのではないがゆえに、その真偽は客観的に（対象に依拠して）証明できず、それに関しては「議論する」ことはできないことになる。しかし、趣味判断が主観的な普遍的妥当性を正当に要求しうる限りにおいて、すなわち、趣味判断が特定の概念に依拠するのではないが、それでも、規定されていない何らかの概念に依拠していると考えられうる限りにおいて（さもなくば、趣味判断の普遍妥当性要求はその根拠を失うことになるだろうから）、判断の諸対立を普遍的一致へと導いていく努力、「論争する」可能性は依然として残されている。

カントは「概念」という語の指示内容の差異、それに伴う「議論」と「論争」の区別を手がかりにして、上述の二律背反を解消する。それに従えば、定立命題と反定立命題は見かけ上、同じ次元において相対立しているかに見えるが、実はそうではなく、概念という同じ言葉が、二つの命題において違う意味で使用されており、それが見かけ上の対立を形成していたことが判明する。ゆえに、それらの関係は本来対立するものではなく、二つの命題は共立しうる。これがカントによる趣味の二律背反の解決の概要である。

では、このような解決によって何が示されたのか。確かに、対立は「自然な錯覚」として見かけのものにすぎないことが示されたが、しかし、錯覚が生じる仕組みの解明は、錯覚そのものを消去することと相即ではない。また現時点では、本論考冒頭で示した問い、美について批判し、美学することを学ぶ積極的意味への問いは未決のままである。カントは二律背反の対立を解消し、両命題を共立させた。この手続きによって、両命題の主張は真正面から対立するというのではなく、それぞれ異なる次元、つまりは感情と理性理念の次元において、それぞれ棲み分けるという仕方で、ともに保存されることになる。これは一つの解決であると同時に、新たな問題提起でもある。つまり、それら異なる次元において定立命題と反定立命題が、互いを侵犯することなく棲み分けるように共立するという、この思考イメージそのものが、それら二つの次元を同時に収めることができる第三の視点の存在を示唆している。二律背反の解消は、新たに、二つの命題が共立するさまを光景として見せる、もう一つの眩惑的な場を開く。そして、そこでこそ、我々は美的価値を内臓するものと出会い、なかば歓喜し、なかばもだえつつ、それに見合う言葉を捜し求めるのではなかったか。そしてまたそこは、批判するという営みが止むことなく要請される、ある種の危機的な状況であるとともに、その都度の批判によって、見逃してはならない何か決定的に重要な事柄が救い出される場ではなかったか。もちろん、そこは、美学が産声をあげた場であり、美学するという実践が新たな推進力を獲得する場でもあるだろう。本論考の掲げる問いが、一つの解答を見出しうるとするならば、まさに、第三の視点から開けてくる、そのような場においてであると思われる。

第三節　批判する／される権利

象徴形式による批判

以上において、カントによって示された「弁証論」を概観したが、そこから判明したことは、趣味の二律背反を構成する両命題のどちらか一方だけでは美の経験の在りようを十分に汲み尽くすことはできないということ、そして、それらは背反という、見かけ上の相容れぬ形式はもちろんのこと、規定された概念と未規定の概念という本来架橋しがたい次元の位相差を越えて、相補的に機能せねばならないということである。

確かに、二つの命題は美についての一般的な態度を提示している。美は対象の性質へと還元できないものであり、主体の感情を介した対象との感性的な関係性のうちでのみ見出されるものである。したがって、それはまた一定の概念によって説明し尽くされるものではない。美は認識される以前に、まず感覚的に感じ取られるものである。だが、こうした側面をあまりに強調することは、同時に、すべての趣味判断がその内容を吟味することなく、等価的に乱立する混沌への道を準備するものとなる。美の説明不可能性はそれぞれの経験が持つ内容の質的差異すべてを無視して絶対化し、美について語る努力すら免除してしまう危険性がある。あらゆる判定に対して無際限に開かれている美の経験とは、批判意識を欠いた一つの閉域の言い換えにすぎないのかもしれない。だが実際には、我々は美について語りうること、学びうることは決して少なくないし、それが我々の美的経験の可能性を拡張してくれることも確かである。美が本来的に対象の性質ではないとしても、やはり、対象（芸術作品なり、自然なりといった）の形式のうちに宿るものであり、批評家や歴史を通じて醸成されてきた美の基準も存在する。美に対する感受性は確かに学び取られ、開化訓育できる余地を常に残している。そして、こうしたことによって、美の経験内容がさらに拡がりと深みを増し、美について着実に語り、語り合う可能性もさらに大きく広げられることになる。もちろん、このような契機をあまりに重視するならば、それはそれでまた、鑑賞する自由、美の判定を主体的に実践する自由を圧迫し、美の経験からその内実を抜き去り、美の経験を思考上での理論的操作へと空洞化させる危険性を残すことになるのだけれども。

以上を踏まえるならば、趣味の二律背反は単に否定されるべきものではなく、むしろ、共立というあり方において積極的に担われるべき課題であるということが判明する。両命題を共立させるというカントの弁証論の解決はまさにそのようなものとして解釈されねばならない。事実カントは、次のように述べている。「趣味判断において客観が関係づけられる概念は、美的判断力の二つの格律において同じ意味において受け取られていない。判定のこうした二重の意味あるいは観点は我々の超越論的判断力にとって必然的である」（*KU*, §57, S. 197）。

すでに見たように、カントは定立命題と反定立命題において、概念が同一の意味に理解されていないことを示すことでアンチノミーを解決した。そして、カントによれば、このような意味のずれが生じるのは、そもそも趣味が自らのうちに二重の観点、すなわち、感情レベルのそれと理念レベルのそれをともに内蔵しているからである。趣味の二律背反が、この二つの観点の視差において生じる不可避の仮象であるならば、この二つの観点が結び合わされた時に、二律背反の根底にあるとされる「趣味の正しい概念」(*KU*, §57, S. 199)がその全貌を見せるはずである。弁証論は二つの相反する次元を見渡す第三の視点の存在を示唆している。趣味の批判はそこから行われる。そして、そのような位置において可能となるのが象徴として美を考察するという態度にほかならない。

まず、カントによる象徴の説明を引用することにする。「アプリオリな諸概念の下に置かれるすべての直観は、図式(Schema)であるか、それとも象徴(Symbol)である。そのうち図式は概念の直接的描出を含み、象徴は概念の間接的描出を含む。図式はこのことを例証的に(demonstrativ)行い、象徴は類比を介して(vermittelst einer Analogie)行う(この類比のために経験的直観も使用される)。類比において判断力は次のような二重の仕事を遂行する。つまり、第一には、概念をある感性的直観の対象に適用するということであり、第二には、その直観に対する反省の規則だけを全く別の対象に適用することである。最初の対象はこの別の対象の単なる象徴である」(*KU*, §59, S. 212)。

ここで、カントは概念が直観化される二つの方法として、図式と象徴を対比的に説明している。図式とは概念の内容に則った、概念の直観化の規則である。例えば、三角形という概念のうちには三つの辺からなる図形という規定が含まれおり、この規定にしたがって構想力は諸直観の多様を構成するための規則(いくつの線分をどのように組み合わせるかについての規則)を形成する。この規則に依拠して、三角形のそれぞれの個別的な直観が形成される。この時、三角形の概念は構想力の図式を介して、個別的な直観へと描出されたことになる。この場合の描出は概念に構想力が従うという仕方で、すでに概念によって規定されており、そうであるがゆえに、概念が描出されているところの個別的形象は、概念を示す個別的な事例となる。概念の実在性は図式を介して、それが個別的直観へと描出されることで初めて、具体的に直観可能な仕方で、例証されるのである。このように図式による描出においては、構想力は概念（意味）とその直観（指示対象）とを一対のものとして直接的に提示するところに、その特徴がある。

　これに対して、象徴における描出は、反省規則の類比を介して間接的に行われるところに特徴がある。例として、「鳩は平和の象徴である」と言われる場合に即して考えてみる。まず、鳩の概念が直観へと適用されなければならない。これは図式に従う描出と同じであるが、さらに、鳩が平和の象徴となるためには、鳩の直観に対して我々が考えることと平和について我々が考えることの間で類比が成立していなければならない。鳩のイメージからは、長く続いたカタストロフの終焉とこれからの安寧の約束が考えられており、これが平和の概念内容と類似性を持つがゆえに、鳩の直観は平和の間接的描出と見なされるのである。これが間接的と呼ばれるのは、本来対応する直観を持たないはずの（したがって、直接的に描出できないはずの）理念（ここでは「平和」）が反省規則の類比を媒介として、直観と結合されるからである。この際に重要であるのは、象徴における類比が、例えば「りんご」と「赤い頬」との関係に見られるような直観の直接的類似性ではなく、思考内容の類似性に基づくという点である。象徴という描出様式において、象徴されるものとは直観化不可能な理念であり、それが反省形式という思考の類比を介して、直観と結合される。平和とは本来直接的には直観化できない理念であり、それに直接結びつく直観は概念から直接与えられないのであるが、それでも、それは類比を通じて間接的に鳩へと直観化されうるのである。「鳩は平和の象徴である」と言われる時、平和という理念が、間接的にではあれ、鳩という具体的な形において表明されている。ゆえに、象徴という描出形式の利点は、本来直観化されえず、思考されるにすぎないはずの理念をありありとした直観において感得させるという点にある。

　そしてさらに、以上のような象徴の説明の後、カントは次のように続けている。「美しいものは人倫的に善いもの（das Sittlichgute）の象徴である」（*KU*, §59, S. 213）。例えば、ある作品に対して気品があると評する場合のように、美についての語りには、しばしば、本来は人格を評する際に使用される言葉が登場する。このことが示しているのは、我々が美しいものの前に立つ時、ちょうど一人の人格の前に立つ時のような態度で、それと接するということである。人格がその才能や属性、気質を越えた絶対的・自律的価値を持つものとして敬意と評価の対象となるように、一つの作品なり、美しいものもまた、それ自体の相の下で、観察・評価されねばならない。これら二つは感覚的な関心や利害関係を超越し、それ自体として、人倫的に善いものは理性によって、美しいものは趣味によっておのおの自律的に判定されなければならない。ゆえに、美しいものに対する態度と人倫的なものに対する態度の間には思考様式の類似性が存在しているがゆえに、美は人倫の象徴となりうるのである。美しいものは、それがあたかも一つの人格であるかのように、我々の前にある。したがって、そこでは美しいものは自律的価値を有した一つのもの、「このもの性」の下で考察されなければならない。

だが、しかし、善いものと美しいものとの間に確固とした類比関係が見て取れるとしても、それらは同一ではない。以下ではさらに、カントの象徴論に含まれる可能性を詳しく検討してみよう。

美的理念に導かれる批判

以上では、弁証論と象徴論を続けて概観したが、それらはまさに、美を象徴として語る可能性を示唆するものとして考えることができるだろう。定立命題のように、美をもっぱら主観的契機から捉える立場においては、美はありありと経験される美的感情の前で、公共的に語るための論理性を見失う。逆に、反定立命題のように、美を理論的に説明する立場においては、実感を欠いた論理性の前で、美の経験はその直観的直接性を失う。美の経験的直接性に訴えれば、論理性が失われ、論理性に訴えれば、直接性が失われる。しかし、美についての語りは、このような袋小路から、象徴という描出方法によって一挙に救われる。美は未規定の理念の象徴として考察される。つまり、美は、理念が間接的に具現化されたものとして、自由な論争の対象となりうるのである。美を理念の間接的描出として考察することは二つのことを意味している。まず第一に、象徴は規定された概念を例証するものではなく、したがって自由な論争を禁じるものではないということ。次に、象徴とは確かに、理性理念という観点から見れば間接的なものであるが、それでもなお、それは対象の個別的な直観においてありありと現象しているのであり、美の経験の直接性をいささかも損なうものではないということである。趣味判断の普遍的妥当性要求は、象徴という観点の下で、美的経験の主観的直接性・個別性の契機と相互に緊密に連携・連動することとなる。これら二点を考慮するならば、美的価値を有するものについて批判する際の規範意識もまた、その輪郭がはっきりとしてくる。つまり、それは常に自己の感情と一致するものであること、そして、そうしたものとして、他者との論争に向けて開かれていなければならないということである。美は未規定の理念の象徴として、すべての主観に対してありありと感性的に感得できるような仕方で、判断されなければならない。これが美しいものを美しいものとして語り、それについて他者と論争する自由を保障する。このような義務が、美しいと呼ばれる対象と我々自身から課せられている。弁証論と象徴論はこのような美についての語りの可能性とそのような可能性を常に確保しなければならない義務とを示唆している。カントによる周知の定式、「人倫性の象徴としての美」(*KU*, §59, S. 211) が約言しているのは、このような点である。

今しばらく、カントの象徴論に留まろう。カントによれば、美は人倫性の象徴として捉えることができる。それは、美に対する態度と道徳的に良いものに対する態度の間との類比を根拠としている。しかし、ここで注意せねばならないのは、美が象徴として考察される時の、その特異性である。カントによれば、象徴は二つの過程から成る。一つは、(1)通例の手続きに則った(経験概念の場合がそれに該当する)、図式による概念の直観への適用であり、続いて、(2)二つの概念の思考様式ないし反省形式の類似性の発見である。これら二つの契機を経ることで初めて、通例の手続きによっては直観化されないもの（理念）が直観化されることになる。ところが、美的経験においては、要件⑴が満たされる仕方は、通例の場合とは異なっている。なぜなら、カント自身が述べているように、美しいものにおいては、「構想力は概念を伴わず図式化を行う」（*KU*. §35. S. 137）のであるから、象徴という形式が成立するための契機の一つ⑴、通例の図式化が欠けている。象徴となるものは図式化可能なものでなければならないが、論理的判断の対象ではない美はそもそも通例の手続きによって図式化されえないものなのである。象徴されるものは本来直観化されない理念であるが、それを象徴するものは通例の手続きによって直観化可能なものでなければならない。この直観化可能なものが、思考の類比を介して、本来直観化不可能なものを、言わば代理するのが象徴である。ところが、定立命題が申し立てているように、美もまた規定された概念ではないのであるから、それは本来、通常の意味では、直観化不可能なもの、認識判断におけるような図式による描出が不可能なものである。ゆえに、「人倫的なものの象徴としての美」という定式は美に関する理念と道徳的理念という二つの本来直観化されえない理念との間で成立していることになる。そうすると、美を象徴として捉えるという態度は⑵の契機のみで成立していることになる。だが、カントが趣味判断に対して未規定の理念の存在を指摘する時、その理念は通例の理念とは内実が大きく異なっている。

カントによれば、美とは対象の性質ではなく、したがってそれは例証されない、未規定の理念である。カントはこの理念を「美的理念」と呼び、次のように説明している。「美的理念（ästhetische Idee）の下で、私は次のような構想力の表象を理解している。つまり、多くのことを考えるきっかけを与えるが、それでも、この表象に対しては、何らかの一定の思考、すなわち概念も適合せず、したがっていかなる言葉もこの表象に十分に到達せず、それを理解可能にすることができないような表象である」（*KU*. §49. S. 167f.）。カントによれば、美しいものにおける美的理念はすでに構想力の表象として常に直観化されている。それにもかかわらず、それが理念と呼ばれうるのは、その表象に対してはいかなる概念も適合しないという理由に基づく（カントの語法において、通例、理念と呼ばれるものは、適合する直観が存在しない概念を指す）。美的理念は思考の対象である以前に、構想力の産物であり、それを機縁として思考が無限に活性化されていくのである。美的理念は特定の概念へと回収されることなく、そこから逃れていくことを本性とするような構想力の表象、諸直観の戯れである。ゆえに、それは通例の図式による直観化の必要なしに、すでに直観として我々に与えられているのだから、これで象徴形式の要件(1)は満たされていることになる。美的理念という、美しいものが有する理念的性格はあくまで、構想力に対して立ち現れる個別的形象のうちに宿るものであり、そのような直感的表象として我々を様々な思考へと誘う。美しいものは思考の動きを止めることを許さないのであるが、思考を一定の内容のままで固定化することも許さない。そして、この思考の動きの中で紡ぎ出される言葉は、象徴という解釈格子を媒介として必要とする。美的価値を持つものは、それ自体で美的理念として直観とともに我々に語りかけてくるのであり、我々はその声を象徴によって、我々の言葉に置き換えていくのである。

そして、このような美的理念の本性を考慮に入れることよって、美を象徴として考察するという態度に特有の規範性、単なる倫理的規範からの類比に回収されない美の経験の規範性、カントの言葉を使えば、「趣味が目指す英知的なもの（das Intelligibele）」（*KU*, §59, S. 213）の固有性をさらにはっきりと考えることができるようになる。カントが人倫的なものの象徴として美を規定する時、それは可能的な、象徴に基づく語りの一つを披瀝したにすぎない。先の引用から明らかなように、美的理念とは一定の概念から絶えず逃れていくような表象である。ゆえに、それは道徳的理念にもまた回収し切れないはずである。このことは『判断力批判』「美の分析」において、美しいものが「善いもの」から区別されたこととも符合している（vgl. *KU*, §4）。ゆえに、美を象徴として考察することは、美しいもの以外のものから類比的にそれを説明することとは本質的に異なる。そうではなくむしろ、美しいものの考察のうちに留まり、構想力と悟性との戯れのうちで、その都度形を変えつつ、形成される諸直観の布置（美的理念）から、「多くのことを考える」こと、すなわち、美しいものの経験から日常的な理解や経験の構造を流動化させていく作業にほかならない。もちろん、これは美の経験の中に自閉することとも異なる。美の経験は、美へと集中することを通じて、外的世界に参与する可能性も同時に準備する。美を象徴として語ることは、鑑賞者の中で自発的に形成された美的理念を語ることであり、それは他者の同意を要求するものであっても、強要するものではない。美の経験において、象徴という考察様式は我々にとって、対象により接近し、他の主観とコミュニケートするためのツール、「拡張された思考様式」（*KU*. §40. S. 145）を獲得するための重要な実践なのである。

美を象徴として語ること、それは別言すれば、美の経験の中で、一定の思考に固着することをやめ、他者との自由な論争の中で、世界と世界との関わり方を絶えず更新していくことにほかならない。美しいものとの出会いの中で、我々に課されるのはこのような義務、象徴という思考様式を積極的に行使する義務であるように思われる。

コミュニケーションツールとしての批判

カントが批判という語を中心に据えることで、どのような美学的可能性を得たのかは概観した。ここでは最後に、その現代的な意義を考えてみよう。

カントと我々との間には、洋の東西という空間的断絶はもちろんのこと、二〇〇年という時間的断絶も存在している。カント美学が前提としている多くのものは、我々の美学の前提とはなりえない。現代の芸術作品はもはや美しいという単一的な基準だけでは到底接近不可能であるし、芸術のジャンルは急速に錯綜し、様々なメディアによって表現形式も多様化している。もはや、芸術、美、作家などという近代的な美学の基本概念は耐用年数をすぎてしまった。そんな現代において、カント美学に単なる知識の習得以上のものを求めることは不可能にさえ思えるやもしれない。だが、事実はそうではない。我々はカントから批判を通じて美学することを学びうるのである。
現代における美学領域の問題構成の複雑化は、その他方で、美学そのものの無縁ではない。例えば、インターネットという装置は表現と伝達の可能性を驚異的に拡大させたが、それはジャンルの終わりなき細分化と融合と、そして、そのような中で形成された、共通の関心を持つ者だけの閉じたグループ化を促進しさえもする。このような集団は相互にコミュニケートすることなく、それぞれのグループはそれぞれの中で自閉する。美という中心概念が崩落した後には、美の批判は小規模のグループによる世界規模の井戸端会議に堕する危険を常に秘めている。だが、カントの批判的美学は、むしろ、このような状況においてこそ、その真価を発揮するものと考えられなければならない。なぜなら、それは一切のものを批判に付すということから始まる美学だからである。カントがそうしたように、その都度絶えず判断を迫られ、他者の判断に晒されるという危機に身を置くこと。批判する／されるという脅威を自らが持つ権利として引き受け、同じ権利を有する他者とコミュニケートすること。カント美学が我々に教えてくれるのはそのような美学のあり方の可能性であり、それは多様に横に連携しながら、一つの理念を形作っていく。それを保証するのが批判という態度なのである。カント美学は現在でもやはり我々のすぐそばで、批判というアクションを促し続けている。

注

（1） Artikel:<Kritik>, in : *Historisches Wörterbuch der Philosophie*, Bd.4, 1971.
（2） カント／有福孝岳訳『純粋理性批判』〈カント全集〉第四巻、岩波書店、二〇〇一年、一八頁。ただし、訳文は原文を参照し、適宜変更した。
（3） カント／田山令史訳「一七六五―六六年冬学期講義計画公告」〈カント全集〉第三巻所収、岩波書店、二〇〇一年、二一六―二一七頁。ただし、訳文は原文を参照し、適宜変更した。

（4）　同上書、二一七頁。

（5）　この著作からの引用に関しては、引用後に書名を*KU*と略記し、引用箇所を節数と頁数で示すことにする。なお、頁づけは、左記の使用したテキストに準じている。*Kritik der Urteilskraft*（1790）, Hrsg. Karl Vorländer, Meiner, PhB39. この著作の翻訳書としては、次のものを参照した（ただし、訳文および訳語は適宜変更してある）。牧野英二訳『判断力批判』〈カント全集〉第八巻、岩波書店、一九九九年。

（6）　したがって、本論考は、一般に「芸術批評」と呼ばれるものへの問いとも密接に連関している。これはクリティックが通例「批評」とも訳されることからも当然である。しかし、厳密に言うならば、本論考の目的は芸術批評のあり方を検討することではない。そうではなく、それを批評と呼ぶかどうかはまずおくとして、美なり、芸術作品なりの経験を、我々は完全に言語化できないことを覚悟の上で、言葉に乗せざるをえないのであり、そうした美についての語らいさえも、美から受け取る喜びの一つに数え入れることもできるという事実にこだわることである。批評の可能性を批判から切り拓くこと。本論考の目的は美について判断する、美について語る（ないし書く）という行為に含まれる本質的可能性を提示することにある。これは、美についてどのように語る（ないし書く）べきかという批評の方法論への関心と同じではない。そうではなく、いかようにであれ、沈黙を破って、美について判断し、語る（ないし書く）ということ、その振る舞いの原理とそこに含まれる可能性を問うこと、ここに本論考の主眼は置かれている。なお、カント自身もまた「批判」と「批評」を区分し（*KU*. §34）、自らの立場として前者を選択している。

（7）　引用文中にある「超感性的基体」については、この引用箇所の直前において、「感官の客体として、したがって現象としての対象（そしてまた、判断主観）の根底に置かれている、単なる純粋理性概念」（*KU*. §57, S. 198）と説明されている。したがって、この理念は主観と世界とがその上で成立していることになる共通の基盤を指示していることになるが、カントはそれについては学問的に証明できないとして、示唆するに留めている。

第2章　芸術における「触覚的視覚」
――「カント美学」の一解釈を手引きとして――

はじめに

芸術とは人間の手になる感覚的形成物である。今仮に、その精神的内容に関して度外視することができるとすれば、芸術を考える際に感覚的側面に着目することはそれ自体重要な意味を持つ。絵画、彫刻、音楽などの芸術諸ジャンルは、自立的な個別感覚の相違と、それら自立的個別感覚のうちのいくつかの融合に基づいて形成されているからである。

そもそも、芸術と感覚との関係は必ずしも一対一対応のような単純なものではない。例えば、自立的な聴感覚に基づくと考えられる音楽においても、そこで鳴り響く音は、単に音として聞かれるもの、聞こえるものとしてのみ知覚されるだけではなく、「見えるもの」としても捉えられることがある。「カラフルなオーケストレイション」、「シンバルの響きが閃光を放つ」、「コントラバスの暗い響き」、「ヴァイオリンが奏でる明るい旋律」などの表現の持つ妥当性は、こうした事情に基づくものであろう。また絵画においても、色彩や形態の視知覚がメロディ、ハーモニーおよびリズムといった音楽的要素との関係のうちに意識されることがある。オペラや映画は、誤解を恐れずに言えば、言語的、文学的意味内容の知解に加えて、そもそも視覚的要素と聴覚的要素の融合の上に成立している。このように、ある個別感覚が持つ特性が他の個別感覚のそれに浸透したり、両者の間にアナロジカルな関係が生じたりするということは、確かに芸術の経験に広く認められるところであり、またこのことが芸術経験を奥行きのある豊かなものにしてくれるのである。もっとも、このことは、こと芸術に限らず、日常的経験一般においても広く知られる事実ではある。

さて、本章では、芸術における視覚と触覚について、対比的に考えてみたい。さらに言えば、芸術思想や芸術の実作における近代から現代への移行の問題を、非常に雑駁な捉え方ではあるが、視覚に依拠する近代から、触覚に、より正確に言えば、触覚とのアナロジーにおける視覚に、軸足を置く現代への流れとしてスケッチしてみようと思う。その際、特に、近代美学の定礎者と目されるカント（Immanuel Kant, 1724-1804）の『判断力批判』（一七九〇）におけるいわゆる美学思想をこの流れの分水嶺と位置づけ、そこで扱われる「趣味論」と「崇高論」の間に流れの転換点を設置することをもって考察の足がかりとしたい。すなわち、ここでは、①カントの「趣味論」が、近代的主観の視覚の原理に基づく統一的・調和的世界把握の美学と見なされ、「崇高論」を言わば〝触覚的視覚〟を原理とする、統一的・調和的世界把握の破綻の兆しと解釈したい。その場合、②「崇高論」の原理を〝触覚的視覚〟と解するための根拠として、先に述べた諸感覚の相互浸透ないしアナロジーの現象について言及するつもりである。そして最後に、③芸術における近代から現代への移行の諸々の実例や論拠を呈示し、本考察の裏づけとしたい。なお、論述の順序としては、最初に②について概観し、次いで①についてやや詳細に検討し、最後に③の呈示を行って、感覚的特性の側から捉えられた芸術のあり方が、近代および現代の精神的状況との間にいかなる関係を示すかについて考察を進めることにしたい。

第一節　感覚の往来

個別感覚（五感）と共通感覚／常識

芸術と感覚の関係を考えるに当たって、まず自立的な個別感覚がどのように考えられ、さらにこれらの諸感覚相互を統合する働きについてどのように考えられてきたのか、思想の歴史をひもといて検討しよう。

感覚をめぐる考察の嚆矢として挙げられるのが、アリストテレス（Aristotelēs, 384-322B.C.）の『霊魂論（心について）』である。そこでは、人間の身体に属する諸感覚器官に基づいて、視覚・聴覚・触覚・味覚・嗅覚が人間に属する五つの感覚として挙げられており、この分け方がその後の感覚の区分に関して基準を提供する伝統を形成するところとなった。

しかし彼は、諸感覚相互の相違に基づく感覚の区別を行いながらも、同時にまた、諸々の個別感覚に通底する「共通感覚（コイネー・アイステーシス）」の存在を指摘している。[1] アリストテレスによれば、この共通感覚はそれに固有の感覚器官を持つわけではない。例えば、運動、静止、形、量、数などは、五感のすべてもしくはそのうちの二つまたは三つの感覚に関与しており、これらを捉えるのはある種の感覚でなければならない。もっとも、それら複数の感覚を跨いで知覚されるものは五感に固有の感覚器官（すなわち目、耳、鼻、舌、皮膚）以外の、何らか特定の感覚器官によって捉えられるわけではない。むしろそれら五つの感覚器官のいずれかを通じて、その感覚器官とは別の感覚器官によって捉えられるような内容との共通性を感じ取るのである。

中村雄二郎（1925-　）によれば、こうした共通感覚の考え方はレトリック（修辞学、雄弁術）と結びついて、西洋の古代・中世からルネサンス期に至るまで大きな力を持った。そしてその過程で、コモン・センス＝常識の考え方がキケロを代表とするローマ古典を介して現れたのである。そしてその後、一七世紀にはルネサンスの人文主義者たちに受け継がれ、さらに一八世紀初頭イタリアのヴィーコ（Giambattista Vico, 1668-1744）や、少し遅れてイギリスのシャフツベリー伯（3rd Earl of Shaftesbury, 1671-1713）、またリード（Thomas Read, 1710-96）に始まる「常識学派」（スコットランド学派）に伝えられていく。学問の基礎を「常識＝コモン・センス」に置くこの「常識学派」の立場は、従来、概して楽天的で通俗的なもの、理論的に取るに足らないものに思われてきたが、実はそれは、宗教的には狂信者を排するという、また認識論的には懐疑論者に抗するという性格を持っていた。カントも『判断力批判』において、「趣味」の必然性の根拠として、「sensus communis（共通感覚／常識）」を置いていたことは、よく知られている通りである。中村雄二郎は、常識＝コモン・センスを、現代における具体的な生のかたちに応じた知のありようとして注目している。(2)

共感覚（〔独〕Synästhesie,〔英〕synesthesia,〔仏〕synesthésie）

ところで、こうした共通感覚または常識の問題は、中村雄二郎に先立って、メルロ＝ポンティ（Maurice Merleau-Ponty, 1908-61）が身体論の文脈における「共感覚」の問題として取り上げているばかりではなく、精神医学の領域でも注目されていた。ただし、後者については日常生活に支障を来すものとしての「共感覚」に病理学的見地から関心を注ぐものであり、我々の問題意識からは逸脱するので、ここでは触れないことにしたい。

では、「共感覚」とはどのようなものか。それは、任意の自立的感覚の間の移行と交通関係のことであり、例えば本来は視覚的事実であるにもかかわらず、聴覚的感覚や触覚的感覚を覚醒するような現象を指す。それはアリストテレスにおける「共通感覚」への理解から派生した今日的な問題意識と言える。

メルロ＝ポンティは、共感覚的経験の説明として、脳生理学が「視覚領や聴覚領などに限定されている興奮がこうした限界の外でも発生しうるようになる」と述べたり、感覚の実在性を前提する物理学的立場の研究者が「こうして特定性質に非特定性質が組み合わされる」などと言うことについて批判し、次のように述べる。

色が形成されるその地点で彼に見えるのは音そのものなのである〔中略〕音を見たり、色を聴いたりすることは現象として存在しているのだからである。しかもそれは例外的な現象でさえない。共感覚的知覚は通例なのであって、我々がそれと気づかないのは、科学的知識が〔具体的〕経験にとって代わっているからであり、また、我々が見ること、聞くこと、一般に感覚することをきれいに忘れてしまって、我々の身体組織や物理学者が考えるような世界から我々の見たり聞いたり感覚しなければならぬものを演繹しているからである。〔中略〕諸感官〔＝感覚器官〕は物の構造に自らを開くことによって、互いに交流しあう。我々はガラスの硬さともろさを見るのであり、それが透明な音とともに割れるときには、この音も目に見えるガラスによって担われるのだ。我々には、はがねの弾性や灼熱したはがねの可延性、鉋の刃の堅さ、鉋くずの柔らかさが見えるのである。さらに、対象の形はその幾何学的輪郭ではない。つまり、形は対象の固有の本性と或る関係を持ち、視覚にだけではなく我々のすべての感官に語りかける。亜麻や綿の織物のひだの形は我々に繊維のしなやかさや乾燥のぐあい、織物の冷たさなりなまあたたかさなりを目にみせる。(3)

右のメルロ＝ポンティの引用にも見られるような共感覚的事実を言語表現として定着したものは「共感覚的表現」と呼ばれる。それは慣用的な言い回しや、詩的表現に用いられるもので、われわれの日常における共感覚的事実を端的に示している。若干の例を挙げれば、「黄色い声」（視覚＋聴覚）、「うるさい色」（聴覚＋視覚）、「しっとりした味」（触覚＋味覚）などがあり、(4) あるいは、詩に現れた共感覚表現の例として、ランボー（J. N. Arthur Rimbaud,

れよう。

1854-91）の母音と色彩の結合についての詩「母音」や、萩原朔太郎（1886-1942）の詩「およぐひと」などが挙げられよう。

さて、このような「共感覚」の根拠は、メルロ＝ポンティによれば、我々の身体が「相互感覚的な等価関係と転換との完全にできあがった一体系[5]」だからということになる。つまり諸感覚相互における直接的な等価変換の可能性、すなわち翻訳の可能性が、あらかじめ我々の身体の中に組み込まれているからである。それゆえ「感官というものは訳者を要さずに一方から他方へと翻訳されるし、観念を介さずに互いに理解しあう[6]」のである。彼はこのように述べて、さらにドイツの哲学者ヘルダー（Johann Gottfried Herder, 1744-1803）の言葉を引き合いに出し、説明を加えている。

〈人間とは永続的な共通感官（sensorium commune）であって、或るときには或る側から、また或る時には別の側から触れられる〉（ヘルダー）。身体図式という概念を使うとすれば、それによって身体の統一性だけでなく、さらにはこれを通して感官の統一性と対象の統一性も新たな仕方で記述されることになる。私の身体は表現の現象の場、あるいはむしろその現実そのものであって、そこにあっては、例えば視覚経験と聴覚経験は互いに他方を孕んでいるのであり、またそれらの表現的価値は知覚される世界の前述定的統一を基礎づけ、また、それを通して言語表現と知的意味とを基礎づける。私の身体はあらゆる対象に共通な織地であり、またそれは少なくとも知覚される世界に関して、私の〈了解〉の一般的な手段なのである[7]。

このように、メルロ＝ポンティは「共通感覚」の意味を広く解し、一人の人間の内部における感覚相互の統一性を支えるものと考えると同時に、対象世界を統一的に知覚するための私の身体に内在するいわゆる「身体図式」を介して、世界と（身体を備えた）私の間の統一的関係をも支えるものとしても考えている。すなわち、共感覚の根底に共通感覚を想定しているわけである。こうして、すでにアリストテレスによって注目された共感覚ないし共通感覚の問題は、メルロ＝ポンティにより、現代の現象学的身体論の文脈の中に改めて取り上げられ、注目されているのである。

我々はこうした感覚相互の往来の可能性を、後に言及するカントの「崇高論」における視覚の所作を「触覚的視覚」と解する一つの解釈において適用したいのである。

第二節　美的近代の変容

芸術ジャンルと感覚

前節では感覚ないし共通感覚もしくは共感覚についての一般的な概観を試みたが、ではこのことは、どのように芸術の問題と関係してくるのであろうか。

まず、初めにも述べたように、感覚の自立性やいくつかの感覚の融合が、様々な芸術ジャンルを生み出していることが指摘されよう。すなわち、絵画＝視覚、音楽（伝統的には「詩」もまた聴かれるものとして音楽に含められる）＝聴覚、彫刻＝視覚＋触覚、演劇・映画＝視覚＋聴覚、美食＝味覚（＋視覚＋触覚）、香道＝嗅覚、等々。

さらに、こうした芸術ジャンルが、様々な時代の中で、その時代の世界観や思想的背景に応じて、重視されたり軽視されたりしていることに思い至る。すなわち芸術ジャンルの盛衰である。感覚をどう捉えるかの歴史的意識の変遷に応じて、主導的芸術ジャンルの交替が実際に生じたのである。

近代とは、神ではなく人間が世界の首座につき、世界認識の主体としての自我の自覚が、人間中心的世界観を確立していった時代である。そこでは認識によって自然の謎が解明され、科学の眼差しが、世界を包んでいた謎のヴェールを引き剥がし、合理的な精神の活動が重視された。近代思想の創始者と言われるデカルト（René Descartes, 1596-1650）の明晰判明な認識は、なるほど感覚に基づかない精神の観念に基づくべきものではあったが、注意する精神が延長を持つ物質の世界に直接する際、諸感覚の中でとりわけ信頼に足るものと考えられたのは視覚であった。芸術に関して言えば、中世キリスト教の時代には、神の被造物の中で最も非物質的で、そのために神的本質に近いと考えられた音（聴覚的なもの）が重視され、音楽が諸芸術ジャンルの中でも高位に位置すると考えられていたが、デカルトに先立つ近代黎明期・ルネサンスの天才レオナルド（Leonardo da Vinci, 1452-1519）は、聴覚に基づく音楽や詩が、生成消滅の相を呈するのに対して、事物（自然）の本質を一挙に直観し、かつ永続性の観点の下に捉えうる視覚に基づく絵画の方が優れていると論じた。(8) このことに象徴されるように、そもそもルネサンスの画家たちは、情緒や感情の表現として絵画を制作したのではなく、絵画はむしろ自然科学による自然探究の精神の一翼を担うものであった。視覚は対象に対して距離を取るため、対象の形態の全体的・直観的な把握や分析的・分別的知覚に長けている。デカルトの言うように、視覚もまた感覚である以上、それが誤謬に陥る可能性を払拭し切れないにしても、理知的な分別を加えて対象を認識する際、視覚が中心的な役割を担うのである。また近代の絵画において、世界は視覚により、画家の視点を中心点として統一的に把握され、そうした世界把握はさらに「遠近法」を生み出すに至る（アルベルティによる遠近法の理論書）。後に言及するカントの『判断力批判』においても、諸々の芸術ジャンルに広く配慮されながらも、芸術創造の制約の一つとしての「構想力」の働きが「像」の創出や把捉に関わることを顧みるなら、視覚的なものが他の諸感覚に比して最も重視されていることは明らかであろう。

こうして、人間を中心にして理性的・視覚的・統一的に把握された世界像、遠近法で描かれた世界像に類比されるような世界像が、近代という時代の精神に特有の対象であったと言うことができるだろう。

しかしながら、そうした統一的・合理的世界像が明るく透明なものとなればなるほど、却ってそれだけその裏面の闇の深さが際立ってくることにもなる。すなわち、非合理的なもの、認識不可能なもの、人間理性の限界を破るもの、このようなものへの関心もまた一方で高まってくることとなる。近代人間中心主義、近代主観主義の思想を、超越論的自我の確立によって完成の域にまで押し上げたカントが、彼の超越論的批判哲学の中に「崇高論」のような考えを挿入したことはきわめて示唆的である。すなわち、彼の第三批判書『判断力批判』の第一部「美的判断力の批判」（いわゆるカント美学）を構成する「趣味論」と「崇高論」のうち、「趣味論」は対象の調和的・形式的な世界把握に関係しており、その意味で近代的世界観の端的な表明と言えるが、それに対して「崇高論」では、そうした調和的・形式的な世界把握を破る没形式的な経験が問題となるからである。

カントの「崇高論」

カントの崇高についての考察の先駆は、イギリスの哲学者・政治思想家のエドマンド・バーク（Edmund Burke, 1729–97）の著作『美と崇高の観念の起源についての哲学的考察（*A Philosophical Enquiry into the Origin of Our Ideas of the Sublime and Beautiful*）』（一七五六）に求められる。ただしカントは、バークの『美と崇高の観念の……』を、先行する美や崇高に関する生理学的・心理学的論考のうちで「最も重要な著作」と評価しながらも、これらについてのカント自身による超越論的解明と比較し、アプリオリな原理への考察を欠くとして批判している(9)。

カントの「崇高論」は、かたちの上でこそバークの議論を踏まえてはいるが、むしろカント自身の体系構想の中に必然的な位置を有するものである。あるものを美しいと感じる趣味判断が、機械論的自然の領域（すなわち第一批判の領域）の対象認識に関わる「悟性」および「構想力」間の調和的なたわむれ《シュピール》に根拠を持つとされるのに対して、あるものを崇高と感じることは、自由や道徳の領域（すなわち第二批判の領域）に関わる「理性」と「構想力」

との間の遊戯《シュピール》的関係に根拠づけられるからである。しかも、カントの「崇高論」の持つ意義は、その後の思想史の中で、決して表立った影響力を与えてきたわけではないにしても、ある潜在的な仕方で持続しているのであり、その点から、これを「美的近代の変容」の起点に位置するものと見なしうると考える。その意味で、カントの『判断力批判』の第一部「美的〔直感的〕判断力の批判」は、美的近代を象徴する「趣味論」と、その変容を象徴する「崇高論」を、それぞれ分水界の両壁として持つ一つの分水嶺にたとえることができるだろう。

さて、カントによれば、我々が「崇高」な感情を抱くのは、その全体が一挙に見渡すことができないほど巨大なもの、例えばピラミッドやローマの聖ピエトロ大聖堂のように極端に大きなものを目の前にした時（「数学的崇高」）、および、暴風雨に逆巻く広大な大海原、電光と雷鳴を伴って大空に湧き上がり近づく雷雲、破壊的な威力の限りを尽くす火山、急峻で威嚇するような岩石など、見るものを威嚇するような威力を感じさせながらしかも同時に我々自身にその威力を及ぼさないような力を持つものを目の前にした時（「力学的崇高」）、これら二つの場合である。

ただし、いずれの場合も、崇高であるのは、対象そのものではない、ということには注意を要する。むしろ、上記のようなものを介して我々の心の中の「崇高性」が自覚されるのだとカントは言う。というのも、「崇高なものは、感性的形式の内に含まれていることはできず、ただ理性の諸理念にだけ関わるのであり、これらの理念は、たとえこれらに適合する描出は可能でないとしても、まさにそれ自身が感性的に描出されることがこのように不適合であることによって生き生きとされ、心の内に呼び起こされる」（『判断力批判』第二三節）からである。この事情は、美についてのカントの考え方が、対象〔美の属性を有すると考えられる対象〕の実在性に関してではなく、その対象の形式が、判断者のアプリオリな認識能力相互の特殊な働きに対応する限りにおいて、その対象を「美しい」とする判断が生じるというものだった点と同様であると言える。

ここでは後続内容との関係で、特に数学的崇高のみを取り上げることにする。

数学的崇高

数学的に崇高な経験とは、端的に大きいもの、すなわち他と比較してより大きいなどというような相対的な大きさではなく、一切の比較を超えて大きいもの、敢えてそれと比べれば、一切のものが小さくなるところのものを眼前に据えた際の経験のことである。

諸感官の対象となりうるものは、なにも崇高と呼ばれることはできない。しかしわれわれの構想力のうちには無限の前進への努力があり、だがわれわれの理性の内には実在的理念としての絶対的総体性への要求がある。まさにこの理由から、感性界の諸物の量を評価するわれわれの能力は、この理念に対して不適合である、というあのことですら、われわれのうちのある超感性的能力の感情を喚起する。そして判断力がこの感情のためにある種の諸対象について当然行使する使用こそが、したがって諸感官の対象ではなくてこの使用こそが、端的に大きいのであり、この使用に比べれば、他のあらゆる使用は小さいのである。したがって、反省的判断力をはたらかせるある種の表象による精神の調和が崇高と呼ばれるべきであって、客観は崇高と呼ばれるべきではないのである（第二五節）。

カントによれば、一般に何らかのものの大きさを数概念で数学的に測定する場合、その根本的尺度による評価は、直観のうちで直接に把捉され、構想力による数概念の描出に用いられる。そしてある量を尺度として使用するために、その量を直観的に構想力のうちへ受け入れるには、この能力の持つ「把捉」と「総括」という働きが必要となる。

絶対的に大きいものを測定する場合、「把捉」に関しては何ら困難はない。というのも、構想力の働きは把捉に関して無限に進むことができるからである。しかし「総括〔取り纏《まと》めること〕」は、把捉が進めば進むほど困難の度を増し、やがてその許容量の最大限に達してしまう。すなわち量評価に関する美的〔直感的〕に最大の根本尺度に達してしまうのである。というのも、把捉の進行につれて、感官直観の最初に把捉された部分は、構想力がさらに多くの部分表象の把捉へと進むことによって、構想力のうちですでに消滅し始めるからである。構想力がこうして一方で獲得したのと同じ量を他方では喪失していく、このような総括の場合には、構想力がそれ以上超え出ることのできない最大の大きさがある。

ローマの聖ピエトロ大聖堂に足を踏み入れたり、ピラミッドを前にする時、見る人を襲う一種の当惑は、このことから説明されるとカントは言う。ある全体の理念を描出するためには見る人の構想力がこの理念に適合していないというある感情があり、この感情のうちで、構想力は自分の最大限を達成してそれを拡大しようと努力するも、その甲斐空しく、挫折して自己自身のうちへと引き戻る。崇高の感情は、構想力が理性による評価に不適合である〔つまり構想力による部分表象の総括は、構想力がいかに努力しても一つの全体の直観にもたらされることができないから、どこまでも理念を達成することができず、それゆえ理性から見れば、構想力は理念を達成するに不適合である〕ことから生じる「不快の感情」である。それにもかかわらず、この感情は同時に「快の感情」を呼び起こすとカントは言う。

（数学的）崇高の没形式性と触覚的なものへの類比

こうした「崇高」の経験の持つ特徴として、美の経験の統一的・視覚的形式性に対する没形式性が際立たされている。

ある対象を美しいと判断する「趣味判断」は、対象の調和的な視覚的形式と、判断を行う人間の内面のアプリオリな認識諸能力の調和的な働きとの相関性において成り立つ判断であった。この場合、対象の視覚的形式は、快感情と結びつくことからも分かるように、何の苦もなく容易に、その全体が一挙に捉えられる程度の大きさの対象が問題になっていると言える。

これに対して、崇高、とりわけ数学的崇高の場合、これを経験する人は、対象の絶対的な大きさのゆえに彼の感性的直観がその対象の全体を一挙に捉えることができず、対象の大きさに比すれば微視的とも言える限定された視野を、構想力の表象把持能力に頼りつつ、漸次的に拡張していくことが求められる。ここで問題となるのはもとより視覚であるが、この場合、視覚は対象の全貌を把握できず、その一部だけが視覚表象として捉えられるのである。全体を把握するために視線や身体は対象の周りをさまよう。したがって、このように作用する眼差しは、もはや近代の自我を特徴づけるあの統一的な眼差しではない。むしろ己の無力をいやと言うほど感じさせられる断片的なものであることに甘んじるしかない無力な眼差しである。視線は一点に留まっていることができないから、巨大な対象の茫漠たる表面を徐々に移動していく。それは視覚でありながら、あたかも盲目の手が巨大な物をまさぐりつつ、計り知れない全体を空しく把捉しようと試みるのと同様であろう。この場合の視覚はまさにそのような奇妙な在り方をする視覚、すなわち「触覚的視覚」とも言うべきものとなっている。対象に関して、美の判断（趣味判断）がなされる場合は対象全体の調和的形式が一挙に捉えられたのに対して、崇高の経験の場合には、そうした形式を認めることができないほどに巨大な対象が問題となっているから、それは少なくとも人間の視点から捉えられた場合、没形式的もしくは形式の破綻と言わざるをえない。

世界像を統一的に把握できないという事態は、近代的主観による超越論的世界把握の限界経験に関わる。すなわちこの事態は、合理的な認識主体の視覚の側からすれば、世界がどこまでも謎めいた非合理的なものに留まるということを意味するであろう。後に挙げるような思想や芸術の具体例においては、世界の統一的な把握の破綻と、触覚的視覚や触覚が重要な役目を果たすのであるが、これらの多くは一九世紀から二〇世紀にかけての時代転換期を代表する思想・文化であると言える。触覚的なものによって、我々の時代を特色づけることを試みれば、我々の時代認識に何か本質的なものがもたらされるように思われるのである。

非合理的なものの中心化

さて、こうした見方は、カント以後の美学的思想や芸術の実作の動向の中に跡づけることができる。触覚的視覚の問題からややずれることになるかもしれないが、触覚的視覚に対応する対象の特質が合理的・視覚的・統一的世界把握の破綻と没形式性である点を考慮すれば、こうした世界観を体現した一九世紀の二人の思想家、ショーペンハウアー（Arthur Schopenhauer, 1788-1860）とニーチェ（Friedrich W. Nietzsche, 1844-1900）にここで言及するのはあながち的外れとは言えないだろう。そこで彼らによる非合理的・没形式的なものの重視の思想を簡単に見ておきたい。

ショーペンハウアーによれば、世界は単一的な「意志」という根源を持つが、この意志自体はそれ自身根拠を持たない限界概念である。そして意志は個体化して個々の事物や動物や人間ができているのであり、こうした個物の世界は、意志の表象と見なされる。ところで意志とは絶対に感覚の対象にはなりえない、カントが言うところの物自体を解釈し直したものである。例えば人間においては、意志は目的を達成せんとして常に衝動の根源として働いている。この場合、意志は「生きんとする盲目の意志」にほかならない。人間は意志に駆り立てられ、衝動に文字通り衝き動かされるが、目的は常に実現されるとは限らず、実現されなかった場合の努力は水泡に帰するため、人は苦悩のうちに陥ろう。よしんば目的が首尾よく達成されたとしても、そこに待っているのは倦怠と退屈のみである。人はこの退屈に耐え得ず、またぞろ意志の衝動に動かされていく。したがって、人の生は苦悩に彩られざるをえない。ただし、こうした苦悩から脱却するには二つの方途が考えられる。一つは芸術観賞、他方は禁欲によるのである。前者、すなわち芸術による意志の苦悩からの脱却は、意志の直接の表現としての「イデア」を直観することとしての芸術（その最高の、純粋な形態は音楽である）的直観によって、人は個体であることを脱却し、したがって自らの根源である意志（物自体）に合一同化することにより、個体が必然的に負わねばならなかった苦悩から、この合一の持続する間だけ、解放されるのである。これに対して、禁欲による意志の苦悩からの解放（解脱）は本来的な解放の手段である。もっとも、意志の苦悩からの解放は生きんとする意志からの脱却であるため、生の観点からすれば消極的ということになる。

こうした、『意志と表象としての世界』（一八一九）の中で展開されたショーペンハウアーの思想の中で我々にとって重要なのは、カントの言う「物自体」の再解釈である盲目の「意志」が世界の根源であり、芸術、特に音楽は、意志と個物との中間に位置するイデアすら超えて、「意志」の直接的な表現と見なされる点である。意志という非合理的（盲目的）で非感性的な一者が自らを鳴り響く妙なる音楽として現象する時、直観においてこれと合一しうる者は、一時的にもせよ、個体であるがゆえの生の苦悩から解放される。

生への意志という点、およびカントの現象と物自体の区別を解釈し直したという点で、ショーペンハウアーの思想はその後、一九世紀末の思想家ニーチェに多大の影響を与えている。ニーチェの処女作『音楽の精神からの悲劇の誕生』（一八七一）の内容には、ショーペンハウアーからの影響が濃厚ににじみ出ている。この書の中でニーチェは芸術の二つの原理として「アポロン的なもの」(10)と「ディオニュソス的なもの」(11)という、ギリシャの神々の名に由来する二つを挙げる。前者はかたちあるもの、造形芸術の原理であり、すなわちショーペンハウアーが個体化の原理と呼んだものの、造形芸術の生成原理への焼き直しである。これに対して後者はより根元的な原理、陶酔、音楽の原理であり、ショーペンハウアーの言う「意志」それ自体の再解釈である。『悲劇の誕生』の頃の若きニーチェは、周知の通り、ワーグナー（W. Richard Wagner, 1813-83）の音楽と思想にあこがれ、これを極端に理想化したが、それも、ショーペンハウアーから学んだ盲目的な生への意志に基づく見解であったと言える。ニーチェにとって「ディオニュソス的なもの」こそ、芸術の最も根元的な原理であるとともに、世界がそれによって正当化されるところの鍵概念であった。こうした鍵概念を体現するものとしてのワーグナーの没形式的な新音楽に、ニーチェは音楽と世界の新たな幕開けを見たのである。

ショーペンハウアーと若きニーチェは、ともに、合理的解釈の下に描き出される、個体化されたものの総体としての世界の、視覚的・統一的把握を拒み、没形式的な根源への回帰を謳った。そしてこうした理解に対応する芸術形式を音楽に（ニーチェの場合はとりわけワーグナーの音楽に）[12]求めた。こうして没形式的なもの、非合理的なものは次第に時の思想の核心に食い込んでいく。そして、このような世界観と呼応するかのように、造形芸術にもまた、没形式的なものへと傾斜していく動きが認められる。我々の言葉で言えば、触覚的視覚に基づく造形作品が固有の主張をし始めるのである。

第三節　芸術における触覚的視覚の諸相

こうした触覚的視覚の実例と見なされる芸術作品、ないしは作品の見方をいくつか紹介したい。

二〇世紀前半のイギリスの哲学者コリングウッド（Robin George Collingwood, 1889-1943）は、その芸術論の主著『芸術の原理（*The Principles of Art*）』（一九三七）において、セザンヌ（Paul Cézanne, 1839-1906）の絵画について、次のように述べている。

一九世紀の終わりに絵画を襲った変化は革命的としか言いようのないものでした。その世紀の道程にあっては誰でも絵画は〝視覚芸術〟であり、画家というものは第一義的には彼の目を用い、そして目の使用が彼に顕したものをただ記録するために手を用いる人であると思っていました。そうした時セザンヌが登場し、盲目の人のように絵を描き始めました。彼の静物画の諸研究〔中略〕は、手を使って手探りで探し出された事物の集まりのようなものです。〔中略〕彼の風景画は視覚性のほとんどあらゆる痕跡を失っています。樹々は決してそれとは見えません。それは樹々が樹々に対して盲滅法に動き廻っては、目を閉じたまま樹々にぶつかる人に感じられるその感じられ方なのです[13]。

セザンヌの絵画を取り巻く言説は多々あるが、しばしば言われるところのその静物画の多視点性にしても、風景画や人物画における対象の「固さ」の視覚表象化にしても、手探りならぬ「目探り」で対象を捉える彼の制作態度が、「盲目の人のように」描く、というコリングウッドの実に適切な表現で一括されているように思う。そこでは、もとより視覚が首位を占める対象把握が実現されてはいるが、その視覚表象は、近代の合理主義が立脚している一点透視的世界把握とはおよそ似て非なるものである。

一九世紀末のフランス印象主義の画家モネ（Claude Monet, 1840–1926）の晩年の大作『睡蓮』（一九二〇頃）の茫洋たる水面の表現は、後のアメリカの画家ポロック（P. Jackson Pollock, 1912–56）のアクション・ペインティングや、抽象表現主義のロスコ（Mark Rothko, 1903–70）、ニューマン（Barnett Newman, 1905–70）らの没形式的、没形態的な大画面との関連でしばしば語られる。とりわけ、ニューマンの作品については、フランスの哲学者リオタール（Jean-François Lyotard, 1924–98）が、カントの「崇高」との関連で論じているのはよく知られたところである。

また、ゴッホ（Vincent van Gogh, 1853–90）の晩年の絵画における独特の「タッチ（筆触）」は、全体の造形的調和を形成する個別的契機でありながら、その一つひとつが律動的に自律化して、対象の形式を内から破り出るかのような迫力を醸している。そのため、観者の視覚（構想力）は対象の形態の把捉に向かうも、こうした対象把捉の統一化の運動は常に同時に破られて、形態が個々の「タッチ」に解体し分散していくような、眩暈にも似た感覚に襲われる。そもそも「タッチ」それ自体は、文字通り触覚的なものであろう。こうした生々しい「タッチ」が例えばゴッホの作品の重要な契機を成していると言えるなら、二〇世紀の多くの造形作家の作品では、画材の材質から引き出される画面表層の視覚上の触感である「マチエール」に様々な工夫が凝らされているという事実は、やはり一九世紀末の絵画のこの種の傾向を引き継いで展開してきたと見ることが許されるだろう。すなわち、視覚内容における触覚的契機の重視という傾向である。

また、対象把握の「距離」についても、「触覚的視覚」と言うべき、可動的で言わば近視眼的な至近距離からの視覚を重視する向きが、一九世紀後半以降に顕著に現れる。彫刻家ロダン（F. Auguste R. Rodin, 1840-1917）の人物像における、筋肉の隆起がリアルに躍動する力動的な造形は、彼自身の言葉によれば、ランプや蝋燭の揺らめく光源に照らしつつ、像の周囲を移動しつつ観賞されるべきなのである。彼は、作品との間に一定の距離をとって、ある理想的観点を設定し、そこから対象の全体像を絵画的に観るという見方を拒み、造形の表面に微妙に広がる筋肉の隆起が、揺らめく光の中で生きた陰影を醸し出すことを、視点を移動させながら経験するようにと、観者に勧めている(14)。

また、チェコの映像・造形作家シュヴァンクマイエル（Jan Švankmajer, 1934- ）は、諸感覚のうちでもとりわけ触覚に深い関心を抱いており、彼の多くの映像作品は、まさに「触覚的視覚」と名づけるに相応しいカメラワークによって構成されている。カメラは対象に接近し、対象の表面を執拗に撫でるがごとく滑っていく。カメラが引いて対象世界の全体像を一挙に把握することがないため、その視点は常に不定であり、観者は言わば迷路に迷い込んだような不安な感覚にとらわれることになる。その結果、対象世界の広がりはあたかもカントの数学的崇高の経験のように、限界の見えない茫漠としたものとなっていく。シュヴァンクマイエルは「触覚について」と題された短文の中で次のようなことを述べている[15]。すなわち、我々の視覚は今日のマス・メディアの氾濫によって、かつてないくらい台無しにされている。視知覚を我々の内的ビジョンに仲介させることは、ものの見方が表層だけのものになるにつれて、ますます難しくなっていく。これに対して、触覚は我々の内側と外側の世界の仲介を最大限に真正なものにしてくれる。視覚と聴覚は客観的な感覚であり、味覚と嗅覚が主観的なそれであるのに対して、触覚はその中間に位置しており、部分的には世界を自分の外部に投影して客観化するが、部分的には自分自身の感触を知覚するというかたちで主観化する。したがって、触覚は「主観─客観」の対立を乗り越える際に重要な役割を果たすのではないか。世界との原初的な結びつきを留めた触覚的知覚は、我々を常に無意識の最深部へと差し向ける。それゆえ、触覚はあらゆる感覚の中で現代芸術の機能に最も適した感覚となることができるだろう、と。

おわりに

以上において、我々はカント美学における「趣味論」と「崇高論」の間に横たわる分界線を、形式的・統一的な世界把握と関係する視覚的近代と、没形式的・不可統一的な世界把握に関係する、「触覚的視覚」と名づけられるべきもの（すなわち触覚との類比において捉えられる独特の視覚）に基づく近代以後（ここでは一応「現代」と呼んでおきたい）の徴表を区画する境界線として解釈しようとした。その際、視覚と触覚の類比関係は、我々の経験における共感覚的事実に基づくものと解釈され、その実例と見なされるものが挙げられた。最後に、こうした問題設定の妥当性について若干の検証を行い、さらにこの問題設定から何が言えるのかについての若干の示唆をもって、本章を閉じることとしたい。

カントの崇高論における数学的崇高の経験を、「触覚的視覚」として解釈することには問題がないわけではない。カントは、対象の表象の実質に関する関心を伴う感覚的な快（「快適〔なもの〕」と訳される das Angenehme）を、本来的な趣味判断における対象の表象結合の形式に関する反省的な快（Lust）から厳に区別している。その議論の中で、触覚は、五感のうちでも感覚的な快にすら含められていない。つまり、カントの議論において、触覚的なものは、趣味判断における反省的な快から二重に遠ざかっている。また崇高論においても、崇高の経験は、趣味が悟性と構想力のたわむれに基づくように、（狭義の）理性と構想力との間のたわむれに基づけられ、触覚的実質を含めた対象の感覚的実質は脱落させられている。したがって、カントの議論に忠実に従うならば、崇高の経験においても、触覚的なものは議論の射程に含められないことになる。また、趣味論と崇高論は、いずれもアプリオリな認識能力の活動に基礎づけられる限り、両者の間に区別を設けるよりも、むしろ共通する根底を設定する方が、カントの議論に即することになる。それゆえ、カントの議論にあくまで忠実たらんとする限り、「触覚的視覚」という問題設定も、趣味論と崇高論の間に分界線を設定することも、妥当性を持ちえないことになる。

しかし、我々の「触覚的視覚」に関して言えば、それは触覚と視覚の類比に基づくものであり、触覚それ自体ではなく、むしろ比喩的な意味での「触覚的」な視覚が問題となっている。もとよりカントの場合、視覚の実質も、それ自体としては趣味判断の本質契機ではないが、アプリオリな認識能力の超越論的機能によって付与される形式は、それが形式である以上、視覚的なものとの類比で捉えられよう。しかし、カントの議論においては、そうした類比的な視覚とのさらなる類比で捉えられる触覚的な形式については、趣味論においても崇高論においても問題の射程に入っていない。ただし、問題の射程に入らないということそれ自体は、我々が行うような解釈を積極的に排除すべきことを意味するのではなく、むしろなお解釈の余地を残すということでもありうる。それゆえ、こうした解釈を提起することの妥当性はなお保証されていると考えられる。また趣味判断と崇高の経験に区別を設けるということについては、それぞれに対応する世界との関わり方に着目して、この関わり方の違いから差異を設けるということである。趣味と崇高の経験成立のメカニズムや根拠の同一（同等）性に固執するのでなければ、これらの経験の結果における差異を強調することの妥当性は残されていると考える。

我々の解釈に一定の妥当性が保証されるとして、ではこうした解釈から何が言えるだろうか。先に触れたシュヴァンクマイエルの言葉を俟《ま》つまでもなく、触覚的なものは、対象との接触を前提とする、あらゆる感覚の中でも最も原初的な感覚であろう。近代の哲学者としてのカントがこうした感覚を忌避したのも道理である。それは原初的であるがゆえに、対象を、そこから距離を取って、統一的・合理的に把握するという間接性の対局にある感覚であると言える。そこで一つの私見が許されるなら、近代の合理的世界把握は、世界との言わば生きた接触を犠牲にし、合理的解釈の名の下に、世界に対する人間の原初的経験を隠蔽してきたと言えるのではないか。そして、カントの崇高論以降、自然科学の隆盛と相まって近代化が急速な進展を遂げる中、人々は一方では合理的世界把握の利便性を享受しながらも、他方、世界経験の直接性への回帰を希求してきたと言えるのではないか。一九世紀以降の芸術の実作における変化や、芸術をめぐる解釈の変化の背景に人々のこうした要求を想定してみるならば、いわゆる現代の芸術に触覚的なものへの志向——ただし、触覚的なものそれ自体は、作品として提示するのに困難があるから、「触覚的視覚」のような、あくまで比喩的な意味での触覚性が問題となる——が見出されることは、歴史的必然の相を帯びてくるように思われるのである。

注

（1）アリストテレス／山本光雄・副島民雄訳『霊魂論、自然学小論集、気息について』〈アリストテレス全集〉6、岩波書店、一九六八年、四二五a。

（2）中村雄二郎『共通感覚論』岩波現代文庫、二〇〇〇年（初出一九七九年）、第一章、終章など参照。

（3）メルロ＝ポンティ／竹内芳郎・木田元・宮本忠雄訳『知覚の現象学』第二巻、みすず書房、一九七四年（原著一九四五年）、三九―四〇頁。なお、省略部分は筆者による。また、引用にあたって若干の改変をした。

（4）瀬戸賢一編著『ことばは味を超える』海鳴社、二〇〇三年、「三の皿　五感で味わう」参照。

（5）メルロ＝ポンティ、前掲訳書、四七頁。

（6）同上。

（7）同上書、四七―四八頁。

（8）「絵画は一瞬のうちに視力を通してものの本質を諸君に示す。〔中略〕詩も同じことだが、眼より効果の乏しい手段によってである。〔中略〕聴覚は視覚よりも価値が低い。なぜならそれは生まれるにつれて片っ端から死んでいき、生まれるも死ぬも同じように迅速だからである」。レオナルド・ダ・ビンチ／杉浦民平訳『レオナルドの手記』岩波文庫、一九五四年、一九六頁。

（9）「美的〔直感的〕反省的判断の解明に対する一般的註解」（『判断力批判』第二九節と三〇節の間）。

（10）アポロン的なものについて、ニーチェの説明を引用しておこう。

「あらゆる造形力の神としてのアポロンは、同時にまた予言の神である。その語源から言って〝光輝くもの〟、光明の神である彼は、また内なる空想の世界の美しい仮象を支配する。不完全にしか理解され得ない日常の現実と対照して、これらの状態の持つより高次の真実、完全性、および眠りと夢とのなかで治療し、救済する自然のかの深い配慮は、同時に、予言する能力と、生を可能ならしめかつ生きるに価するものたらしめる芸術一般との、象徴的な類比である。〔中略〕そしてアポロンを個別化（本文では「個体化」――引用者注）の原理の壮麗な神像と呼ぶことができるだろう。この神像の挙措や眼差しからは、〝仮象〟の歓喜と叡智が、その美もろとも挙げて我々に語りかけてくるのである」（ニーチェ／塩野竹男訳『悲劇の誕生』ちくま学芸文庫版、〇三四―〇三五頁）。

（11）ディオニュソス的なものとショーペンハウアーに関するニーチェの言葉は以下の通り。

「ショーペンハウアーは、根拠の原理がいずれか一つの形態が例外を許さざるを得ないかの如く見ゆるために、人間が突如として現象の認識形式に対して信頼を失うとき、人間を襲う絶大な戦慄を描いてみせた。我々がこの戦慄とともに、個別化の原理の同一の崩壊に際して、人間、否自然の最も内奥の根底からわき上がる歓喜に満ちた恍惚をあわせ考えるならば、そのとき我々はディオニュソス的なるものの本質を洞察するのである。このディオニュソス的なるものは、さらに陶酔という類比によって我々に最も身近なものとなる。かのディオニュソス的な感動を目覚めさせるものは、全ての原始人や原始民族が讃歌で歌っているかの麻酔飲料の影響、あるいは全自然をくまなく歓喜で満たす力強い春の訪れである。この感動が昂《こう》ずるときには、主観的なものは消え失せ、完全な自己忘却の状態となる」（前掲訳書、〇三五―〇三六頁）。

(12) 当時、古典主義者ないし形式主義者として評価されていたブラームス（Johannes Brahms, 1833-97）の音楽を持ち上げ、ワーグナーの没形式的な音楽を酷評した音楽美学者にして評論家ハンスリック（Eduard Hanslick, 1825-1904）を、ワーグナーは自らの楽劇『ニュルンベルクのマイスター・ジンガー』にベックメッサーという名の人物に仕立てて登場させ、自己の分身でもある主人公ハンス・ザックスと歌合戦をさせて、徹底的に攻撃し、揶揄した。劇中、ベックメッサーの歌は形式的で古くさいのに対して、ハンス・ザックスの歌は形式の拘束から自由な、新時代を予感させる調べに満ちているというわけである。ニーチェが賞揚したのは単に「音楽一般」ではなく、「ワーグナーの音楽」であったことの背景として、音楽の現場でも形式主義と没形式主義の対立があったことを考慮すべきだろう。

(13) コリングウッド／近藤重明訳『芸術の原理』勁草書房、一九七三年、一五六頁。

(14) ロダン／高村光太郎訳・高田博厚・菊池一雄編『ロダンの言葉抄』岩波文庫、一九六〇年、参照。

(15) シュヴァンクマイエル／赤塚若樹編訳『シュヴァンクマイエルの世界』国書刊行会、一九九九年、一八二―一八三頁参照。

参照文献（本文、注に挙げなかったもの）

ショーペンハウアー／西尾幹二訳『意志と表象としての世界』〈世界の名著〉続一〇、中央公論社、一九七五年

佐藤康邦『絵画空間の哲学――思想史の中の遠近法――』三元社、一九九二年

大林信治・山中浩司編著『視覚と近代――観察空間の形成と変容――』名古屋大学出版会、一九九九年

第3章　応答する力へ

——ベンヤミンの言語哲学の射程——

第一節　言語の動態へ

言語の危機の中から

言語とは何か。言語そのものへ向かうこの問いは、時間と空間を埋め尽くしている言葉の奔流に身を委せる中には決して生じることはない。この問いはむしろ、現在が言葉に満ちていることのうちに、言語の危機を感じ取るところに生じることだろう。あまりにも多くの言葉が語られている。だが、まさにそれとともに、言語それ自体に具わる力が見失われてはいないか。言語とは何かという問いは今、そのように言語の危機を察知する中から、言葉の奔流に抗するかたちで立てられうるに違いない。

現在の日常生活は言葉に充ち満ちている。テレビを点ければ言葉が次々と目と耳に飛び込んでくるし、今や日常的に目にするようになった、コンピュータのディスプレイに映し出される世界中のウェブ・サイトの言葉は、地球が言葉で覆い尽くされているかのような錯覚さえ起こさせる。では、これらの言葉はどのようなものとして語られているだろうか。そのほとんどは、情報伝達や定型化されたコミュニケーションの手段として用いられていよう。一定の情報を伝える、さらにはその情報を受け取った者が消費をはじめ一定の行動を取る効果も計算できる、一つの道具としての言葉が今、日常生活を埋め尽くしているのではないか。また、「コミュニケーション・ツール」という言い方が代表するように、そうした道具として言語を捉える言語観は支配的ですらあろう。

この言語観にしたがって言語を情報伝達の手段と見なすならば、言葉はそれが通じる、すなわちそれが伝えようとする情報が伝わる相手に向けてのみ語られることになる。すると、言葉の通じない異質な者はノイズの発信者として排除され、言葉を語り交わすことは同類の間の定型化されたコミュニケーションへと閉塞してゆく。また、そのように閉じたコミュニケーションを自明なものとし、それに身を委せるなら、情報として伝えられるものを、すなわちある特定の視点から現実の一部を切り取ったにすぎないものを、世界の現実そのものと見なすことにもなりかねない。だが言葉には、世界で現に起きている出来事を見つめ、自分とは異質な他者の声に耳を澄まし、それに応える力はないのだろうか。それに、こうした言語の力が忘れ去られる危機は、それを語る人々の危機でもあろう。言語が情報伝達の手段に還元され、その語り手が情報の発信者に均質化された状況を、権力が手中に収め、利用するならば、人々を言わば内側から束ね、戦争に動員することも決して難しくないはずだ。

ベンヤミンの言語哲学の端緒

このようにその語り手をも脅かす言語の危機が、言葉で飽和した今ここにあると考えられる。その危機へ向けて、言葉の奔流に抗いながら、言語とは何かと問い、言語そのものに内在する力を見つめ直すこと。それは現在の差し迫った課題であるが、それはまた第一次世界大戦の最中に「言語一般および人間の言語について」を書き下ろすべンヤミン（Walter Benjamin, 1892-1940）の課題でもある。この言語論において彼は、一定の情報を伝達し、一定の行動を引き起こすための手段と化した言語が蔓延し、実際に人々を戦争へ駆り立てている状況に抗して、言語とは何かと問い、その本質を捉え返そうとしている。一九一六年七月にブーバー（Martin Buber, 1878-1965）に宛てた書簡の中でベンヤミンは、こうした状況を鋭く批判しつつ、「言語は内容の媒介によってではなく、自らの尊厳と本質を開示することによって影響力を発揮する」と述べ、そのおよそ四カ月後、「言語一般および人間の言語について」において言語の本質に迫ろうとするのである(1)。

ベンヤミンは「言語一般および人間の言語について」の中で、言語とは何かという問いに対し、言語の情報伝達機能を重視する現在支配的な言語観からすれば奇異とも見える三つの応答を提示している。まず、言語とは「名」である。それ自体としてはいかなる情報も伝えない「名（Name）」の呼びかけ、それが「言語の最も内奥の本質」（II/144）をなすのだ。また、言語とは「媒体」でもある。言語は、「それによって（durch）」自己の外にある情報を伝える記号ではなく、そうである以前に「自己自身において（in）自己を伝える」、すなわち自から語り出されてくる「媒体（Medium）」（II/142）にほかならない。そして、言語とは「翻訳」である。言語活動は一個の言語体系の内部でのコミュニケーションではなく、言葉を語るとはむしろ常に他の言語の「翻訳（Übersetzung）」であり、それゆえ「翻訳の概念を言語理論の最も深い層において根拠づけることが必要不可欠」（II/152）なのである。

もちろん言語の本質を規定するこれら三つの答えは、決してばらばらに提出されているのではなく、いずれも言語が言語となる最初の場面を捉えようとするものである。まず「名」として語り出される言語は、自己において自己を形成し、表現する「媒体」であり、「名づける」ことは同時に「翻訳」である。そして「翻訳」はそれ自身、言語が受動と能動が一体となる中から生成する「媒体」であることを体現しているのである。ベンヤミンは、このように他の言語と呼応する中から生成し、語り出されるという動的なあり方において言語そのものを捉える視点を、ドイツの言語哲学の伝統と向き合うことを通じて獲得している。まず、言語活動は翻訳であるというテーゼのうちに、「語るとは翻訳することである」というハーマン（Johann Georg Hamann, 1730–88）の言葉の残響を聴き取ることができようが、それにもまして言語を「媒体」と捉える思想は、言語自体を有機的な自己産出の活動として捉えようとするフンボルト（Wilhelm von Humboldt, 1767–1835）の言語哲学と対峙することなしには決して形成されなかったはずである。(2) ここでは最初に、ベンヤミンがフンボルトのどのような思想を受け継ぎ、またそこからどのように離反しているのかを見ることにしたい（第二節）。

さて、ベンヤミンによれば、一つの「媒体」として自己自身を差し出す言語は、同時に他のものに呼びかけられる「名」である。言語が本質的に「名」であるという彼の洞察は、一つの現実を創設するとともに他のものとの関係を築く言語の根源的な力を照射するものであろう。言語は、定型化されたコミュニケーションの道具となる記号ではない。そうであるはるか以前に、言語は一つの世界を開示しながら、異質なものとの間に一筋の回路を切り開く。ウィトゲンシュタイン（Ludwig Wittgenstein, 1889–1951）が『論理哲学論考』（一九一八）において、世界に現に起きていることの「像」となりうる言語の形式を探究したのとほぼ同じ時期に、ベンヤミンはそのようにして現実と拮抗しうる言語の力を、言語そのものに内在する力として取り出そうとしていたのだ。(3) ここでは次に、このようなベンヤミンの「言語一般および人間の言語について」における思考の試みの射程を、詩的言語も視野に収めつつ測ることにしたい（第三節）。

翻訳のうちに息づく言語

ただしベンヤミンは、「名」としての言語の力が、全面的に能動的な仕方では発揮されえないことも見抜いている。他のものからの語りかけを受け止めることなしに、「名」の力が発動することはない。「名」の呼びかけは、すでにして応答なのだ。この応答こそ「翻訳」にほかならない。この「翻訳」は、一般に翻訳ということで考えられているように、「外国語」で語られた内容を「母語」に回収するものではない。ベンヤミンの言う「翻訳」とはむしろ、他の言語――そこにはいわゆる「外国語」ばかりでなく、これまで同じ「母語」を共有していると思われていた他者の言語も含まれる――に呼応するもう一つの言語を生成させるものである。とはいえ、彼はそこに言わば産みの苦しみがあることも忘れてはいない。名づけるとは、名づけえないものを名づけることであり、デリダ（Jacques Derrida, 1930-2004）の言い方を借りるならば、翻訳とは「不可能なことの別名」なのだ。[4]言葉を語ることそれ自体に、葛藤が孕まれているのである。とはいえベンヤミンによれば、翻訳不可能なものを翻訳する経験こそが、言語を息づかせる。他の異質な言語に呼応しようとする中で、「母語」として自明に用いられている言語を内側から揺さぶり、そこから未聞の響きを響き出させること。このことが、すでに情報伝達の手段として機能している言語に、世界の出来事に応えながら、他のものとの間に回路を開く言語それ自体の力を、そしてその生成のダイナミズムを取り戻させるのである。それによってさらに、文学的創造の可能性も開かれるにちがいない。

「言語一般および人間の言語について」のベンヤミンの思考は、ある意味では言語の純粋な形式を追求する『論理哲学論考』のウィトゲンシュタインの思考と同様に、言語の純粋な本質に沈潜するものと言えよう。しかし一九二〇年代以後のベンヤミンは、言語が記号として機能している状況の内部に、言語がそれ自身の力を回復する可能性を切り開こうとしている。そして彼にとってその可能性とは、とりわけ文学作品の翻訳の可能性である。その可能性を追求するベンヤミンの思考は、現在におけるどのような言語的ないし文学的実践の可能性を示唆しているのだろうか。最後にこの点を、ベンヤミンの言語哲学をハイデガー（Martin Heidegger, 1889-1976）の言語哲学の一端とも対照させながら考察することにしたい（第四節）。

第二節　言語の媒体性をめぐるフンボルトとベンヤミンの思考

中動相にある言語

ベンヤミンはその生涯において度々、定職や亡命先、あるいは資金の援助を求めて履歴書をしたため、そこで自らの思想形成に言及しているが、最後に書いたと思われる履歴書において彼は、フンボルトの著作に触れたことが「私の言語哲学的な関心を呼び覚ました」（VI/225）と述べている。ベンヤミンはまた、フンボルトの言語哲学に関する著作のアンソロジーを編む計画も、長いこと温めていたようだ。[5] ベンヤミンがこれほどまでフンボルトを重視しているのは、言語を「媒体」として考察するという言語哲学の基本的な発想を、フンボルトの言語哲学から得たからであろう。

ベンヤミンにとって言語が「媒体」であるとは、それが「中動相にある」ことに等しい。「中動相」とは言語学的には、ドイツ語の再帰動詞やフランス語の代名動詞の用法に見られるように、能動と受動が一体となる中で、主語となるものが変化ないし生成する事態を指している。[6] では、言語そのものが「中動相」にあるとはどういうことだろう。ベンヤミンによれば、これを体現しているのが、先に挙げた、言語が「自己自身において自己を伝える（sich mitteilen）」という再帰動詞を用いた言い方である。言語そのものが「伝わる」ないし「打ち明けられる」ことも指すこの言い方が言おうとしているのは、言語が根源的には自己の外にある情報を間接的に伝達する記号ではなく、自己自身を直接に打ち明け、それとともに不断に生成する「媒体」であるということなのだ。「中動相にあるもの（das Mediale）、それはあらゆる精神的伝達の直接性をなしている」（II/142）のである。

フンボルトの言語哲学

このように、ベンヤミンの言語哲学において「媒体」の概念は、外的な情報を運ぶいわゆる「メディア」の機能ではなく、生成しつつ自己を伝える言語そのもののダイナミズムを捉えようとするものである。さて、言語が「中動相」において自己を形成し、表出する「媒体」であることを、ベンヤミンに先んじて示しているのが、「言語そのものは作品（エルゴン）ではなく、一つの活動（エネルゲイア）である」と主張するフンボルトの言語哲学にほかならない。[7] 硬直した対象としてではなく、有機的な自己産出の活動において言語を捉えようとするフンボルトは、ジャワ島のカヴィ語に関する研究の序説として書かれた遺作『人間の言語構造の多様性と人類の精神的発展に及ぼすその影響について』において、「言語そのもの」が情報伝達の手段として対象化されえない仕方で、「自発性（Selbsttätigkeit）において自己のうちからのみ発現してくる」と述べているのである。[8] 彼にとって言語とは、「永遠にみずからを産み続けてゆくもの」なのだ。[9] しかも、言語の自己産出のダイナミズムは、「人間の自発性と受容性（Empfänglichkeit）を、みずからのうちで結合しようとしている」のである。[10]

フンボルトによれば、言語における自発性と受容性の統一は、言語の対話的本質として考察することができる。彼はいくつかの言語の「双数」表現を論じた論文の中で、「言語の根源的本質のうちには、ある変更不能の二元論が潜んでおり、語るはたらきそれ自体の可能性が語りかけ（Anrede）と応答（Erwiderung）によって条件づけられている」と述べているのだ。[11] 対話としての言語。これが言語そのものの姿であるとすれば、そこでは呼びかけは常にすでに応答であり、応答は同時に呼びかけであるというように、自発性と受動性が一つとなっていることになる。フンボルトの言語哲学は、言語が本質的に、能動と受動が一体となる「中動相」にある中で、不断に自己を産出し、表現する、生成の相にあることを示しているのである。言語を「中動相」にある「媒体」として浮き彫りにしようとするベンヤミンの議論は、このようなフンボルトの思想を発想の源泉の一つとしているにちがいない。

言語の魔術と詩的次元

このようにフンボルトから決定的な影響を受けながらも、ベンヤミンは、「言語一般および人間の言語について」のおよそ一〇年後に書かれた断章「フンボルトについての省察」においては、「あらゆる点でフンボルトは言語の魔術的側面(magische Seite)を見落としてしまっている」(VI/26)と述べている。言語の「魔術」、それは「言語一般および人間の言語について」によれば、言語が本質的に、自己自身において自己を直接に――すなわち「手段となりえない」仕方で――打ち明けることにほかならない(12)。「この直接性を魔術的と呼ぼうとするなら、言語の根源的問題とは言語の魔術(Magie)であることになる」(II/142f.)。ベンヤミンに言わせるなら、フンボルトは「言語の根源的問題」をなすはずの「魔術」を見すごしているのである。

ベンヤミンが「言語の魔術」ということで考えているのは、オカルト的な神秘のことではない。彼が「魔術的」と形容しているのはまず、言語が自と語り出されてくる、この生成の出来事を対象化し、抽象的に説明するより高次の言語はありえないという事態であろう。もしそうしたメタ言語がありうるとするなら、言語が全体として統御可能になり、再び手段と化してしまう。むしろメタ言語が不可能であるような仕方で、言語は生成し、自らを打ち明けるのだ(13)。「言語の魔術」を「言語の根源的問題」とするベンヤミンの言語哲学は、そのような生成の運動を、「媒体」としての言語それ自体のダイナミズムとして取り出し、解き放とうとしているのである(14)。

これに対してフンボルトは、言語が個々の具体的な言語として生き生きとして語られてくる「活動」に着目しながらも、ハイデガーが批判するように、その「活動」を言語自体の活動として捉えきれずに、結局人間精神の活動に帰してしてしまい、言語を人間の道具にする道を開いてしまっている(15)。ベンヤミンによれば、このことはフンボルトが言語の「詩的側面(dichterische Seite)を洞察し切れていない」(VI/26)ところに表れているのである。狭義の詩をはじめ、文学作品を形成する詩的な言葉の一つひとつが自己自身を打ち明けながら、独特の世界を開く詩的次元。もはや何者も語らず、言葉だけが自らを語り、自律的な空間を開くこの次元への洞察を欠くならば、「自己自身において自己を伝える」言語の生成の運動を捉えきれないのだ。[16] ベンヤミンの言語哲学においては、言語の広く詩的と呼びうる可能性を問うことと、言語の本質を問うこととが一つになっている。そのような思考の振幅の中から、言語それ自体の力が取り出されているのだ。そして彼によれば、その力は言語が「名」であることにおいて発揮されるのである。

第三節　名としての言語

関係を創設する呼びかけ

ベンヤミンが言語の本質と規定する「名」とは、一般的に流通する事物の「名称」でも文法上の「名詞」でもない。静的な体系性ではなく動的な生成の相において言語を捉えようとする彼が「名」ということで考えているのは、「言語一般および人間の言語について」の中で「人間の言語」が「名づける言語（benennende Sprache）」（II/143）と規定されていることからもうかがえるように、他のものを「名づける」とともにその名を呼びかける働きである。それが言語自体を可能にしている。その意味で「名」は「言語の最も内奥の本質」なのだ。したがって「名」とは、言語そのものの最初の表出であると同時に、他のものへの最初の呼びかけである。「名は言語の究極の語り出し（Ausruf）であるのみならず、言語本来の呼びかけ（Anruf）でもある。そのこととともに、名において、自己自身を語り出すことと他のすべてのものに語りかけるのは同じ一つのことであるという言語の本質法則が立ち現われてくるのである」（II/145）。

そのように言語が最初に「名」として語り出されるとは、まず言語の本質をなす働きが情報伝達ではないということである。名を呼びかけることは、それ自体としてはいかなる情報も伝えない。名づけ、呼びかける言葉は、決して特定の意味内容を伝達するものではなく、むしろ自己自身を差し出しながら、他のものとの間に新たに関係を創設するものである。例えば、新しく生まれた自分の子どもに名を与えることは、まずその子との間に、親子の絆を結ぶことであるし、あるいは会話しようとする相手の名を呼びかけることは、その相手との間に言葉を交わし合う関係を築こうとすることなのだ。つまり、自己自身以外には何も伝えない「名」としての言語は、「ある伝達可能性そのもの（eine Mitteilbarkeit schlechthin）を伝達する」（II/145f.）のである。[17]

そうすると言語は本質的に、先に述べたように「媒体」として自己自身を打ち明け、それと同時に「名」として他のものとの間に関係を創設しようとしていることになる。言語とは、決して同類の間の意思疎通の手段であるに尽きるものではなく、むしろそうである以前に、他の異質なものとの間に一筋の回路を切り開こうと語り出されるものである。言い換えるなら、言語それ自体のうちに、自己自身が他のものと分かち合われることへの祈りとも言うべきものが含まれていて、そのことが言葉を語ることを可能にしているのだ。[18]

世界を立ち上げる名の創造力

このようにベンヤミンは、言語そのものを「名」として捉えることによって、言語に他の異質なものとの間に新たな関係を築く力を認める一方で、現実を創設する力も認めている。彼が「人間の言語」を「名づける言語」と規定する際に念頭に置いているのは、『旧約聖書』の「創世記」において、地上の他の被造物を最初に命名するアダムの言語であるが、彼によれば、それは神の創造の言語の力を分有しているのである。「神は人間を言語に従属させようとはせず、創造の媒体として彼に仕えてきた言語を、人間の中に解き放ったのだ」（II/149）。そうして神の言語の力を受け継いだ「人間の言語」、それは事物の現実性を創設し、世界を分節し、そうして一つの世界を立ち上げる創造力を具えているのである。

確かに事物は名づけられることによって初めて、形あるものとして立ち現われてくるし、事物が名づけられて初めて一つの世界が開かれる。例えば一本の木も、一匹の魚も、「杉」なり「鰹」なりと名づけられることがなければ、森や海が代表するような自然の連続体の中に溶け込んだままであろうし、木々や魚たちが名づけられていなければ、森も海も混沌としたままであろう。名づけること、それは名づけられるものを見出し、混沌の中から切り出してくることである。それによって一つの世界が分節されるとともに、名づけられたものの存在がその世界の中の現実となる。名づけるとは、一つの世界を開きながら、その中に一定の相貌をもった事物の現実性を創設することなのだ。太古の人々はこうして事物を名づけることによって、自然の力と対峙してきたのだろう。あるいは今でも、新生児を命名するとき、その子どもの存在がリアリティを獲得すると同時に、その子どもがいる世界が新たに開かれるにちがいない。ベンヤミンが「人間の言語」を創造的な「名づける言語」と規定するとき、彼は言語それ自体のうちに、事物の存在を現実化し、一つの世界を開示する力を見て取っているのである[19]。

そのような言語の根源的な力は今、言語芸術のうちに、とりわけそれを構成する詩的言語のうちにかろうじて生き残っているのかもしれない。小説の言葉がその虚構的な作品世界を独特のリアリティをもって繰り広げるのはもちろんだが、詩に至っては、打ち込まれる言葉の一つひとつが響き合いながら、一つの世界を開くことだろう。そして、アドルノ（Theodor W. Adorno, 1903–69）が評したように、ツェラン（Paul Celan, 1920–70）の詩作においては、石のような無機物までもが死者たちの記憶を呟き始める、そんな世界が創造されるのだ[20]。このように名の創造力を発揮しながら、詩の言葉は孤独に自己自身を語る。しかも、まさにそのとき、詩の言葉は他者に語りかけようとしているとツェランは述べているのである[21]。

耳を澄ます言葉

とはいえベンヤミンによれば、「人間」という地上の被造物においてこうした言語の創造力は、神の言語のそれのように、決して完全に能動的に発揮されることはない。「人間のあらゆる言語の無限性は、神の言語の無制約的で、創造する力をもった無限性に比して、常に制約された、分析的な本質のものであるに留まっている」（II/149）のであり、「人間が事象に与える名は、事象がどのように自己を人間に伝えるかに基づいているのである」（II/150）。他のものが何らかの仕方で姿を現わすのに遭遇し、それが自己を伝えるのを受け止めることなしに、それを名づけることはできない。あるいはすでにフンボルトが洞察していたように、呼びかけはすでにして応答なのだ。名づけ、名を呼ぶという能動的な働きは、他のものが自己を伝えるその語りかけを受け止める受動性と一体になっているのである。さらにベンヤミンは、『ドイツ悲劇の根源』の「認識批判的序説」において、他のものの存在を認めながらその語りかけに耳を澄ますことを「原聴取（Urvernehmen）」（I/216）と呼び、この「原聴取」の中で、言語が他ではありえない「名」に結晶するとも述べている[22]。

したがって、言語が「媒体」であるとは、能動と受動が一つになる中で、言語が根源的に「名」として生成するということなのだ。それは、自分とは異質なものと遭遇し、それに応える中から一つの言語が唯一無二のものとして語り出されてくるということにほかならない。ベンヤミンは言語自体を、そのような経験に根差すものとして捉え返そうとしているのである。そして彼が言語の本質を「名」と規定する時、彼は言語そのもののうちに、他のものからの語りかけを聴き届ける力、その存在を世界の現実とする力、そしてそれとの間に一筋の回路を切り開く力を認めている。「言語一般および人間の言語について」においてこのような力を言語自体のうちに見て取ることによって、ベンヤミンは言語に、第一次世界大戦というヨーロッパ世界の未曾有の破局とともにその崩壊が露呈した現実に拮抗する力を、取り戻させようとしていたのかもしれない。

第四節　翻訳としての言語

語るとは翻訳することである

こうして見てくると、言語が本質的に「名」であるとは、言語は根源的には、自分とは異質なものとの間で語られるということである。言語は、他のものに応える経験の中からそのつど新たに、その存在を一つの現実としつつ、それとの回路を切り開く唯一無二の言葉として語り出されてくるのだ。そしてベンヤミンによれば、自分が遭遇した他のものに応答することは、その言語を翻訳することにほかならない。「言語の領域においてのみ、こうした無比なる結合の姿で見出される、受容にして自発性であるものを言い表わすのに、言語はしかし、それ自身の言葉をもっている。〔中略〕それは翻訳という言葉、事物の言語の人間の言語への翻訳である」(II/150)。

ここで「翻訳」とは、一般的に考えられているように、ある言語で語られた言葉を、既存の別の言語で理解可能にし、そこに回収することではない。むしろこの「翻訳」とは、能動と受動が一体となる経験の中から一つの言語を生成させることである。今日一般的な翻訳観が前提とする二つの言語の差異にしても、実はこうして言語を生成させる翻訳が行なわれて初めて見出されうるのだ(23)。そしてこの「翻訳」の活動は、「名づける」ことを実践し、言語の本質を具現させると同時に、言語が「中動相」において生成し、語り出される「媒体」であることを体現している。だからこそベンヤミンは、「翻訳の概念を言語理論の最も深い層において根拠づけることが必要不可欠」だと述べているのである。

したがって、すでにハーマンが述べていたように、言葉を語るとは常に翻訳することであり、それは他の言語に呼応するもう一つの言語を生成させることである。「言語一般および人間の言語について」において語られる「翻訳」とは、世界と響き合う言葉を語り出す、言語の根源的な活動なのだ。しかし、同じ論考の末尾近くでベンヤミンが指摘しているのは、今や「人間の言語」は世界と共鳴し合うことを止めてしまっていることである。『旧約聖書』の「バベル」の塔の出来事が象徴する「言語精神の堕罪」(II/153)以来、「人間の言語」は世界との結びつきを失い、同類の間の情報伝達の手段となる恣意的な記号と化してしまったのだ。しかもこの言語論を書くベンヤミンは、この記号としての言語が戦争遂行へ向けたプロパガンダの道具として機能するのも、目の当たりにしていたのである。そのように一つの道具となって硬直し、他の異質なものに対して自らを閉ざしてしまった言語に、他のものに応えてその存在を現実として語り出し、他のものとの間に一筋の回路を切り開く力を取り戻させ、言語の生成の運動を再び活性化させる可能性を、ベンヤミンは文学作品の翻訳のうちに求めている。ボードレール(Charles Baudelaire, 1821-67)の『悪の華』の「パリ情景」独仏対訳版に序文として添えられることになる「翻訳者の課題」が提示するのは、「諸言語の生成」(IV/19)を、記号と化した言語の中から再開させる「翻訳」なのである。

「母語」の震撼と言語の生成

「翻訳者の課題」の冒頭でベンヤミンは、「母語」でそのまま理解できる情報の「伝達」をこととする、分かりやすい「意訳」としての翻訳を、「劣悪な翻訳」(IV/9)と断じている。そのような翻訳は、それぞれの言語が他の言語に対して閉ざされたまま、情報伝達の道具として硬直するのを助長させるだけなのだ。では、ベンヤミンにとって翻訳するとはどういうことなのだろう。彼によると翻訳は、他言語の原作がその原初の響きを喪失し、文字へと石化したところから始められなければならない。彼が原作の「残存(Überleben)」(IV/10)と呼ぶこの石化した文字の相貌においては、他言語で語られた言葉のもつ、翻訳者の「母語」に回収することを拒絶する異質さが際立つ。それを受け止め、翻訳者が自らの言語を内側から揺さぶることこそが、翻訳という経験であり、それを潜り抜けることによってこそ、他言語で書かれた原作が新たな生命を繰り広げるとともに、翻訳の言語も「諸言語の生成」に参与するのである。「翻訳は二つの死滅した言語の虚しい等質化などではない以上、他言語のあの死後の成熟に注意を払い、自身の言語の痛苦に配慮することが、あらゆる形式の中でまさに翻訳という形式に最も固有な特性として与えられているのだ」（IV/13）。

このように産みの苦しみを経験しなければならないのは、文学作品の翻訳だけに限らない。ベンヤミンはすでに「言語一般および人間の言語について」の中で、他の事物を名づけるとは、「黙せるものを音声あるものへ翻訳すること」（II/152）だと述べている。言語活動は根源的に、音声と沈黙と表現される自他の非対称性において行われるのだ。どこまでも沈黙において自己を伝えてくる、それゆえ音声に解消しえないこの名づけえないものを名づけ、翻訳不可能なものを翻訳する葛藤が、言葉を語ることそれ自体のうちに孕まれているのである。それゆえ、「あらゆる言語的形成物の内部では、語られてあるものならびに語り出されうるものと、語り出されえないものならびに語らぬままのものとの相克が支配している」（II/146）。しかも、「痛苦」として経験されるこの「相克」を通過して初めて、言語は息づくのだ。もちろんこのことは、言語が「コミュニケーション・ツール」として円滑に機能している中では忘却されている。そのような中で産みの苦しみを経験し、諸言語が自閉的に分立する「バベル」以後の状況を打開する一つの行き方として、ベンヤミンが「翻訳者の課題」において要請するのが、文字通りの翻訳なのである。

確かに翻訳が「文字通りであること（Wörtlichkeit）」（IV/17）を要求するなら、翻訳者の「母語」からすれば非常にぎこちない訳文ができてしまう。しかしベンヤミンによれば、原作の文字の相貌に寄り添い、他言語の言葉の異質さを受け止めることで「母語」の円滑な流れを寸断し、「母語」自体を破綻に追い込むことによって初めて、翻訳は「原作の谺」（IV/16）を響かせることができる。つまり、「母語」を根底から震撼させるかたちで、他の言語の言葉と響き合うことができるのだ。こうして「固有の言語の朽ちた柵を打ち破る」（IV/19）翻訳、すなわち「母語」とされる統一体としての言語の虚構性を見抜きながらその見せかけの境界を突破することによって、他の言語と響き合う未聞の響きを、かつて「母語」のうちにあった言葉の中から聴き出し、言語の「生成」の運動を再開させる翻訳。[24] その可能性を「翻訳者の課題」は指し示しているのである。そしてその可能性は、いわゆる「外国語」の作品の翻訳だけのものではないはずだ。複数言語的な、あるいは「母語」ではない言語から出発する文学的創造も、ベンヤミンが言語活動それ自体のうちに見て取った翻訳を越境的に実践しながら、言語の生成の運動を活性化させていよう。[25] それどころか、「母語」で書かれているかに見える作品にしても、それが「母語」からすれば異質な表現において独自の世界を開くとき、その作品の言語は「母語」を内側から揺さぶりながら、それを越えたところにある言語の生成の一段階を示しているに違いない。[26]

言語の根源的なディアスポラへ

このようにベンヤミンは、言語が異他なるものと応え合う「名」として生成する運動の核心に翻訳を見て取るとともに、この生成のダイナミズムを、言語が情報伝達の道具であることに閉塞した状況の内部で言語に取り戻させるために、「母語」をその内部から壊し、乗り越えてゆく翻訳の実践を要請している。彼によれば、根源的な「ディアスポラ（故郷からの離散）」を生きる中にこそ、言語そのものの生命があるのだ。自身ディアスポラの──すなわちパレスチナの地を離れて生きる──ユダヤ人であるベンヤミンのこのような洞察は、例えばハイデガーが到達した言語観とは対照的である。ハイデガーはベンヤミンと同様に言語それ自体の生成のダイナミズムに注目し、その核心に「根源的翻訳」を見て取りながらも、最終的に家郷のメタファーの下、言語を「母語」と規定している。[27]「言語とは、それが統べ、その本質において立ち現われるという点から言えば、そのつどある故郷の言語であり、土着的に目覚める、また親の家という住まいで語られる言語である。言語とは母語（Muttersprache）としての言語である」。ハイデガーが言う「根源的翻訳」とは結局、他言語をこの「故郷の言語」へと言わば訳し返し、その言語を共有する同類たちの共同性を打ち立てようとするものなのだ。そのように言語を「故郷」としての「母語」と捉え、言語本来の運動をこの家郷への回帰と見なすならば、ある起源に根差す言語――すなわちある虚構の起源に根差すドイツ語――を特権化するばかりか、ベンヤミンが言語自体のうちに見て取った、他の異質なものとその言語に応える力を見失うことにもなろう。そして、そのような陥穽は、何もハイデガーだけのものではなく、ある「母語」としての言語を自己のアイデンティティの拠り所として絶対化する者が常に陥るものでもあろう。(28)

これに対して、ベンヤミンが捉える言語の生成のダイナミズムは、むしろ「家」や「故郷」といったものの桎梏を振りほどく中にこそ息づくものである。「母語」を越える運動の中で、言語はその力を発揮することができるのだ。その力とは、自分とは異質なものに応え、この異他なるものとの間に回路を切り開く言葉を語り出す力である。ベンヤミンによれば、彼が「名」の力と呼ぶこの応答する力を、情報伝達の手段と化した言語も、「母語」を越える翻訳の実践を通じて取り戻すことができるのだ。さらに言えば、ベンヤミンがクラウス（Karl Kraus, 1874-1936）論でその引用の技法に寄せて述べているように、既成の言語の破壊こそが、「言葉をその根源に呼び戻す」（II/363）のである。他の言語の言葉の異質さを直視する中で自らの「母語」を脱臼させ、内側から突破する翻訳によって、世界の出来事に応え、異他なるものに応答する力が一つの言語に取り戻される。このことは同時に、ある「母語」をすでに身につけた者が、自らの言語を、他の言語と応え合い、響き合うものに変えることにほかならない。その可能性を、現代の越境的な文学的創造は示していよう。ベンヤミンの言語哲学は、ハーマンやフンボルトの伝統から出発して、言語それ自体の生成のダイナミズムを洞察しながら、言語の本質への問いと、文学的な言語活動の可能性の探究とを結びつけることによって、言語そのものの応答する力を取り出すとともに、その力をそれぞれの言語が越境的に発揮する言語的実践の可能性も示している。言語はある「故郷」を共有させるのではなく、むしろそれを共有しない共約不可能な他者にこそ応答するのだ。このような言語の応答する力が、情報伝達の手段としての言葉で飽和した現在の危機の中で見つめ直されるべきだと考えられる。

注

Walter Benjamin:

"Über Sprache überhaupt und über die Sprache des Menschen," in: *Gesammelte Schriften*（*GS*）Bd. II, Frankfurt am Main: Suhrkamp, ^{2}1989.

"Die Aufgabe des Übersetzers," in: *GS* Bd. IV, 1991.

"Reflexionen zu Humboldt," in: *GS* Bd. VI, ^{2}1986.

Ursprung des deutschen Trauerspiels, in: *GS* Bd. I, ^{3}1990.

"Karl Kraus," in: *GS* Bd. II, ^{2}1989.

"Curriculum Vitae Dr. Walter Benjamin," in: *GS* Bd. VI, ^{2}1986.

＊ベンヤミンの著作からの引用箇所は、括弧内に全集の巻数をローマ数字で、頁数をアラビア数字で記すかたちで示されている。なお訳出に際して、以下に所収の邦訳を参考にした。浅井健二郎編訳『ベンヤミン・コレクションⅠ――近代の意味』筑摩書房、一九九五年。同編訳『ベンヤミン・コレクションⅡ――エッセイの思想』筑摩書房、一九九六年。道籏泰三編訳『来たるべき哲学のプログラム』晶文社、一九九二年。浅井健二郎訳『ドイツ悲劇の根源』上、筑摩書房、一九九九年。

（1）一九一六年七月一七日のブーバー宛ての書簡の引用は以下より。Walter Benjamin, *Gesammelte Briefe*, Bd. I, Frankfurt am Main: Suhrkamp, 1995, S. 326. 邦訳は、野村修訳『書簡Ｉ』〈ヴァルター・ベンヤミン著作集〉第一四巻、晶文社、一九九〇年、七二頁。

（2）ハーマンの言葉の引用は以下より。Johann Georg Hamann, "Aesthetica in nuce," in: *Vom Magnus im Norden und der Verwegenheit des Geistes: Ausgewählte Schriften*, Bonn: Parerga, 1993, S. 102. 邦訳は、川中子義勝訳「美学提要」『北方の博

士』〈ハーマン著作選〉上、沖積舎、二〇〇二年、一二〇頁。ちなみに友人のショーレム（Gershom Scholem, 1897–1982）は、ベンヤミンに宛てた一九三一年三月三〇日の書簡で、彼のことを、「言語の形而上学」の領域において「ハーマンとフンボルトに連なる有益かつ真正な伝統の正統的な後継者になりうるはずだ」と評している。Gershom Scholem, *Walter Benjamin: Die Geschichte einer Freundschaft*, Frankfurt am Main: Suhrkamp, 1997, S. 284. 邦訳は、野村修訳『わが友ベンヤミン』晶文社、一九七八年、二七八頁。なお、このショーレムの評言を手がかりに、ベンヤミンの言語哲学と、ドイツの言語哲学の伝統との影響関係を辿ったものに、以下の論考がある。Winfried Menninghaus, *Walter Benjamins Theorie der Sprachmagie*, Frankfurt am Main: Suhrkamp, 1995.

（3） Ludwig Wittgenstein, *Tractatus Logico-Philosophicus*, New York: Routledge, 1990, pp. 30–42. 邦訳は、野矢茂樹訳『論理哲学論考』岩波書店、二〇〇三年、一二三頁以下。

（4） Jacques Derrida, *Le monolinguisme de l'autre: ou la prothèse d'origine*, Paris: Galilée, 1996, p. 103. 邦訳は、守中高明訳『たった一つの、私のものではない言葉——他者の単一言語使用』岩波書店、二〇〇一年、一〇七頁。

（5） ベンヤミンは出版社から二度にわたって、フンボルトの言語哲学に関する著作のアンソロジーを編集することを打診されていて、ショーレムによれば、一九二七年にはその計画が進行中であると語っていた。しかし、この計画は結局実現しなかった。Cf. G. Scholem: *op. cit.*, S. 175.

（6） その主語それ自身が変化ないし生成する事態を表現する言語学上の中動相を詳細に分析している論考として、以下を参照。森田亜紀「芸術体験の中動相」美学会編『美学』第二一四号、二〇〇三年。

（7） Wilhelm von Humboldt, *Ueber die Verschiedenheit des menschlichen Sprachbaues und ihren Einfluss auf die geistige Entwicklung des Menschengeschlechts*, in: *Werke in fünf Bänden*, Bd. III, Darmstadt: Wissenschaftliche Buchgesellschaft, 2002, S. 418. 邦訳は、亀山健吉訳『言語と精神——カヴィ語研究序説』法政大学出版局、一九九二年、七三頁。

（8） W. Humboldt: *op. cit.*, S. 386. 邦訳、二四頁。

（9） W. Humboldt: *op. cit.*, S. 431. 邦訳、九一頁。

（10） W. Humboldt: *op. cit.*, S. 428. 邦訳、八七頁。

（11） Wilhelm von Humboldt: "Über den Dualis," in: *Werke in fünf Bänden*, Bd. III, S. 138. 邦訳は、村岡晋一訳『双数について』新書館、二〇〇六年、三一頁。

（12） 先に注（1）で触れたブーバー宛ての書簡においてベンヤミンは、「文書一般」を「魔術的に、すなわち非媒介的〔手段となりえない」（un-mittel-bar）にのみ理解することができます」と述べている。

（13）このような言語の本質について研ぎ澄まされた省察を示しているのが、ノヴァーリス（Novalis, 1772-1801）の「独白」である。Novalis, "Monolog," in: *Novalis Schriften* Bd. 2, Darmstadt: Wissenschaftliche Buchgesellschaft, 1999, S. 438. 邦訳は、今泉文子訳『ザイスの弟子たち・断章』〈ノヴァーリス作品集〉第一巻、筑摩書房、二〇〇六年、一八七頁以下。

（14）この点においてベンヤミンの言語哲学のモティーフは、「言語を言語として言語にもたらす」ことを目指すハイデガーのそれと重なり合うところがある。Martin Heidegger, "Der Weg zur Sprache," in: *Unterwegs zur Sprache*, Pfullingen: Neske, 1986, S. 242. 邦訳は、亀山健吉訳『言葉への途上』〈ハイデッガー全集〉第一二巻、創文社、一九九六年、二九七頁。なお、言語の本質的な「自己再帰性」を主題化しているというベンヤミンとハイデガーの共通点を指摘する論考として、以下を参照。Willem van Reijen, *Der Schwarzwald und Paris: Heidegger und Benjamin*, München: Fink, 1998, S. 142ff.

（15）Cf. M. Heidegger: *op. cit.*, S. 249. 邦訳、三〇七頁以下。

（16）ちなみにベンヤミンによれば、この詩的次元とも重なる「やむをえず言語の魔術的側面と呼びならわされている領域」を「最も深いところで解明しているのはマラルメ」（VI/26）である。ベンヤミンが「翻訳者の課題」でも触れているマラルメ（Stéphane Mallarmé, 1842-98）の詩的言語について示唆的な論考として、ここでは以下のものを挙げておく。Maurice Blanchot, *L'espace littéraire*, Paris: Gallimard, 1955. 邦訳は、粟津則雄・出口裕弘訳『文学空間』現代思潮社、一九八三年。

（17）この点について示唆的なのが以下の論考である。山内志朗『天使の記号学』岩波書店、二〇〇一年、九三頁以下。

（18）このことをレヴィナス（Emmanuel Lévinas, 1905-95）の著作の読解に基づいて示しているのが以下の論考である。熊野純彦『差異と隔たり――他なるものへの倫理』岩波書店、二〇〇三年、二〇九頁以下。

（19）名づけることの力を論じたものとして、以下の論考を参照。市村弘正『増補「名づけ」の精神史』平凡社、一九九六年。

（20）Cf. Theodor W. Adorno, *Ästhetische Theorie*, Frankfurt am Main: Suhrkamp, ^{10}1990, S. 477. 邦訳は、大久保健治訳『美の理論・補遺』河出書房新社、一九九五年、一一八頁。

（21）Paul Celan, "Der Meridian: Rede anläßlich der Verleihung des Georg-Büchner-Preises," in: *Gesammelte Werke* Bd. 3, Frankfurt am Main: Suhrkamp, 1986, S. 198. 邦訳は、飯吉光夫訳「子午線」『パウル・ツェラン詩論集』静地社、一九八六年、八九頁以下。

（22）この「序説」においてベンヤミンは、「アダムによる命名は、およそ戯れや恣意とは異なる」（I/217）と述べている。

（23）この点に関しては、以下の論考を参照。守中高明『脱構築』岩波書店、一九九九年、五〇頁以下。

（24）「日本語」の虚構性については、以下の論考を参照。酒井直樹『死産される日本語・日本人――「日本」の歴史―地政的配置』新曜社、一九九九年、一六六頁以下。

（25）複数言語的な文学については、以下の論考を参照。管啓次郎『オムニフォン――〈世界の響き〉の詩学』岩波書店、二〇〇六年。また、日本語とドイツ語の両方で創作活動を続けている作家の多和田葉子は、あるエッセイの中でこう述べている。「ある言語で小説を書くということは、その言語が現在多くの人に使われている姿をなるべく真似するということではない。同時代の人たちが美しいと信じている姿をなぞってみせるということでもない。むしろ、その言語の中に潜在しながらまだ誰も見たことのない姿を引き出して見せることの方が重要だろう。そのことによって言語表現の可能性と不可能性という問題に迫るためには、母語の外に出ることが一つの有力な戦略になる」（『エクソフォニー――母語の外へ出る旅』岩波書店、二〇〇三年、九頁）。

（26）特にドゥルーズ（Gilles Deleuze, 1925-95）とガタリ（Félix Guattari, 1931-92）が「マイナー文学」と呼ぶ、マイノリティに属する作家が、その支配者であるマジョリティの言語で書く――例えばプラハに生きるユダヤ人であるカフカ（Franz Kafka, 1883-1924）がドイツ語で書くというように――文学の作品が、そのような作品でありうるだろう。Cf. Gilles Deleuze & Félix Guattari, *Kafka: Pour une littérature mineure*, Paris: Minuit, 1975. 邦訳は、宇波彰・岩田行一訳『カフカ――マイナー文学のために』法政大学出版局、二〇〇〇年。

（27）Martin Heidegger, *Gesamtausgabe* Bd. 54: *Parmenides*, Frankfurt am Main: Vittorio Klostermann, 1982, S. 17. 邦訳は、北嶋美雪他訳『パルメニデス』〈ハイデッガー全集〉第五四巻、一九九九年、二一頁。

（28）Martin Heidegger, "Sprache und Heimat," in: *Gesamtausgabe* Bd. 13: *Aus der Erfahrung des Denkens*, 1983, S. 156. 邦訳は、東専一郎他訳『思惟の経験から』〈ハイデッガー全集〉第一三巻、二〇〇五年、一九三頁。

〔付記〕本章執筆のために文部科学省科学研究費補助金「若手研究B・ディアスポラの言語の哲学的探究」の助成を受けた。

第４章　藝術作品と環境への意識

はじめに

本章の題名をご覧になって不思議に思われたかもしれない。「藝術作品と環境がどうつながるのだろう」と。あるいは、環境藝術、つまりインスタレーションやランド・アートについて論じた章と考えた方もおられるだろう。だが、ここでは環境を意識した藝術について触れないし、風景美学（Landschaftsästhetik）といった分野も紹介しない。この章で意図されているのは、藝術に関するハイデガー（Martin Heidegger, 1889-1976）の思惟を振り返り、いわゆる環境問題へのヒントを読み取ることである。そのように言うと、「ハイデガーの『存在の意味への問い』（SZ. 1）は根源的な事柄を問題としていて、個別的な応用が利く類いのものではない。だから、ハイデガーと環境問題を結びつけるのは無茶ではないか」と指摘されるかもしれない。

環境について考える時、まず思い浮かべるのは、荒廃した自然であろう。海外では、毎年、広大な土地が沙漠化しているし、海水面の上昇で水没しかけている国もある。目を国内に転じれば、醜く削られた山肌やコンクリートで固められた海岸ばかりだ。いや、だが、ひょっとしたら、そうした無残な光景を見ても、何も感じない人がいるかもしれない。私たちの暮らす都市から緑が失われて久しい。街は建物で埋め尽くされている。土地は隙間なく「有効活用」されている。まるで、余裕は罪悪だと言わんばかり。猫の額のような土地であっても、そこに何か建てないと損だ。そんな風潮が日本を支配しているように思う。大都市に暮らす人の多くは、自然破壊の「危険」(VA. 30)に気づいていないかもしれない。けれど、そういう仕方で自然破壊は進行している。

人間の活動を自然の営みの一部と考えるなら、人間が自然を破壊するという見方はおかしいだろう。自然破壊や自然保護という発想には、人間の増長ぶりが凝縮されているようにも思う。だが、多くの人は、人間によって「開発」された自然を目の当たりにして、「なぜ自然はこのように破壊されたのだろう」と心を痛めるのではないか。そして問うだろう。「自然と人間の関係はこのままでよいのだろうか」と。あるいは、「人間はどうして自然を支配しているのだろう」と。このように、環境問題では、「人間とは何か」、「自然とは何か」といったことが問われ、両者の関係が追究される。すなわち、私たちのあり方が俎上にのせられる。そう考えると、環境問題は倫理学のテーマであるとともに、存在論のテーマでもある[1]。

ハイデガーを念頭に置いて環境問題を考える場合、ユクスキュル(Johann Baron von Uexküll, 1864–1944)などを参照しながら、周囲世界(環境 Umwelt)や世界内存在(In-der-Welt-sein)といった前期(一九三〇年頃までの時期)の概念を援用することもできるだろう。だが、本章では藝術論に焦点を当てることにしたい。というのは、藝術に関する思惟は主に中期に展開されたものであり、そこには前期から後期に至るハイデガーの思惟が凝縮されているからである。「藝術作品の根源」(一九三五)は、『存在と時間』(一九二七)での分析を前提として書かれているし、「ゲシュテル das Ge-stell」(VA. 23)といった「技術への問い」(一九五〇)で詳述される事柄も射程に収めている。さらに、私たちにとって重要なことだが、藝術論は物論《ものろん》と直結している。中期以降のハイデガーは、藝術作品を物として捉え直し、物をめぐって人間と自然について根源的に問うたのだった。

学問は現実を後追いする「ミネルヴァの梟《ふくろう》」である。取り分けハイデガーのように根源的な学を目指した思惟に、直接的な効用や即効性を求めるのは難しい。その意味で、本章は環境問題に対して効果的な処方箋を提示することはできない。けれども、ハイデガーは現代文明のあり方を、理性（ロゴス、言葉）にまでさかのぼって、徹底的に思惟している。そのような思惟を顧みるかどうか、社会という体躯の状況を分析するかどうか、そして何らかの体質改善へ向かって行動するかどうか、そうしたことは、私たち一人ひとりに委ねられている。

第一節　環境思想

二一世紀を迎えた現在、世界中の人々が大きな関心を寄せているのは、自然の破壊であり、自然環境の激変であろう。中でも、地球温暖化(2)に代表されるような問題は焦眉の急を告げている。

環境問題は一九七〇年代に入ってから広く関心を集めるようになった。一九七〇年にローマ・クラブが正式に発足し、七二年には人口爆発や自然破壊に警鐘を鳴らす『成長の限界』(3)が発表された。同じ年、国連人間環境会議は、「かけがえのない地球」というスローガンのもと国連環境計画を制定し、環境問題に関する国際的な取り組みを始めた。こうした動きが急速に広まった理由として、様々な公害や、『沈黙の春』(4)（一九六二）が提起したような汚染を挙げることができる。環境破壊は切実な問題として意識されていた。

大まかな流れ

私たちの生命や財産に関係する問題は多方面に影響を与える。環境問題もまた、すでに絶滅危惧種がリスト・アップされていることから分かるように、このまま放置すれば人類の存亡に関わる事柄として、法律や経済など社会の仕組みに根本的な改革を迫っている。また、事態は地球規模で進行しているから、国境を越えた対策が欠かせない。さらに、今まさに進行している変動は、私たちの子孫に直接影響する。したがって、五〇年後、一〇〇年後を見据えた国際的な協力が不可欠である。そうした様々な要素が絡み合って、環境問題は一つの問題系をなしている。その中から、次節以下に関係する事柄を簡単に紹介しておく。

環境に関する思想は主としてアメリカで展開してきた。そのことはアメリカの歴史と関係している。言うまでもなく、アメリカは開拓者によってつくられた国である。コロンブスによる西インド諸島の発見以降、ヨーロッパの人たちは新大陸に興味を示し、探検や入植が行われるようになった。一七七六年に合衆国が独立してからも、人々は西へと向かって開拓を進めていった。アメリカ史とはフロンティア消滅の歴史であった。荒々しい自然を伐り拓き、動物を捕獲していく。先住民も開墾の障害となれば容赦なく迫害する。そうした行為の裏には、一八世紀の啓蒙主義があった。混沌とした自然に秩序を与えるのは文明人の使命なのだ。暗黒の自然は理性の光（lumen rationale）で照らされなければならない。先住民の蒙は啓かれなければならない。そのような考えに基づいて、開拓者たちは原生自然（wilderness）を次々と伐り拓いていった。だが、それは、取り返しのつかないほどに自然を破壊する行為でもあった。

秩序づけられるべき自然という見方に、超絶主義（transcendentalism）を標榜する人たちが異議を唱えた。超絶〔超越論〕主義という言葉はカント哲学から取られたものだが、批判哲学をそのまま継承した思想というより、むしろ想像力や直観を重視している。自然のうちに現れた神を直観によって捉えようとした動きと見た方がよいだろう。

超絶主義者の中で私たちに最も馴染み深いのはソロー（Henry David Thoreau, 1817-62）ではないか。『森の生活——ウォールデン』には一〇を越える邦訳が存在する。ソローの行った隠遁生活、人里離れた地に庵を結ぶという行為には、日本の伝統や文化に通じるものがあるのだろう。「マツやヒッコリーやウルシの木に囲まれて、かき乱すものとてない孤独と静寂にひたりながら、日の出から昼ごろまで、うっとりと夢想にふけった。あたりでは鳥が歌い、家のなかをはばたきの音も立てずに通り抜けていった」[5]。こうした記述は随所に見られる。

ソローはエマスン（Ralph Waldo Emerson, 1803-82）の影響を受けて森に暮らしたが、自然と人間の融合という点では、エマスンより進んでいる。エマスンは、確かに、自然の価値を見出し、自然美を認めた。しかし、自然と人間を切り離している感が否めない。エマスンにとって自然は言わば人間性を涵養する学校のような役目を持つ。自然は人間に仕え、人間の向上に資するものと捉えられている。自然と人間の調和が望まれる一方で、自然は自然を超えた人間によって発見され、支配される[6]。これに対してソローは、ウォールデン池のほとりで自然の営みに耳を傾け、人間と自然の調和について思いをめぐらせた。ソローにとって、自然という実在に則って暮らすことこそ、生の目標なのである。

人間の有限性を自覚し、自然との共生を訴えた人物として、レオポルド（Aldo Leopold, 1887-1949）に触れておかなければならない。その思想の中で重要なのは、まず、生態学的な視点である。よく知られているように、レオポルドは山の荒廃について語っている。ある州で農民たちは、牛を襲う狼を根絶やしにした。すると、鹿が増え、若木が食べ尽くされてしまった。木々が枯死したため、表土が流出し、山全体が破壊されてしまった。鹿の個体数を一定に保っていた狼がいなくなったので、生態系のバランスが崩れたのである。農民は自分たちの牛を守ることしか考えなかったが、「害獣」や「荒地」が実は重要な役割を果たしているというのはよくあることだ。自然は人智を超えて動いているけれども、多くの場合、人間は自然の隠された意味を知らない。

生態学的な見地に基づいて、レオポルドは「土地倫理（land ethics）」という考えを展開した。これは、倫理のおよぶ範囲を土地――動植物から土や水といった無生物まで視野に入れられている――へと拡大するもので、人間を「土地という共同体の征服者から、単なる一構成員、一市民へと変える」[7]ことを目指している。人間は土地を自分のものとして所有し、いかにたくさんの収穫を上げるかといったことを考えている。だが、人間もまた土地に所属する動物にすぎない。土地は生物から無生物までがそれぞれの役割を持った全体として、つまりそれ自体価値あるものとしてながめられるべきである。レオポルドは、自然と人間の間に、経済的な関心に基づかない関係を結ぼうと試みた。

人間中心主義

エマスン、ソロー、レオポルドといった人たちは、啓蒙主義的な物の見方と対峙していた。啓蒙主義は理性主義とも言われるように、理性を第一に考える。理性を持つのは人間（animal rationale）だから、啓蒙主義は人間を万物の中心に据える。しかし、人間中心主義を取る限り、自然は人間に隷属することになる。

人間を万物の尺度とする考えは、プロタゴラス（Protagoras, *ca.*490B.C.–*ca.*420）の時代から存在している。だが、古代ギリシャの思想は次第に変容していき、近代以降、人間はあらゆる存在者の上に君臨することになった。その背景としてしばしばデカルト（René Descartes, 1596–1650）の名前が挙げられる。

ハイデガーも、真理との関係でデカルトの影響を重視する。「デカルトの形而上学において、はじめて、存在者が表象作用によって対象性として規定され、真理が表象作用によって確実性として規定される」（*HW*, 87）。ハイデガーは、デカルトの「『我思惟す故に我あり』（ego cogito, ergo sum）というこの認識は、一切の認識のうち、誰でも順序正しく哲学する人が出会う最初の最も確実なものなのである」[8]という一節に注目し、ここに、人間が真理の判定者になったことを見ている。最も確実な認識は私だから、真理、つまり「正しいか、正しくないか」を判断する根拠は私である。そして、私以外の存在者は表象作用の対象とされた。すなわち、存在するものは私が表象する（自分の前に立てる vorstellen）対象（立てられたもの Gegenstand）と捉えられるようになった。人間は、今や、あらゆるものを立てる主体（主観、基体 subjectum）として、万物を意のままにすることができる。

人間を中心とする物の見方は宗教によっても浸透していた。ホワイト（Lynn White, jr., 1907-87）は生態系が破壊された原因を「自然は人間に仕える以外になんらの存在理由もないというキリスト教の公理[9]」に見出した。人間は神に似せて創られているから、神と同じように、自然から超越している。それゆえ、人間による自然の支配は正当化される。西方教会のこのような考え方に、ホワイトは人間中心主義の淵源を見ている。

ホワイトの見解に対して、パスモア（John Passmore, 1914-2004）のように、西欧文化の多様性を指摘する意見もある。西欧には、人間に対して、自然の「潜在的可能性を生かしてこれを完成する[10]」役割を求めた伝統があった。そうした「スチュワード精神[11]」に基づいて、パスモアは、新しい行動様式を模索する。例えば、多くの人は、公園を潰してビルを建てることを経済成長と見なしているが、逆に、ビルを潰して公園をつくることを経済成長と考えることはできないだろうか。人々は、将来得られるであろう利潤を重視する。だが、私たちに現在必要なのは、公園が「今この時」与えてくれる快適さを評価する感受性なのである。

生態系の危機を招いた要因として、自然科学という思弁的な学が、技術という実践的な営みと結びついたことも挙げられるだろう。科学はすでに存在しているものを観察し、考察する。そして、そこに普遍的な法則を見出そうとする。そうした働きの根底には言葉（理性、ロゴス）がある。その意味で、科学は哲学（人文「科学」）と切り離せない。一方、技術は何かを創出する行為である。だから、技術も藝術も長い間同じ語によって表されてきた。私たちの生活を快適にするために何か新しいものを創り出す。そのためには、対象と関わっていかなければならない。

これこそ技術の本領であって、対象との間に距離を取る科学とは異なる。性格の違う両者が結びついた時、自然の破壊に拍車がかかった。

第二節　ハイデガーと藝術作品への問い

ハイデガーは人間の有限性から出発して物の存在を究明しようとした。人間の有限性についてくどくど説明する必要はないだろう。人間は時間と空間の制約を受けている。私は井の頭公園でボートを漕ぎながらミラベル庭園を散策することはできないし、過去や未来に旅することもできない。さらに、死という終焉は誰にでもやって来る。しかし、だからこそ、人間は無限なものにあこがれるのだろう。西欧の思想は、無限のもの、絶対的なものを求めてきた。目に見えないイデアや不可知の神は常に思索の対象であった。自然科学も例外ではない。法則は、時代や場所を超えて通用する真理を希求する人間の願いから生まれたのではなかったか。

人間は今や神のように万物の上に君臨している。これは、後年のハイデガーの語を借りれば、「計量的思惟〈das rechnende Denken〉」(*GH*, 13)が力を得たからである。計量的思惟は、目標を見据え、それにむかって進んでいく。時間と空間の制約を超えて未来を見通そうとする。そうした思惟が支配的になり、人間は世界の中心に立つようになった。もちろん、かかる思惟は進歩の原動力であるから、ハイデガーは単純に計量的思惟を非難したりはしない。だが、計量的思惟は目標を見すえるがゆえに、価値に導かれる。そして、価値を実現するために、技術と結びつく。その結果、私たちは先へ先へと駆り立てられていく。人間は自分のかたわらにたたずむものを見すごし、自分の分限を忘れてしまう。自分が今どこにいるのか、どこに向かっているのかさえ分からなくなる。そのようにして、私たちは知らないうちに「危険」に陥っていく。

対象性の克服

人間は物に囲まれて生きている。物のない状況を想像するのは難しい。それほど物は馴染み深い。では、私たちは物を熟知しているだろうか。「物とは何か」。「物はどのように存在しているのか」。このような問いかけは、ハイデガーの思惟の通奏低音をなしている。[12] 物の存在を究明するためには、まず人間の存在の仕方を解明しなければならない。基礎的存在論が展開された理由をそう解釈することもできる。『存在と時間』の前半部では、物の存在を対象性として把握する見方が批判（吟味すること）された。そうした批判は、物の第一次的な存在の仕方を解明しようとする試みであると同時に、対象を措定する主体の批判でもある。ハイデガーは、主体―客体関係の構造を明らかにした上で、対象性という存在の背後を探ろうとした。

一連の分析によって発見されたのは、「手許性（Zuhandenheit）」（SZ, 69）という存在の仕方であった。それは私たちの手許で実践的に見出されている道具の存在である。物は差し当たり道具として、つまり人間のために役立つものとして出会われている。万年筆は字を書く道具として私の手許にある。これに対し、対象という存在の仕方は、手許性の欠如した様相とされる。道具が壊れたりして使えなくなると、私たちはそれを奇異なものとして目の前に立てる。インクの出なくなった万年筆を私たちはまじまじとながめる。その時道具は「眼前性（Vorhandenheit）」（SZ, 73）を持った対象として主体に対峙させられている。対象とは手許にあった道具が主体の前へと立たされた状態である。このような分析によって、ハイデガーは、対象性という存在が手許性から派生した様相であることを指摘し、主体中心的な思考様式を解体しようとした。

藝術作品への問い

「藝術作品の根源」もまた「物への問い」の一環と考えることができる。一九二〇年代のハイデガーは対象性の構造を問い、手許性を見出した。しかし、手許性によって、物の存在は完全に究明されただろうか。確かに、物が差し当たり道具として出会われていることは判明した。だが、「道具がほんとうは〔真理において〕なんであるかということ」（*HW*, 17）は問われていないのではないか。言い換えると、物の物たる所以は、人間の役に立つこと、つまり「有用性」（*SZ*, 68）に尽きるのかという疑問が残る。そこで一九三〇年頃から、ハイデガーは一般に道具とは見なされない存在者——藝術作品——の存在を本格的に問うようになった。

美学〔感性論〕や藝術学は、これまで述べてきたような人間中心主義、つまり理性を重視する伝統から生まれた。そうした伝統においては、当然、人間理性のあり方が関心事となる。物の存在は、理性そのものに比べると、副次的にしか問題にされてこなかったのではあるまいか。

美学を基礎づけたカント（Immanuel Kant, 1720–1804）は、もちろん、人間の有限性を見据え、経験の限界を問うた人物だが、その形式主義的な哲学は、美や藝術が言わば「根なし草」になっていく原因をつくったと言えなくもない。カントによると、私たちの認識を支えているのは、精神の能動的な働きである。すなわち、認識は、感性に与えられた情報に、カテゴリーという枠組みを当てはめることによって成り立っている。重要なのはカテゴリーという形式であって、感性が受け取った内容ではない。このような考え方は美学でも踏襲されている。何かを美しいと判断する時に問題となるのは悟性や想像力といった精神の働きであって、「美しいものが何からできているか」とか「どんな内容なのか」とかいったことはさほど問題にならない。カントにおいては、対象の実在性ではなく、形式が重視される。美は「本来ただ形式だけに関係する」[13]。だが、形式と内容の分離は、形式の独立を招く。美は自律性を主張し始める。藝術が自律性を主張すると、藝術のための藝術（l'art pour l'art）が生まれるだろう。ただし、自律と言えば聞こえはよいが、美や藝術が生の内容から切り離されたと言うこともできる。藝術は、もはや真理や道徳の内容を表すには適当ではない。そんな引導を渡されたと言えなくもない。終焉を迎えた藝術（Ende der Kunst）は、美的経験に奉仕する対象となり、商品として消費されることになる。

藝術を美的経験の領域で扱うのは妥当なことなのだろうか。藝術の自律によって藝術作品が「体験」の刺激剤になったと考える立場からすると、これは、もちろん、歓迎すべきことではない。ハイデガーは「藝術作品の根源」において「藝術作品という根源」（"des Kunstwerkes"という属格を同格に取ることもできる）を取り戻そうとしている。藝術作品の存在は「衝撃（Stoß）」（*HW*, 53）である。藝術作品は私たちを独特の経験へと押し出す（stoßen）。それは、道具や対象と関わる時の経験ではない。例えば、《デルフトの眺望》に接した瞬間、この絵を使って何かしようとする人や、分析しようとする人はいない。ただ惹き込まれているだけだ。このことに人々は驚き、足を止める。そして、問わずにはいられない。「藝術作品とは何か」と。

藝術作品の存在は手許性や眼前性に先立っている。そうした第一次的な存在は、真理の問題とも関係してくる。真理は事物と知性との合致とされ、人間が主体となってからは認識の確実性と見なされてきた。それに対して、ハイデガーは古代ギリシャの真理、アレーテイア（alētheia）にさかのぼって思惟していた（vgl. *SZ*, §44）。存在者の存在が対象性と規定される条件、つまり表象が成立する条件を問うてきたのだ。ハイデガーによると、合致という真理は、存在者が現出していなければ成立しない。それゆえ、存在者が隠れていないこと、つまり「隠れなさ（Unverborgenheit）」（*SZ*, 219）が根源的な真理とされた。そうした真理の開かれる場の一つが藝術作品である。藝術は表象作用に先立って、存在者の現出する開け（das Offene）そのものを生み出す。藝術は、存在者が現れてくる「明け開け（Lichtung）」（*HW*, 40）を伐り拓く。

藝術作品が根源的な真理の開かれる場であれば、それは何かを模倣したものではない。藝術が真理と結びつけられてきたのは、藝術がミーメーシス（mimesis）という機能を持つからではなくて、「世界」（vgl. *HW*. 30）を開くからである。ハイデガーの言うように、ギリシャ神殿は何かを模写しているのではなく、古代ギリシャの世界を開いている。ギリシャの人々が何を聖なるものと考えたのか、聖なるものにはどのような場所が相応しいと思ったのか、そうしたことが直接開示されている。さらに、神殿をめぐって、人々の希望や現実、さらに人々を取り巻く自然環境といった連関も現れてくる。神殿という藝術作品には言わば世界が凝縮されている。

世界が開かれると「大地」（*HW*. 28）が現れてくる。大地はあらゆる存在者の土台である。大地は理性の光に照らし出されることなく、普段は隠れている。そうした得体の知れないものが、藝術作品において露わになってくる。大地は、神殿の例だと、まず、ギリシャ人の世界を支える土台に当たる。神殿の建っている岩山、大空、海など、世界を担っている一切、つまり広い意味での物が、神殿が存在していることによって立ち現れてくる。さらに、神殿をかたちづくっている物、作品自体の土台も露わになる。神殿は石からできている。だが、石は神殿という作品にならなければ、私たちの目を引くことはない。物は、藝術作品になって初めて、それが何であるのか示すのだ。「音楽の傑作がそれに基づいて成立している音は一切の雑音や普段の音以上に音であり、油絵の色彩は自然という最高の色彩装飾でさえかなわないほど本来的な色彩性である」[14]。

藝術作品は、普通、作者の意図が素材に刻印されたものと見なされているだろう。画家は自分の頭の中にある像を画布の上に実現するという風に。だが、本当にそうなのだろうか。素材はイメージを現実化させるための媒体にすぎないのだろうか。様々な証言や伝記はこうした先入見に異を唱える。作品は素材との格闘によって生み出される。作家が当初持っていたアイデアは、素材の抵抗を受けてどんどん変わっていく。作品は言わば素材との応答によって誕生する。作品の素材は、形式を与えられた質料、つまり大量に生産される商品にとっての材料のようなものではない。素材は、作家の意図を超えた何か得体の知れないものであり、完全に制御されることはない。物の持つそうした不気味さが大地という語にはこめられている。そして、藝術は物のそうした根源的な力を露わにする出来事と思惟されている。

第三節　ハイデガーと物

私たちは身の周りの物をどのように扱っているだろうか。壊れた物は修理することもなく捨てているのではないか。まだ使えるのに処分されてしまう物も少なくない。物は気ままに用立てられている。ほとんどの物は代用可能であり、じっくりながめられることさえない。そのような時、物の存在は道具でもなければ、対象でもない。道具はある一定の意味連関から現れて手許に存在する。道具には手許という居場所があり、有用性という役割がある。対象もまた主体に対峙させられるという居場所を持っている。そうした存在の仕方に対して、物は、今や、それ固有の場所を持っていない。他の物に代わられるまでの間、ある位置を占めているにすぎない。物の唯一性は失われている。このような存在をハイデガーは「用象（Bestand）」（VA, 20）と呼んだ。

私たちは、欲望の限りなく増大していく状況に組み込まれている。人間は、自らの有限性を忘れ、物を支配することによって、そうした状況を生み出している主体のように見える。しかし、ハイデガーによると、人間と物に変わりはない。人間も物も、「役に立つかどうか」という尺度の前に同列である。用象として束の間ある位置を占めているにすぎない。だから、病気の人は患者ではなく「症例」であり、仕事を求める人は「人材」バンクに登録し、怪我をした人は「故障」者と呼ばれる。人間も物も企業運営（Betrieb）の手段として、ただ利益を上げるために駆り立てられている。私たちはそうした「ゲシュテル」という構造に組み込まれている。

物の尊厳

藝術作品の物性に着目したハイデガーは、物一般と人間の第一次的な存在を問うようになった。「物」（一九五〇）においてハイデガーは瓶を例に挙げる。瓶は水やワインを容れるための道具である。『存在と時間』の頃であれば、「瓶は液体を保存するという有用性をもって現存在をめざしている」、つまり「瓶は水を容れることによって人間のために役立っている」と説明されただろう。だが、「物」ではこのように言われている。「捧げられる水に宿っているのは泉である。泉に宿っているのは石の塊であり、石の塊に宿っているのは大地の暗いまどろみである。大地は天空からの雨と露を受け入れている。泉の水には天空と大地の婚礼が宿っているのだ」（VA, 165f.）。水は、単なる液体ではなく、泉や石の塊、大地といったものとつながっている。人間を超えて、自然との連関で思惟されている。瓶は自然とつながった水を容れる物である。水は瓶に保存されるが、しかし、ずっと容れておかれるのではなく、何かに注がれるのを待っている。ということは、水が瓶に容れられるのは注がれるためである。瓶は注ぐという行為によって規定されている。それゆえ、瓶の存在は、注ぐという行為から思惟されなければならない。そして、ハイデガーによると、注ぐことは捧げる行為である。

「注ぎ捧げることのうちには、大地や天空と同時に、神的なものと死を能くする者が宿っている」（VA, 171）。大地は人間を支える土台であった。それは田畑だったり、海だったりするだろう。私たちに足場を提供し、収穫を与えてくれるものである。天空には、青空や輝く星々だけではなく、季節の移り変わりといった自然の摂理も含まれよう。神的なものとは、聖なるもの、あるいは聖なるものの表徴である。死を能くする者とは、死を自覚することのできる者、つまり人間のことである。ハイデガーは、「注ぎ捧げること」のうちに、これら四者を見ている。私たちは、大地の上で、天を仰ぎ、聖なるものに思いを馳せながら、他の人々とともにいる。瓶という物は、人間がこの地上で自分を超えたものに囲まれた存在だということ、他の人間と関わり合いながら生きているということを映し出す。その時、物は単なる道具や対象として存在してはいない。瓶において四者は関連し合い一つになっている。四者をつないでいるのは瓶という物である。物には物を取り巻く一切が集約されている。集約とは近づけることだから、物においてあらゆるものが近づいている。これに対し、例えば自然破壊や自然保護が云々される場合、自然は対象としてながめられているのではないか。自然の存在が対象である時、自然と、主体である人間との間には距離がある。しかし、物は第一次的には人間と自然を近づけ、一つに纏めるという力を持っている。

「物とは何か」。この問いに対して、四者が映働、つまりお互いを映し合いながら遊働する場という答えが出された。物は第一次的にはあらゆるものを集めている。この時人間の存在は主体ではなく、物（Ding）によって「条件づけられたもの（die Be-Dingten）」（*VA*, 173）である。といっても、物が私たちを支配しているという意味ではない。そうではなくて、私たちが物をいたわっている（schonen）時、物は集約者として現れるのだ。その際、私たちは物を飛び越えて何かを企図しているのではなく、ただ、物の許に留まっている。それは、大地や天を畏れ、神的なものを待ちのぞみ、やがて死にゆく人々とともに暮らすことだろう。言わば自分の足許を見つめ謙虚に生きること、そうした生をどう実現していくのか考えること、それこそが、ハイデガーの求める人間の本来的な存在ではあるまいか。

物に関する思惟は、藝術に関する思惟の延長線上にある。例えば、ゴッホの油絵は、農婦の世界を開き、世界を支える大地を露わにしている。油絵は、靴という物がどういう存在者であるのか示し、さらに作品自体が何からできているのかということも示した。ギリシャ神殿の例では、「物」で言われた四者の映働は明言されていないものの、大地、天空、神的なもの、そして死を能くする者という要素はすでに登場している。ハイデガーは、藝術作品と物の存在を連続的に思惟することによって、物に秘められた根源的な力を明らかにしようとしたと言えよう。

おわりに

環境への意識は環境への倫理と不可分である。それゆえ、環境思想は環境倫理として展開してきた。環境倫理において倫理の対象は自然へと拡大した。倫理の範囲は人間から動物や植物、さらには土や水のような無生物へと拡がっていった。私たちの生は、他の人間との関係だけではなく、動植物との関係からも成り立っているし、そうした関係は、無生物との関わり合いの上に築かれている。そのことを人々が意識し始めたのだ。今や、人間のあり方に関して反省しようとするなら、私たちは無生物――普通「物」と呼ばれる――に対していかに振る舞っているのか、いかに振る舞うべきなのかということから考える必要があるだろう。

本章では、物へと向かう倫理を考える手がかりとしてハイデガーの思惟を紹介した。中期以降のハイデガーの歩みは、単なる懐古趣味、あるいは荒唐無稽な「物語」と見なされることがある。しかし、その思惟は、物の第一次的な存在と、それに関わる人間の存在を究明しようとする問題意識に貫かれている。それは、理性万能の近代を批判しようとする試みでもあった。物や自然は、長い間、人間の意のままにならず、時には恐怖の対象だっただろうが、人間理性は神に代わってすべてを照らすようになった。だが、その支配は行き詰まりを見せている。そんな時代にあって、ハイデガーは、近代以前に立ち戻ることによって、まさに「どう物と関わっていけばよいか」ということを問うたのだった。

人々はこれからも技術を革新することによって環境問題に対処しようとするだろう。そうしたアプローチは一概に否定されるべきではない。しかし、技術の生んだ問題を技術によって解決しようとする仕方は、問題の核心からずれている気がする。薬の副作用を薬によって治そうとするようなもので、循環に陥ってしまう。新たな技術を生み出すにしても、そこには別の発想を容れていく必要があるだろう。古代ギリシャにおいて、技術はテクネー（technē）と呼ばれていた。テクネーは藝術も意味していた。藝術は存在者を道具や対象、用象とすることなく、その第一次的な存在を開示する。それは物の力を解放する働きである。技術というものの本質を藝術の方から見極めること、そして藝術作品の存在から物の存在、さらには身の周り（環境）を捉え直す道が求められてはいないか。ただし、その道のりは険しい。私たちは、単に答えだけを得ようとするのではなく、自分自身で徹底的に考え抜いていかなければならない。

注

本書の引用は極力訳書を紹介することになっているが、本章では、ハイデガーの著作に関して、引用および参照箇所は原書により、次の略号の後に頁数を記して示す。なお、書名、論文名の後のカッコ内は、講義年もしくは初版出版年である。

SZ: Sein und Zeit（1927）, Max Niemeyer, 18. Aufl., 2001.（原佑・渡邊二郎訳『存在と時間』全三冊、中央公論新社、二〇〇三年）

HW: Holzwege（1950）, Vittorio Klostermann, 7. durchges. Aufl., 1994.（茅野良男／ハンス・ブロッカルト訳『杣径』〈ハイデッガー全集〉第五巻、創文社、一九八八年）

GH: Gelassenheit（1959）, Günter Neske, 10. Aufl., 1992.

VA: Vorträge und Aufsätze（1954）, Günter Neske, 8. Aufl., 1997.

（1）ハイデガーにおける倫理の問題について、筆者は、後期の物論が広い意味で倫理の分野に相当すると考えており、二〇〇六年三月に行われた「日独哲学シンポジウム」では「ハイデガーの『物への問い』と倫理」という口頭発表を行った。その発表原稿は、二〇〇八年三月に上梓される予定。

（2）先日、国連の「気候変動にかんする政府間パネル〈Intergovernmental Panel on Climate Change〉の第一作業部会は、今世紀末に平均気温が最大で六・四度、海面は最大五九センチ上昇すると発表した。それによると、地球温暖化 Global warming, Globale Erwärmung の原因が人間活動の結果である可能性は九〇％以上であり、早急な対策が不可欠だという。温暖化への取り組みが遅れていると言われるアメリカで、合衆国元副大統領の活動を追った《不都合な真実》が、アカデミー賞の二部門を受賞したことも記憶に新しい（A・ゴア／枝廣淳子訳『不都合な真実』ランダムハウス講談社、二〇〇七年）。

温暖化に対する異論、例えば「本当に温暖化が進行しているのか」とか「温暖化の原因は人為ではない」といった意見も根強い。先日も矢沢潔『地球温暖化は本当か――宇宙から眺めたちょっと先の地球予測――』技術評論社、二〇〇七年、や武田邦彦『環境問題はなぜウソがまかり通るのか』洋泉社、二〇〇七年、といった本が出版されたばかりである。

（3）メドウズ他／大来佐武郎監訳『成長の限界――ローマ・クラブ「人類の危機」レポート――』ダイヤモンド社、一九七二年。

（4）カーソン／青樹簗一訳『沈黙の春』新潮文庫、二〇〇四年。

（5）ソロー／飯田実訳『森の生活（上）』岩波文庫、一九九五年、二〇二頁。

（6）例えば、次の箇所を参照。R・W・エマソン／斉藤光訳『エマソン名著選――自然について――』日本教文社、一九九六年、二〇二頁。なお、エマスンやソローの思想を受け継いだものとして「ディープ・エコロジー」を挙げることができる（参考：ネス／斉藤直輔・開龍美訳『ディープ・エコロジーとは何か』文化書房博文社、一九九七年）。

（7）レオポルド／新島義昭訳『野生のうたが聞こえる』講談社学術文庫、一九九七年、三一九頁。

（8）デカルト／桂寿一訳『哲学原理』岩波文庫、一九六四年、三八頁。

（9）ホワイト／青木靖三訳『機械と神――生態学的危機の歴史的根源――』みすず書房、一九九九年、九五頁。

（10）バスモア／間瀬啓允訳『自然に対する人間の責任』岩波書店、一九九八年、五六頁。

（11）同上書、三二三頁。

（12）筆者はハイデガーの思惟を「物への問い」と捉えている。詳しくは、以下の拙論を参照されたい。「ハイデガーの大地概念」（『美學』第二〇八号、美学会、二〇〇二年）、「ハイデガーの思惟における『藝術作品の根源』の位置について」（『文芸学研究』第八号、文芸学研究会、二〇〇四年）。

（13）カント／篠田英雄訳『判断力批判』岩波文庫、一九六四年、一一八頁。なお、引用箇所は、Immanuel Kant, *Kritik der Urteilskraft*, Felix Meiner（Philosphische Bibliothek: Bd. 507）, 2001, S. 84（B 50）から訳出した。

（14）H.-G. Gadamer, *Gesammelte Werke* Bd. 3, J. C. B. Mohr, 1987, S. 257.

第Ⅱ部

宗教篇

■世界では諸宗教や宗派間で今も対立抗争が続いている。目を日本国内に転じてみると、固有の宗教である神道に世界宗教、幕末期以後の新宗教など様々な宗教が共存し、一見すると宗教的平和のよきモデルたりうるように思われる。しかし実際には、神道は初詣でや七五三、キリスト教は結婚式やクリスマスパーティー、仏教は葬式でしか縁がないなど、宗教は単なる社会的慣習としてしか意味をなさなくなっているというのが多くの日本人の実情ではないだろうか。他方、新興宗教の隆起は今なお続き、一九九五年三月にはその一つが地下鉄サリン事件を起こし、世間を驚愕させた。これなどは日本人の宗教への希求が実は現在も失われていないにもかかわらず、宗教とはそもそも何であり、いかにあるべきものかを我々が今もって明確に認識していない事実を示しているとは言えないだろうか。このような混沌とした時代に、わが国の西洋宗教哲学の研究者は何を提言しうるであろうか。

「宗教」篇では、まず第1章でドイツ観念論者ヘーゲルの最初の主著『精神現象学』における宗教哲学を概観し、その問題点を考え、宗教哲学のあるべきかたちとしての直観哲学への方向を示唆する。この章はそのために、直観や概念など、哲学的な基礎概念を確認することで、以下の三章を理解するための準備としての役割も果たす。第2章では、宗教なき現代、現代なき宗教の時代と言われる中で、その克服の方策としての神秘主義の可能性を示す。第3章では、シェリングの『人間的自由の本質』の神の思索がいかにハイデガーの真理論の源泉となっていたかを考察する。第4章では、ルターやドイツ敬虔主義につながる時代の入り口に立つクザーヌスと、それ以後の近代合理主義の終焉期に位置するショーペンハウアーにおける神の問題を扱い、この二人の思想家の間の時代で神の問題がどのような変遷を経て扱われてきたのかを考察する。

（来栖哲明）

第1章　ヘーゲル『精神現象学』における宗教哲学

序

この章ではドイツ観念論哲学者の一人であるヘーゲル（Georg Wilhelm Friedrich Hegel, 1770-1831）の主著『精神現象学』（一八〇七）の「宗教」の章に見られる宗教哲学を概観し、それが歴史的形態としての諸宗教の概念の論証的な分析に基づいて展開されていることを確認する。そしてそこでは人間の実存に基づいた宗教性の問題が欠落していることを見て、この問題を扱いうるものとしての直観主義哲学の方向を示唆したい。

ヘーゲルには『精神現象学』以外にも宗教に関する著述や講義録があるが、紙数の関係もあり、ここでは彼の最初の主著である『精神現象学』の宗教論だけに限定することにする。

第一節　論証的認識方法としてのヘーゲル弁証法

まず全体的な準備として、論証的認識と直観的認識（あるいは直観そのもの）の区別について一般的に説明しておかねばならない。

論証的認識と直観的認識

我々の認識あるいは判断には大別して二つの仕方があると言える。すなわち、論証的（〔独〕diskursiv）な仕方と直観的（〔独〕intuitiv）な仕方である。論証的な方法とは、ある事柄を根拠にして別の帰結を（広い意味で）推論する（考える）ことで認識あるいは判断を得る方法である。思想史的に見れば、これが自然科学に代表されるような、デカルト（René Descartes, 1596-1650）以後のヨーロッパ近代の典型的な認識方法と言えよう。それに対し、直観的な認識方法とは、根拠と帰結の間のはっきりした区別がなく、瞬時のうちに全体を認識し、判断する方法である。

我々が「彼はいい人だ」と認識あるいは判断する時のことを例に取って考えてみよう。もし我々がその根拠として例えば「なぜなら彼は先日私に親切にしてくれたから」という、結論とは一応区別される根拠を挙げて判断するのであれば、それは論証的であると言える。長年ドイツで暮らした筆者の経験に基づいて言えば、ドイツ人は大体こんなふうに判断するようである。それに対し、はっきりした理由を挙げることができなくても、その人を見れば私には彼がいい人であることが分かる、というように判断を下すこともある。これが直観的な認識方法である。就職活動で企業の面接に行くと、会社の面接官は応募者を一目見ただけで、その応募者がどのような人物かたちまちのうちに見抜いてしまうなどと言われ、これなどその一例であるが、このような直観的な認識の仕方はドイツ人などに比べ、日本人に顕著だと言えよう。

弁証法

さて、『精神現象学』全体を貫く論述の方法は弁証法（〔独〕Dialektik）と呼ばれる。西洋思想史において、これはヘーゲルにおいて確立された哲学的概念であり、ヘーゲルの他にマルクス（Karl Marx, 1818-83）、場合によってはデンマークの実存主義思想家キルケゴール（Søren Aabye Kierkegaard, 1813-55）なども弁証論者に数え入れられる。わが国の哲学者西田幾多郎（一八七〇―一九四五）もその後期哲学の方法を弁証法という言葉で表現している。その最後の完成論文「場所的論理と宗教的世界観」（一九四五）で自らの弁証法（具体的に言えば絶対矛盾的自己同一または逆対応）を鈴木大拙（一八七〇―一九六六）の即非の論理と結びつけているから[1]、この二人の日本人も広い意味では弁証論者に数え入れることができるかもしれない[2]。鈴木大拙の般若即非の論理は直接には『金剛般若経』に現れている論法を定式化したものと考えられるから[3]、弁証法とは広い意味では西洋思想のみならず、東洋の大乗仏教の思想にも見られる考え方であると言えよう。

これらの弁証法を一般的に定義することは難しく、まだ確定的な定義はなされていないが、筆者は差し当たり、真理もしくは実在が、複数の契機（ヘーゲルで言えば即自 an sich と対自 für sich）の矛盾対立関係を通して自らを展開し、実現していく論理、として定義してみたいと思う。筆者はここで論理という言葉を使ったが、この言葉で通常理解されているのはアリストテレス（Aristotelēs, 384B.C.-322）以来の伝統を持つ形式論理と呼ばれるもので、これは我々人間の思考あるいは判断の形式にのみ関わるものである。これに対し、弁証法とは単に人間の思惟のみならず、実在もしくは主観の外なる客観的世界の構造にも直接関わる運動的なものであるから、これを果たして論理と呼べるものかどうかについては大いに議論の余地がある。これは論理の定義そのものに関わる大きな問題であり、ここで最終的な結論を出すことはできないが、筆者はヘーゲル[4]や西田、大拙の用語法に即し、便宜上ここでは一応論理という言葉を使って定義しておく。

論証的説明方法としてのヘーゲル弁証法

既に見たように一口に弁証法と言っても東洋と西洋にわたって様々なものがあり、それらは同じではない。『精神現象学』を扱おうとする我々にとって重要なことは、ヘーゲルの弁証法が直観的ではなく、きわめて論証的な、あるいは近代的意味での知性的な性格を持っているということである。ヘーゲルは『法の哲学』（一八二一）の第三一節において、弁証法を概念の動的な論理として定義している。(5) この場合の概念とは直観に対立するものとして捉えられ、論証的知性的なものとして理解されている。これは具体的には後で『精神現象学』の「感覚的確信」の章で確認するが、まず一般的な準備として、この場合の直観や概念の意味を、西洋近代認識論の代表と見なされ、ヘーゲルをはじめとするドイツ観念論者にも影響を与えたカント（Immanuel Kant, 1724-1804）の『純粋理性批判』（第一版一七八一年、第二版一七八七年）における認識論に即して確認しておきたい。

カント『純粋理性批判』における直観と概念

『純粋理性批判』によれば、我々の客観的対象の認識は、直観（Anschauung）と概念（Begriff）という二つの要素からなる。

我々が今目の前にある机を認識する時のことを考えてみよう。我々が今目にしている机の知覚像が机の直観である。これは今ここにのみ存在するものとして、時間的空間的な限定を受けた個別的なものである。これに対し、机という言葉で我々が理解している内容が机の概念である。これは今目の前にあるこの机の知覚像のみならず、あの机であろうとかつては存在したが今は存在していない机であろうと、机と名のつくものにはすべて適用可能である。この意味で机の概念は机の直観のように時間的空間的限定を受けたものではなく、もっと一般的なものである。

カントによれば、我々の客観的対象である「この」机の認識は、以下のようにして成立する。まず我々の受容性の能力である感性（Sinnlichkeit）を通じて、机の直観（知覚 Wahrnehmung）が与えられる（時間と空間が感性の形式である）。それに我々の思惟あるいは判断の能力である知性（カントはこれを悟性 Verstand と呼ぶ）が、机の概念を適用し、概念把握することで、「これは机である」という認識もしくは判断が成立する（こうした認識をカントは経験 Erfahrung と呼ぶ）。この判断において、「これ」というのが机の直観であり、「机」というのが概念である。

こうした机の認識あるいは経験においては、直観も概念もどちらも不可欠であり、同等の権利を持っていると言える。しかしその機能は異なる。我々は直観から独立に机の概念を分析するだけで、例えば机はものを書いたり食事したりするための道具であるとか三つもしくは四つの脚を持っているものだとかいう判断（広い意味での認識）を得ることができる。概念に基づいたこのような悟性認識は我々人間にあっては論証的であり、直観的ではないとカントは述べる[6]。こうした判断は単に今判断している主観としての私のみならず、机の正しい概念を持っている限りのあらゆる人にも妥当するものである。この意味で概念あるいは論証的認識の主体に個別性というものはない。

それに対し、机の直観はと言えば、たとえ同一の机の直観であっても、私の直観と私の向かいあるいは横に座っている人との直観は違う。同一の主観たる私にとってさえ、場所を少し移動すれば、その同じ机の知覚は変わる。このように直観およびその主体とは時間的および空間的な制約を受けたものであり、徹底的に個別的なものである[7]。

『精神現象学』の感覚的確信の弁証法

さて、以上のカントの認識論に即してみれば、ヘーゲルの『精神現象学』は、感性的直観に対立するものとしての概念の立場に終始立っていると言える。ここではそれを同書の「感覚的確信」の章において確認してみたい[8]。

『精神現象学』では我々の意識特に精神が下位から上位へと展開される。それは我々の精神（観念論の流れに属するヘーゲルではこれは存在と同じことになる）が自らを反省し[9]自覚する、あるいはこうしたかたちで知られるべき本来の自己の内へと還帰する過程であるともいえ、感覚的確信はその始まりもしくは最下層の段階に位置するが、ここで特に「感覚的確信」の章におけるヘーゲルの方法すなわち弁証法を取り上げるのは、この章にこそ『精神現象学』における一貫した知性的概念の立場が端的に見て取れるからである。

「感覚的確信」の章は次のような文章ではじまる。

最初に、すなわち、直接的にわれわれの対象となる知は、それ自身直接的〔無媒介、以下頻出する直接（的）の場合も同様〕な知、直接的なものまたは存在するものの知にほかならない。われわれはやはり直接的な、つまり受けいれる態度をとるべきであって、現れてくる知を少しも変えてはならないし、把捉から概念把握〔ただ対象を感覚的につかむのではなく、そうなることの含む論理を、発生の過程と結果を含めて、理解し概念をうること〕を引き離しておかねばならない。[10]（〔 〕内は邦訳書に付されている訳注）

この「直接的な知」すなわち感覚的確信が、概念との関係なしの、単なる直観に対応する。そしてヘーゲルの弁証法で言えば即自である。感覚的確信はその具体的内容から見てそのままで最も豊かな認識、無限に豊かな認識であるように思わせる。この時の意識の対象は純粋なこのものであり、自我は純粋なこの人である。つまり主体も客体も純粋に個別的である。

しかし感覚的確信は、実際には最も抽象的で最も貧しい真理である。[11] このテーゼが対自である。このことをヘーゲルの挙げる「いま」の例で見てみよう（このほかに「ここ」の例でも説明されているが、紙数の関係で割愛する）。いまとは何であるか、という問いに対して、我々は例えばいまは夜であるという実例で答え（即自）、この真理を書き留めておく。しかし日中にこの書き留めたことを眺めてみると、それは真理ではない。夜であるいまは存在するものとして書き留められ貯えられるが、日中には存在しないものになる。同じことは「いまは昼である」という真理にも当然当てはまる。それに対し、いまそのものは昼であるいまに対して、昼でもないあるものとして、つまり否定的なもの一般として持続する。だからこのように持続するいまは直接的、無媒介なものではなく、媒介されたものである。なぜなら、いまは他者、つまり昼と夜が在るのではないことによって、永続するもの、自らを維持するものと規定されているからである。このようないま、つまりこれ（夜）であることにもあれ（昼）であることにも無関係であるような単一のいまは一般的なものであり、この一般性はその認識主体にも当てはまる。[12]このテーゼが対自に相当する。

この対自の段階だと、いまは言い表すものであり、言葉特に概念[13]として捉えられていることが分かるだろう。いまが一般的なものだというのはこの言葉または概念の一般性に対応していると考えることができる。それに対し、夜や昼に随時対応するものとしてのいまとは、主観のその都度の感覚的知覚に対応した、本来言葉では言い表せない、個別的なものだと言える。このようなものをヘーゲルは「思いこみ（Meinung）」と呼ぶ。そしてヘーゲルによれば、言葉の方が思いこみよりいっそう真なるものである。[14]

しかし感覚的確信の弁証法はこれだけでは終わらない。ヘーゲルは即自たるテーゼでの個別的ないまをもう一度擁護し回復しようとする。即自の段階でのいまは、対自の段階では「あったもの」として否定された。しかしあった（gewesen）ものはいかなる実在（Wesen）でもない。しかしながら初めに問題となっていたのは「現に在るもの」であった。こうして対自のテーゼは再び否定されねばならない。ここでヘーゲルが持ち出すのが、絶対に多くのいまであるような一つのいまたる一日という概念である。多くのいま、つまり多くの時間をその中に持っている単一な一日としてのいまが真のいまだと主張される。[15]こうして即自たるテーゼでのいまは、対自たるテーゼをさらに超えた段階へと止揚（廃棄）（aufheben）され、一般的ないまとして再び肯定的に捉えられる。これが即且対自（an und für sich）たるテーゼと言える。しかしながら、この段階でのいまとは即自のテーゼでの直観に対応した個別的ないまと言うより、一日という概念の中に取り込まれ、概念化され、言葉で言い表されるようになったいまと言える。

以上より、ヘーゲルの感覚的確信の弁証法が、いまことというような言葉特に概念を用いて分析的に反省する論証的なものであり、いまことという時空的な制約を受け、言表できない個別者としての直観をそれ自体として積極的に主題にするものではないことが確認できたと思う。

第二節 『精神現象学』「宗教」の章

このような論証的方法に基づいて展開される哲学の主題となる対象およびその主体は、最終的には概念の一般性、普遍性に対応したものであり、直観の個別性に対応したものではないことは明らかである。そしてこのことは『精神現象学』における宗教哲学にも見ることができる。

『精神現象学』の全体の構成は、意識の低い段階から順に、「一　感覚的確信――このものと思いこみ」「二　知覚――物とまどわし」「三　力と悟性、現象と超感覚的世界」「四　自己自身の確信の真理」「五　理性の確信と真理」「六　精神」「七　宗教」「八　絶対知」となる。本書では感覚的確信が我々の意識の最も低い段階であり、「宗教」の章は最上位から二番目に位置していることが分かる。「感覚的確信」から「絶対知」までの意識の展開の原理が弁証法であることは言うまでもないが、一つの章の中の論旨の展開もまた弁証法に基づいて行われる。これは「宗教」の章にも当然当てはまる。

『精神現象学』の「宗教」の章は、意識の低い段階から、「A　自然宗教」、「B　芸術宗教」（古代ギリシャの宗教）、「C　啓示宗教」（キリスト教）に分かれる。以下でその弁証法的構図に即してこの章の展開を見てみよう。

自然宗教

宗教形態の最も低い段階は（ヨーロッパから見て）東方の光の神、具体的にはユダヤ教のヤハウェの神[16]の崇拝である。「神ヤハウェは決してその姿かたちをみせない。輝く光に包まれ、あるいは稲妻や火流となって登場し、みるものの眼を眩《くら》ます[17]」。この光の神は感覚に結びついており、知性的な反省を解さない直接態、宗教の次元での意識の最も低い段階たる即自に対応する。「だが、この（闇との間で――筆者注）よろめく生命（そしてそれを崇拝する宗教――筆者注）は規定されて自独存在（対自存在、自立存在）となり、その（闇に――筆者注）消えゆく形態には存立が与えられねばならない[18]」。

こうして宗教は一定の形を持つ形態（規定された形態）、つまり植物と動物の崇拝（インドやエジプト[19]の宗教、未開社会に見られるトーテミズム[20]）へと移行する（対自）。互いに他を侵さない無邪気な花を崇拝する宗教には自己意識がないのに比べ、相互に殺戮する一定の動物の形態を自分たちの本質と意識する動物宗教には自己意識があると言える。意識が自己を自覚するプロセスの叙述たる『精神現象学』では、当然動物崇拝の方がより高次の宗教段階に位置する。しかし相互の憎しみのあまり死を賭して戦う諸民族には、やはり一定の存在形態が欠けている。

そこでこの対自たる宗教形態は、自己によって作り出された対象を崇拝する宗教、すなわちピラミッドやオベリスクを作り、神像を敬うエジプトの宗教に見られる工作者の宗教へと移行する。この宗教が即且対自であるのは、作品の中に、労働する精神が加工する材料となる自体存在つまり即自[21]と、労働する自己意識の側面である自独存在（対自）が合一して存在しているからである。労働する者は初め自独存在の形式を動物形態に求めるが、エジプトに見られる工作者の宗教作品の最高形態はスフィンクスのような半獣半人の像となる。工作者たる人間が自らの形態を作品に交じえ、宗教の主体たる精神の自覚のかたちがここに表れていると言える。しかしこうした像が獣の形態を交じえている限り、それはまだ完全なかたちでではない。しかもこの作品は、自己を自己として現存させる形態つまり言葉を持たず、その作品が一つの内的な意味を自分に含んでいることを自ら言表することができない。

スフィンクスはギリシャ人オイディプスに「朝は四本足で、昼は二本足で、夜には三本足で歩くものは何か」という謎をかけ、オイディプスが「人間だ」と答えることで自ら姿を消す[22]。ここに工作者の宗教が崇めるのは人間主体的な内なるものであることがギリシャ人によって看破され[23]、精神は蜂が巣を作るのと同様の本能的な労働者たる工作者から人間としての自覚を得る。こうして工作者の宗教は、自らの外に出ながら自らを完全な形で表現する芸術家の宗教つまり古代ギリシャの宗教へと移行する。

芸術宗教

古代ギリシャの宗教の最初の形態は直接的なものであるから、抽象的で個別的である。その例が賛歌であり、ここに工作者の宗教における言葉の問題の克服の形態を見ることができる。

しかし自己意識の純粋な感覚的な場の中で動かされた神の形態（即自）と、物という場で静止している神の形態（対自）が、互いに異なった規定を廃棄し合い、両者の本質の概念である定在（Dasein）の統一（即且対自）に達する運動は礼拝である。これは個人の所有物を捧げることで始まる。この行為により、所有者は自らを自己自身ではなく他の人々や神に帰する。しかし犠牲に供される動物は（牛がゼウスの化身であるように）神のしるしであり、果実は生けるケレスやバッコスであるから、捧げられるものは実は神自身である。供儀は人間の行為であるから自己意識的側面を持ち、ここに神人一体の自覚的形態が実現されていると言える。しかも供物の残りが調理されて会食され、神人一体感はさらに高まる（以上抽象的芸術作品）。

しかしこの不安定な陶酔は対象を得て安定しなければならない。つまり作品を生み出さねばならないが、工作者の宗教より高い次元にあるべきこの段階では彫像のような静止的な作品ではなく、生ける自己、つまりオリンピアの競技におけるような自由に運動する、魂を得た生ける芸術品、すなわち美しい身体をその対象とする（以上生きた芸術品）。

意識はさらに礼拝や競技といった現実の行為ではなく、そこから概念への高まりへの中間段階、つまり言葉による表象（Vorstellung）（イメージ）たる叙事詩へと高まる。

古代ギリシャの叙事詩における神々は永遠の個体ではあるが特殊な神々であって無限ではなく、運命には勝てない。この運命は叙事詩の生命に関わらないし、また叙事詩の語り手たる歌い手もその外にいる。この両極は叙事詩の内容に近づかねばならないが、これが実現すると叙事詩は悲劇となる。ギリシャ悲劇において語り手は役者として舞台に上がり、登場人物として直接内容を語る。その限り役者たちは自己意識的なのだが、それは各々の役割に割り当てられた限りのものである。つまり、自己と運命とはまだ真に合一しておらず、「観客の前に登場する英雄は仮面と俳優に分裂し、劇中の人物と現実の自己に分裂する」[24]。「ところが、喜劇では、仮面が落ちて役者の素顔がさらけ出される場面がある。そのとき、劇中人物と生身の役者とが一つになる。観客も舞台の上で演じられていることが、実は自分たち自身のことであると知る。劇中世界が生活世界と一つになる」[25]（以上抽象的な芸術作品）。

しかし喜劇の軽率さの中で人間の自己意識は神的なものへと絶対化され、人間の宗教意識は消失してしまい、喜劇は宗教としての意味を失ってしまう。かくして宗教は表象の宗教から概念の宗教たる啓示宗教すなわちキリスト教へと移行する。

啓示宗教

キリスト教においては神がイエスという現実の一人の人間として自らを顕わにする。ここに神人合一の形態が見られ、精神の自己認識のかたちが具現されている。宗教あるいは信仰の対象（神）が実は人間（のうちなるもの）であることがこの形態にはっきり示されている。

啓示宗教の直接態（即自）は、イエスの同時代の個々の人々に、イエスが生きた人間として見られ聞かれている段階である。ここでは意識は宗教の対象を自己とは異なった対象として捉えており、宗教意識とその対象たる神がまだ分裂している。在るイエスはその死によって在ったイエスとなり、見られた、聞かれたものになる。そして意識は教団という一般的な自己意識となる。これは意識の感覚的なあり方が父と子の関係の表象へと自然にあるいは無意識に高まることである[26]（対自）。しかし教団は自らが何であるかをまだ意識していない[27]。神が人間となって死ぬことで神が自己自身と和解することが教団の個々の成員によって自覚された時、個々の自己意識は一般者すなわち教団となり、「（イエスの――筆者注）死は、その直接的な意味から、（すなわち――筆者注）この個別人の非存在から、精神の一般態となって光をあてられる、そのとき精神は自らの教団の中に生き、そこで日々死んで日々よみがえるのである」[28]。これがイエスの死と教団の表象が概念に高まったことであり、個別的な感覚的宗教把握と教団の一般的表象が止揚されることである（即且対自）。

この段階でも宗教の対象（神）の彼岸性がまだ克服されず、教団が崇めている神が実は人間自身であることが示されていない（この意味で教団および精神の表象性がまだ克服されていない）が、これを示すことは『精神現象学』の最終章「絶対知」の課題である。

第三節　「心霊上の事実」としての宗教の問題
——結びに代えて——

以上弁証法に即した道筋に沿って『精神現象学』の「宗教」の章を概観した。ヘーゲルについて予備知識のあまりない一般の読者には、様々な立場から批判的な見解が可能だろう。特に神と人間の本性が本来は同じもので、人間が神として自覚される過程がユダヤ教からキリスト教に至る宗教の歴史的形態に即して説明されることには、多くの人が違和感を持つのではないだろうか。

西洋哲学の実質的な出発点とも言えるプラトン（Platōn, 427B.C.-347）の古典的著作『ソクラテスの弁明』では、（特に善美の事柄に関して）唯一の知（恵）者たる神に対し、人間の最大の知とは、知恵に対しては何の値打ちもないことを知ることとされ[29]、知（あるいは知者たる神）を愛し求める（哲学する）[30]のが人間たる哲学者（直接にはソクラテス）とされる[31]。このように神と人間の間に合一不可能な質的差異を自覚することが西洋哲学でもその源流となっている。それに対し、ヘーゲル哲学の目標は、哲学が愛知（つまり哲学）たることをやめ、現実の知（あるいはその体系たる学問[32]）になることであり[33]、しかもそれが人間の意識の内部でのみ（通常は我々の意識の外の出来事と考えられている）歴史や諸宗教をも含む一切の実在を理解しようとする観念論の枠組みで、人間精神の自己認識たる反省のプロセスを通して展開される。このことがヘーゲル宗教哲学のこうした奇妙とも思える特徴の理由であると言えよう。その是非を検討することは差し控え、ここでは哲学的反省の方法たる弁証法の知性的・合理的性格に着眼することで、ヘーゲル宗教哲学の問題点を考えてみたい。

『精神現象学』の「宗教」の章で扱われる宗教は、歴史的・社会的形態たる宗教のみであり、常に集団的なものである。これは直観に比べ一般的な概念（あるいはその主体たる精神）が自己実現する過程の論理たるヘーゲル弁証法に基づいた宗教理解の必然的な帰結であると言えよう。本章の第二節で、宗教についてのヘーゲルの説明が各宗教の概念に基づいた分析的・論証的なものであり、直観的ではないことは確認できると思う。ヘーゲル自身の思索に即して言えば、概念の自己実現の過程に即して各宗教形態が分析され、下位から上位へと整理されている。確かに集団的、共同体的側面からの宗教理解や研究は可能であり、例えば宗教と魔術を区別する表徴として宗教の共同体的特性に着眼するデュルケム（Emile Durkheim, 1858-1917）[34]のような宗教社会学者には、こうした宗教理解の方向は比較的受け入れやすいかもしれない。

しかしながら、宗教学の分野にも、「概念的把握が全く不可能なので、言い得ないもの、述べがたいもの[35]」たる宗教感情に着眼し、非合理的なものこそが宗教の中核をなすとするオットー（Rudolf Otto, 1869-1937）のような宗教アプローチも見出される。このような宗教理解は、（概念により明晰に思惟しうる対象を合理的と名づけるオットー[36]に即して言えば）合理的説明原理たるヘーゲル弁証法では不可能であろう。実際『精神現象学』にこうした宗教理解は見出せない。人間の現実存在すなわち実存が、単に知性的、概念的なものであるに留まらず、感性的、動物的、さらに言えば悪魔的な側面をも併せ持ち、直観的（感情的）、非合理的なものでもある限り、知性的な概念の哲学たるヘーゲル哲学では人間存在、そして人間的魂の問題たる宗教理解が合理的側面からのみ一面的になってしまうことは否めないであろう。しかし他方、人間の非合理的側面からのみの宗教理解もまた一面的であり、宗教の理解には合理（概念）、非合理（直観）の両側面を併せ持つ全体的人間理解に基づいたアプローチが必要であろう。

このような観点からの宗教哲学の一例を筆者は西田幾多郎の哲学に見るのであるが、西田はその論文「場所的論理と宗教的世界観」において、「宗教は心霊上の事実である。哲学者が自己の体系の上から宗教を捏造すべきではない。哲学者はこの心霊上の事実を説明せなければならない[37]」と言う。ここでの宗教という言葉は同論文では宗教心[38]、宗教的意識[39]などと言い換えられている。つまりこの言葉で理解されているのは、キリスト教、仏教などのような教義や教団というかたちで歴史的社会的現象として見出される諸宗教ではなく、我々の内的な宗教性のことであり、しかもこれを西田は徹底して個人の問題として理解する[40]。引用した箇所からも分かるように、同論文の課題はこうした宗教性を哲学的に説明することであるが、同論文は「我が生きるにあらずキリスト我において生きる[41]」というパウロの言葉などに見られる様々な宗教的体験を扱い、同論文の宗教（性）概念として具体的にはこうした宗教的体験が考えられていることが分かる（個人的な宗教体験の典型的例が、西田が引用する「弥陀の五劫思惟の願をよくよく案ずれば、ひとへに親鸞一人が為なりけり[42]」という『歎異抄』の親鸞の言葉である）。

西田が言う意味での宗教では、神や阿弥陀仏と個的な宗教主体たる人間の間の質的差異は「心霊上の事実」であるが、これは『精神現象学』では主題とされていない。宗教主体の「事実」としての個体性は概念の一般性に比した直観の個別性に対応すると考えられるが、概念の哲学たるヘーゲル哲学ではこれは説明不可能であろう。集団的な宗教体験もありうるが、西田が言うような個人的な宗教的意識や宗教的体験の可能性、特にその「事実」も否定できない。宗教体験においては非合理的な感情の役割も無視できないが、西田がパウロや親鸞などの言葉で例を挙げる宗教的体験とは、ヘーゲルにおける経験のような知性的論証的なもの[43]ではなく、直観的な体験であることは言うまでもあるまい。こうした宗教性を、しかもヘーゲルが挙げる例に見られるような共同的宗教形態と矛盾なしに、個人的であると同時にまた共同存在的でもある人間の実存に即して解明するためには、ヘーゲルにおけるような単なる概念の哲学あるいは論証的弁証法では不十分で、直観の哲学――それも本章第一節の「カント『純粋理性批判』における直観と概念」の項で説明したカントの感性的直観のように、知性的概念と異質なものとしてこれに対立するようなものではなく、知性的概念をも包含するようなものとしての直観の哲学[44]――の構築が必要と言えよう。

注

（1）〈西田幾多郎全集〉第十一巻、岩波書店、一九八八年、四二〇および四二三頁参照。

（2）ただし、西田や大拙の弁証法はヘーゲルの論証的弁証法と異なり、直観的であると考えられる。しかしここではこれについて詳述することはできない。

（3）『金剛経の禅・禅への道』〈鈴木大拙禅選集新装版〉4、春秋社、一九七九年、一七—二三頁参照。

（4）以下を参照。「論理的なものは弁証法的なものであって、『在ること』（Sein 存在）はそのものとして、それだけで孤立して考察する場合には、真実でないもの、まさに『無』（Nichts）である」。ヘーゲル／山崎純訳『宗教哲学講義』創文社、二〇〇一年、八六頁。Cf. G.W.F. Hegel. *Vorlesungen über die Philosophie der Religion I*, Suhrkamp, Frankfurt a.M. 1986, S. 159.

（5）「概念の運動原理は、〔中略〕私はこれを弁証法と呼ぶ」（藤野渉訳『世界の名著 ヘーゲル』中央公論社、一九八八年、二二二頁）。G.W.F. Hegel. *Grundlinien der Philosophie des Rechts*, Felix Meiner Verlag, Hamburg 1995, S. 47.

（6）カント／天野貞祐訳『純粋理性批判』（一）、講談社学術文庫、一九七九年、二〇三頁（A68/B93）参照。ただし天野氏は diskursiv を論証的ではなく比量的と訳している。

（7）ただし、本章の第三節で少し触れる、我々の実践的位相にも関わる直観、特に感情の個別性を、果たして、そしてどの程度までこのような客観的対象認識に関わる直観の例で説明できるかは問題である。特に美や宗教的直観が、客観的対象の知覚と同じ意味で時空的制約を受け、徹底的に主観的であると言い切れるかは大きな問題であろう。ここでこの問題を詳しく扱うことはできないが、概念の一般性に比した直観の個別的特徴は、このような位相での直観にも当てはまることは取り敢えず言えると思う。第一節で挙げた、人間の判断に関わる直観の身分は難しいが、最も深い意味では西田幾多郎における知的直観に数え入れられるかもしれない（注（44）参照）。

（8）観念論（〔独〕Idealismus）とはデカルトに始まるとされる哲学上の立場で、カントが『純粋理性批判』の第二版（B274）でデカルトおよびバークリ（George Berkeley, 1685–1753）の理論にこの名を与えたことに由来する。我々の意識の外なる世界と意識の内側を区別し、意識の外の世界は我々の認識の対象とはなりえないものとし、我々の意識内でのみ存在を把握しようという立場である。したがってこの立場では我々の意識と存在（デカルトに即して言えば cogito と sum）が同じものになる。

（9）ここでの反省という言葉の意味は、私たちが日常使っているような、自らが犯した過ちを自覚して心を入れ替えるというようなことではない。ドイツ語の反省（Reflexion）という言葉の字義は、反射、自らへの跳ね返りである。これが認識の位相で理解されたのが、ここでの反省という言葉の意味である。具体的に言えば、我々が通常自明なこととして前提していること、特に我々自身を、改めて考え直してみることである。我々が鏡に自らの顔を映して自分の顔を認識するのが、分かりやすい反省のイメージである。ヘーゲルが目指すのは、鏡ではなく、我々の心的現象の知的な概念分析たる反省作用によって、精神としての我々の自己認識を達成することであると言える。しかも観念論者ヘーゲルにあっては、通常我々の意識の内部の事柄と考えられている心的現象、自己認識の段階が、そのまま我々が通常意識の外の客観的世界で生じていると考えている自然、社会、歴史現象のあり方と合致するのである。

（10）樫山欽四郎訳『精神現象学』平凡社ライブラリー（以下樫山訳と略す）（上）二〇〇六年、一二一頁。G.W.F. Hegel, *Phänomenologie des Geistes*, Felix Meiner Verlag, Hamburg 1988（以下 *Ph.G.* と略す）, S. 69.

（11）樫山訳（上）、一二二―一二三頁（*Ph.G.* S. 69–70）参照。

（12）同上書、一二五―一二七頁（*Ph.G.* S. 70）参照。

（13）言葉と概念は混同されることも多いが、厳密に言えば違う。犬とdogは言葉としては違うが、その概念は同じである。他方、我々がある言葉を持っていても、その意味を知らないでいるのなら、我々はその概念を持っているとは言えない。

（14）樫山訳（上）、一二七頁（*Ph.G.* S. 70–71）参照。

（15）同上書、一三二―一三三頁（*Ph.G.* S. 75）参照。

（16）この光の神は従来ペルシアのゾロアスター教のオルムズドのことだと理解されてきたが、ここでは山崎純氏の解釈に従い、ヤハウェの神と解することにする。以下を参照。加藤尚武編『ヘーゲル「精神現象学」入門』有斐閣選書、一九九八年、二三八頁以下。および山崎純『神と国家――ヘーゲル宗教哲学――』創文社、二〇〇三年、一八二頁以下。

（17）加藤尚武編、前掲書、二三九頁。

（18）樫山訳（下）二〇〇五年、二八六頁。*Ph.G.* S. 453.

（19）加藤尚武編、前掲書、二四一頁。

（20）金子武蔵『ヘーゲルの精神現象学』ちくま学芸文庫、一九九八年、二三三頁。

（21）エジプトの主神オシリスが太陽つまり光を意味することが念頭に置かれているのであろうか。ヘーゲル、前掲『宗教哲学講義』二二九頁参照。

（22）ヘーゲル『宗教哲学講義』二三四頁および四五三頁、加藤尚武編、前掲書、二四二―二四三頁参照。

（23）金子武蔵、前掲書、二三六頁参照。

（24）樫山訳（下）、三三四頁。*Ph.G.* S. 485.

(25) 加藤尚武編、前掲書、二五一頁。
(26) 樫山訳（下）、三六一頁（*Ph. G.* S. 501）参照。
(27) 同上書、三八〇頁（*Ph. G.* S. 513）参照。
(28) 同上書、三七七頁。*Ph. G.* S. 511.
(29) プラトーン／田中美知太郎他訳『ソークラテースの弁明・クリトーン・パイドーン』新潮文庫、一九八一年、二二頁参照。
(30) 哲学という言葉の基になった古代ギリシャ語の philosophia という言葉の原意は、知（智）（sophia）を愛する（philein）ということである。
(31) プラトン、前掲書、三七および三九頁参照。
(32) ドイツ語の学問という言葉 Wissenschaft の文字通りの意味は、知（Wissen）の集合もしくは体系ということである。
(33) 樫山訳（上）、二〇頁（*Ph. G.* S. 6）参照。
(34) Cf. É. Durkheim, *Les formes élémentaires de la vie religieuse*, Librairie Générale Française, Paris 1991, p.103.
(35) オットー『聖なるもの』岩波文庫、一九九六年、一四頁参照。R. Otto, *Das Heilige*, Verlag C. H. Beck, Münhen 1963, S. 5.
(36) 同上書、九頁参照。*Ibid.* S. 1.
(37) 〈西田幾多郎全集〉第十一巻、岩波書店、一九八八年、三七一頁。
(38) 同上書、三七一、三七三、三九二、三九三、四〇七、四〇九、四一二、四一八頁。
(39) 同上書、三七三、三九〇、三九二、四〇七、四一二、四一八、四二〇頁。
(40) 「私は宗教的問題とは、何処までも我々の意志的自己の問題、個の問題であると云ふ」（同上書、四二九頁）。「是故に道徳は一般的であり、宗教は個人的である」（同上書、四三一頁）。
(41) 同上書、四二八頁。
(42) 同上書、四三一頁。また『歎異抄』岩波文庫、一九九五年、八七頁参照。
(43) 『精神現象学』には「意識の経験の学」という副題がヘーゲル自身によって付されている。樫山訳（下）の四〇九頁以下参照。
(44) 筆者の考えでは、西田はこのような直観を知的直観と呼び、その例として美術家や宗教家の直覚（直観）を挙げている。〈西田幾多郎全集〉第一巻、岩波書店、一九八七年、四〇頁参照。しかしこれについては稿を改めねばならない。

第2章　現代における神秘主義の可能性

はじめに

本章は、「宗教不在」の現代、あるいは逆に「現代不在」の宗教と言われる状況の中で、[1]なおかつ宗教について語ること、あるいは宗教（特にその普遍的本質を形成する神秘主義）からの新たな提言が可能であるかを明らかにすることを目的とする。

さて、「宗教不在」の現代とはことにニーチェ（Friedrich Wilhelm Nietzsche, 1844-1900）の「神の死」の宣告によって明らかとなった「ニヒリズムの到来」[2]に由来する現代的境位を意味する。ところで、ニヒリズムは本来「ヨーロッパのニヒリズム」[3]としてきわめて特殊な歴史的文脈の中で語られるべきものである。特にそのニヒリズムの徹底・克服は、それ自身の歴史的文脈を離れては考えられえない。すなわち、ヨーロッパ文化を二〇〇〇年以上にもわたって支えてきたキリスト教的・プラトン的世界理解との根本的対決において初めて、その徹底・克服は完遂されると言える。ただし、一般的に近代化とはヨーロッパ化（西洋化）を意味し、また現代のグローバル化の中でニヒリズムの問題はもはや単なる限定された地域の特殊な問題ではない。むしろ、ニヒリズムの極限形態はその歴史的文脈を離れて、なお一層内攻し深刻化しているとも言える。すなわち、特に近代化そのものが表層的に「神」との根源的対決なしに加速度的に進行する地域にあっては、その「神の不在」[5]の自覚そのものが欠落し、人間的生はまったく無自覚的な刹那的・享楽的生へと頽落する傾向にある。[4]

ただし、そもそも刹那的・享楽的生はその本質上、それだけでは完結しえない。というのは、その生自身が根源的「不安」[6]からの逃避として成り立っているからである。[7]そして、またそのような事態そのものが、単にその特殊性あるいは歴史性において語られるべきものではなく、本来はニヒリズムの持つもう一つの側面である人間存在の本質そのものに根差した問題として、現代に生きる我々に根源的主体的決断を迫るものだからである。すなわち、それはその侵攻において歴史と自己の根底に「虚無」を顕わにするものであり、その「虚無」の深淵に臨む我々にとっては、あくまでその「虚無」を自覚的に選び取り、そこにおいて本来の自己を取り戻すというような主体的実存的あり方のみが残されていると考えるべきである。[8]

次に「現代不在」の宗教とは、以上のような現代的境位の中で、宗教が依然として従来の神学的（あるいは宗学的）立場を離れられず、その枠内でしか言葉を発しえない状況を意味する。その言葉、すなわち神学的（宗学的）ロゴスは最終的には自己弁明的あるいは自己閉鎖的であり、一般的理解の道へと通ずる普遍的・学的ロゴスの場へ自己を開放し切れない性格を持っている。それは一面、宗教の持つ求心的性格であるとも言えるが、その側面のみであればその枠内へ入って来た者との会話は成立しえても、その埒外（俗域）の者とはまったく遮断された世界（聖域）を作ってしまうことになりかねない。「現代不在」と言われる宗教の現況は、まさに「世俗化」[9]された現代において、その世俗化された世界との交流の道を閉ざされたところにある。

ところで、そもそも宗教の展開の歴史には「聖と俗」[10]との循環構造があり、その積極的循環なしには宗教はその

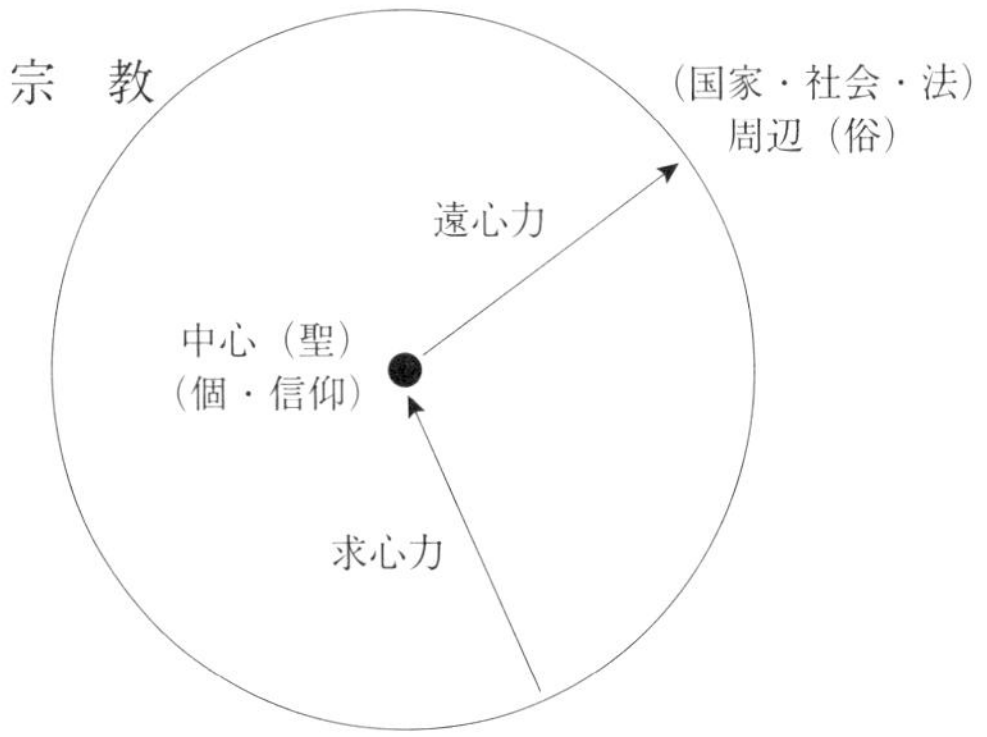

真の命脈を保ちえない。すなわち、「聖なるもの」は「俗なるもの」との交流・循環においてのみ「聖なるもの」なのである。特に世俗化された現代においては、宗教はより積極的に「俗なるもの」との交流・循環を推し進める必要に迫られている。ただし、それは当然ながら宗教が「聖なるもの」を見究めている場合にのみ可能である。[11] その意味において「俗なるもの」と「聖なるもの」との関係はまさに交互・循環的であり、「俗なるもの」も「聖なるもの」もお互いなしには成り立ちえないのである。したがって、我々はこの「聖と俗」との根源的循環構造から、現代における宗教の問題を再考すべきである。

ところでまた、「聖なるもの」と「俗なるもの」との交流・循環関係は求心力と遠心力とによって成り立つ円運動に、しかも同心円的に展開・拡大していく円運動にたとえることができる。すなわち、宗教の展開は「聖なるもの」という「中心」へと向かう求心力と「俗なるもの」という「周辺」へと向かう遠心力との拮抗関係において成立していると考えることができる。そもそも、円運動においては遠心力が増大すればするほど、求心力も増大しなければならず、逆もまたそうである。そして、例えば円運動が求心力を失えば飛散し、また逆に遠心力を失えば終息するように、宗教は前者を見失えば形骸化し、逆に後者を見失えばゲットー化し、[12] 他者との会話がまったく不可能となる。

現代において宗教は、その出発点においてそうであったように、まずその「中心」を見究め、そこから遠心力を取り戻すことによって再度円運動を活性化すべきである。すなわち、それは「中心」へ戻ることが同時に「周辺」へ出る力を得させ、また逆に「周辺」へ出ることは「中心」への力の下にのみ可能だからである。「宗教不在」の現代の問題と「現代不在」の宗教の問題も、以上のような円運動に仮託して考えることができる。そして、神秘主義こそ、あらゆる宗教の原点に位置し、その「中心」を見究めるものとして、まさに現代における宗教活性化の鍵を握るものと言えるのである。

以上のような観点から、本章では現代における神秘主義の可能性を明らかにすることを目的とする。その場合、また特に神秘主義における「無（Nichts）」の意義に焦点化して、その可能性を明らかにしたい。というのは、その「無」は絶対否定として、ニヒリズム的虚無の問題に接すると同時に、その問題の徹底・克服を通して、絶対肯定として新たな生の次元を開くものだからである。本章では、最終的にはこの「無」の持つ消極的にして積極的働きを最もよく体現するものとして、特に一七世紀ドイツの神秘主義者ベーメ（Jacob Böhme, 1575-1624）の「無底（Ungrund）」のダイナミズムを紹介したい。

第一節　「無」の自覚へ

さて、あらゆるものの価値規範が見失われ、価値の多様化がますます進んで行く現代にあって、なお宗教について語ることの意義はどこにあるのか。すなわち、その宗教の原点に位置する神秘主義からの提言の可能性はどこに見出せるのであろうか。このような問いを上述の円運動のたとえを手がかりに考えると以下のように言えるであろう。

先述したような「ニヒリズムの到来」において、我々はもはやそこからすべてのものが動かせるような「アルキメデスの点」を見出すことはできない[13]。したがって、このような状況下で、先述した「中心」へ還るということはかつてのような形而上学的一点、すなわち「一」を押さえるということを意味しない。しかも、そのことはすべてが「周辺」へと拡散し、単なる混沌、すなわち「多」へ散逸するということであってもならない。

現代という時代を、あらゆるものの価値規範となるもの、すなわちそういう意味での「一」を見失い、価値の多様化、あるいはむしろ混沌化が極端に進んだ「多」なる時代であると考えるならば、そのような状況下において神秘主義の可能性を探る意味は、この「一」と「多」あるいは「中心」と「周辺」の問題を超克するということにあると言える。すなわち、結論を先取りするならば、本章の目的は「中心」へ還るということが同時に「周辺」へ出るということ、またはその一点を押さえるということがそのまま無限の多様性を認めるということにつながるような視野の開けを、神秘主義がもたらしうるかどうかということを探ることにある。

「無」の問い

さて、このような現代的状況の中で神秘主義の可能性を探る手がかりになるものとしてまず以下のような言葉を紹介したい。ここには「不安」というきわめて現代的実存的問題と、「中心」と「周辺」という概念を軸に展開された神秘主義思想との関わりを考える可能性が端的に示されている。

生そのものの不安は人間を、彼がそこへと造り出された中心から駆り立ててしまう。というのは、この中心はすべての意志の最も純粋な本質として、あらゆる特殊意志にとっては焼き尽くす火だからである。この中心において生きうるためには、人間はすべての我性に死に切らねばならない。それゆえ自己の我性の安らいを求めるために、この中心から周辺へと歩み出ることは、ほとんど必然的企てである。それゆえ、罪と死の普遍的必然性がある。その場合、死とは、浄化されるためにすべての人間の意志が通らなければならない火としての、我性の現実的死滅である。(14)

これはドイツ観念論者の一人であるシェリング（Friedrich Wilhelm Joseph von Schelling, 1775-1854）の有名な『人間的自由の本質』の中に書かれた文章の一節である。ドイツ観念論とはヘーゲル（Georg Wilhelm Friedrich Hegel, 1770-1831）を筆頭とする一切を包括する「学的体系」の構築を根本課題とする哲学であると言える。そのドイツ観念論者の中にあって、シェリングはドイツ神秘主義（ことにベーメ）との思想的つながりが顕著である哲学者であり、またドイツ観念論以降の哲学（ことにキルケゴール（Søren Aabye Kierkegaard, 1813-55）等の実存主義思想）を予感させるものを展開したことで注目に値する哲学者でもある。ここで引用した言葉の中にも、現存在としての人間の「不安」の問題が、「中心」と「周辺」という概念を軸に述べられた神秘主義的思想の出発点となるもの、すなわち「我性に死に切ること」に直結される形で叙述・展開されている。(15) シェリングの哲学の根本動機の一つに「自由」の問題があり、それが「学的体系」の構想との関わりの中で追究されることによって顕在化したのが、この「不安」の問題であると言える。そこには体系原理として追究された「絶対者」が「無」として、換言するならば、その「不在」として経験されるという可能性が暗示されている。そして、その克服はここでは「我性に死に切ること」、すなわち「脱我（Ekstase）」(16)において逆説的に開かれる新たな次元からのみ可能であると考えられるのである。

ところで、この問題はさらに、いわゆる後期シェリングにおいてベーメ思想との深い関わりの中で「積極哲学」の構想として展開される。そして、それは端的に「何ゆえに或るものがあるのか、何ゆえに無ではないのか？」という問いに凝縮的に表現される。[17] この「無」の問いの持つ意義・重みは、のちにニーチェによって自覚的にニヒリズムの問題として展開されることになる。もちろん、シェリングは彼が置かれた哲学的問題状況の中で彼の思索を展開・徹底しているだけであり、それが必然的に「神の不在」の予感であるニヒリズムの萌芽へとつながったと言えるのである。[18] ただし、シェリングの場合、体系構想の原理として追究された「絶対者」の問題は、神秘主義的「無」のうちに新たな活路を見出していると考えることもできる。例えばシェリングは「自ら真に自由な哲学の出発点に立とうと欲する者は、神すらも放下《ほうげ》しなければならない」と述べている。[19] 神を放下し、「神性の無」[20] へと到るということは、まさに神秘主義の出発点にある直接経験の立場であり、シェリングはそこからの新たな哲学＝「積極哲学」の構築を企図したと考えることもできるのである。[21]

以上、主に後期シェリング哲学を手がかりとして、ニーチェ的ニヒリズムへの展開の必然性の一端と、そのニヒリズムの克服を神秘主義のうちに見る可能性を瞥見した。それは、学的体系の原理として求められた「絶対者」の問題が、一方では「神の不在」を予感させるものとして出会われるということを意味し、他方ではそれが神秘主義的「無」へと入ることによって、そこから新たな生の次元を開く可能性を示しているということを意味するのである。この点を先の「中心」と「周辺」という概念において言い換えると次のようになろう。シェリングは「人間のみが中心存在者である。それゆえにまた中心に留まるべきである」と言う。ニヒリズム的現況を一切価値の「中心」が見失われ、すべてが「周辺」へと拡散する状況であると考えると、ここではその克服の道が「中心」へ、すなわち「無」へと徹底することによって逆説的に開かれることが暗示されていると言える。そして、シェリングにおいてはそれが特にベーメの神秘主義思想との関わりにおいて追究されているのである。

神秘主義の「無」

さて、前節で述べたように神秘主義がニヒリズムを超克する新たな次元を開きうるとしたら、それはいかなる意味において可能であろうか。神秘主義とは一般的に「神秘的合一」を基礎的・直接経験とする普遍的宗教性の立場であると言われる[22]。それはあらゆる特殊宗教の核を形成しつつ、しかもその特殊性の根底に普遍的立場を開くものである。世界宗教史上現れた神秘主義の典型として、例えばインド精神史の底流を成すウパニシャッド、仏教の一つの展開形態である密教、イスラームのスーフィズム、ユダヤ教のカバラ、そしてドイツ神秘主義に代表されるキリスト教神秘主義等がある[23]。それらの神秘主義はそれぞれの特殊宗教の流れの中にあって、その普遍性のゆえに、ある場合には異端として否定的に遇されることもある。しかし、その普遍性は特殊性の徹底においてその特殊性を破る形で現れるものであって、むしろ逆に肯定的・積極的に評価されるべきものである。すなわち、その普遍性こそ宗教間の対話を可能とし、そもそも「宗教とは何か」を明らかとするものなのである。ここでは、まずそのような意味での普遍性を開く「神秘的合一」へと到る神秘主義的経験について明らかにしたい。

古来「神秘的合一」へ到る道として、①「否定道」、②「照明道」、③「合一道」ということが語られ[24]、あるいはまたそれは①「浄化」、②「無化」、③「合一」と表現されることもあるが[25]、いずれにせよ、そこに共通して見られるのはその「神秘的合一」へ到る階梯において必ず「自我」からの脱却があるということである。すなわち、「神秘的合一」とは絶対者と自己との合一であるが、それは「自我が自己の外へ立てられる」という「脱我[26]」において現成するのである。この「脱我」は徹底的自己否定・自己放棄として、われわれ自身が「無」となることを意味する。それが上述したようにシェリングにおいては「我性に死に切ること」として表現されていたのである。

我々自身が「無」となり、神と「一」となるということには、例えばヨーロッパのキリスト教史の流れの中では先述したように異端として切り捨てられるような側面があることは否定できない。それは唯一絶対の神を主張するセム的一神教の立場からすると当然であり、それは神秘主義の持つもう一つの特色である「直接性」[27]のゆえであると言える。しかし、ここにむしろ我々はニヒリズムの超克の道も見出せると考える。というのは、その「直接性」にはキリスト教的神概念を成立せしめる三位一体的関係構造、すなわち「間接性」の枠組みを破り「神すらも放下」するような経験が含まれるからである。そして、そこには言わばニーチェ的ニヒリズムとは違った側面からの「無」の自覚の徹底が必須とされるからである。

さて、「神秘的合一」は究極的には徹底した「無」の自覚と一つに成立するのであるが、その場合、一応そこへと到る虚無性の自覚化ということが想定されるであろう。ただし、その自覚は「無」への漸次的・相対的接近として成立するわけではない。例えば、虚無性の自覚ということを闇の自覚と置き換えて表現するならば次のように言えよう。「神秘的合一」は、闇を闇自身の中から切り開いていく過程において徐々に達せられるのではない。むしろ、それはそのような過程全体が一挙に「無化」され、闇が光の照射によって破られるような仕方で突如として実現される。もちろん、その極点が突発的に開かれる瞬間までは、言わばその時を醸成（時熟）するような自己否定や浄化の繰り返し、またそれらに対峙する緊張感も必要であろう。ただし、それらはあくまで量的・相対的なものであり、それによって「合一」が達せられるわけではない。その「合一」はむしろそういう量的・相対的接近を根本的に否定するようなかたちで、質的飛躍として性起する（urständen）と言わざるをえないのである[28]。

闇は光の照射を遮るものに拠って生じるのであり、そもそも光がなければ闇の存在は自覚されない。またその光が強烈であればあるほど闇が濃くなるように、闇の自覚は光の照射と一つであり、究極的には闇の極限は光の極限において出会われると言わざるをえない。同様に「無」の自覚も虚無性の自覚の漸次的進行において達成されるのではない。むしろ虚無性は絶えざる後退性・頽落性をその本質として持っており、無自覚的表層に浮き沈みすることがまさに虚無的なのである。したがって、永劫の闇が光の照射によって刹那に自覚され晴れるように、徹底した

「無」の自覚はその対極にある「絶対の有」との出会いにおいて達せられると言わざるをえないのである。それはまさしく「逆対応的」[29]であり、そこにおいて初めてわれわれは突発的・飛躍的転換に遭遇しうるのである。

以上、西洋哲学史上、ことに後期シェリングの思想に現れたニヒリズムの問題と、それに対する神秘主義の可能性について考えてみた。ここでの拙論の主張の要点は、ニヒリズム的無の自覚の徹底・克服、すなわち積極的な「無」の自覚はむしろ神秘主義において開かれるのではないのかということにある。そして、そこにおいて開かれる「無」の自覚こそ、新たな生の次元を開き、先に述べた現代における宗教の問題を克服する道を開示するのではないかと考えるのである。

第二節　神秘主義の可能性

さて、神秘主義的「無」は単なる否定的・消極的なものではなく、むしろ肯定的・積極的意義を持ち、新たな神・世界・人間の理解を開く可能性を持っている。[30]ここではその点をベーメの「無」=「無底」から取り出すことを試みたい。[31]

無底のダイナミズム

ベーメはまず神の問題を、三位一体的キリスト教的人格的神以前の神へと遡源し、その神の「根源態」=「無底」から究明している。以下に明らかとするこの「無底」のダイナミズムこそ神秘主義の可能性を開示する最基層部に属するものである。

さて、ベーメは神の「根源態」を「究め難い永遠の無」であると同時に「永遠に産出する力」であると言う。ここに「無底」としての神のきわめて動的なあり方が示されている。それは一面「永遠の無」であり、あらゆる理由づけや、すべての区別を否定する。そこには善も悪も闇も光もなく、あるのは「永遠の静寂」のみである。しかし、それゆえにこそ、まさに「無底」は善でも悪でもあり、闇でも光でもあるのである。それは「無底」がそれ自身「無」、すなわち「無にして無底」であることによって、まさにあらゆるものの「根底」すなわち「根底にして無底」であるからである。このような意味において、ベーメの「無底」はあれでもこれでもなく、またそれゆえにこそ、あれでもこれでもあるというダイナミズムの成立する現場そのものであると言えるのである。

それでは、そもそも「永遠の無」であり、「永遠の静寂」のうちにある神が、何ゆえそのようなダイナミックな動きを始めるのか。それは「神秘」あるいは「魔術（Magie）」としか言いえないような根源的事態である。それをベーメはしばしば「眼」あるいは「鏡」の譬喩《ひゆ》において表現している。その譬喩的表現は、「無」が単なる消極的無ではなく、それがそのまま「憧れ」あるいは「欲動」として、すなわち神性の自己把捉の衝動的意志を体現するものとして出会われていることを意味するのである。

さて、その神の根源態において性起したダイナミックな動きは、以下に述べるように単なる完結的円運動ではなく、開かれた螺旋的進行過程において展開される。先の「欲動」から「意志」が生まれ、またその両者の交互転入的動きの中で新たな展開の局面が開かれる。それは例えば「火と光」との「戯れ」として取り出される。「火」がなければすべては「無にして無底」である。また「火」は「光」と分離されず、神はこの「火と光」という「二つの原理」を持つものとして永遠から一切である。そこからまた神は「根底にして無底」であると言われるのである。

このような「火と光」との「霊的交互遊戯」であったものがさらに神のうちへ遡源され、それが具体化へと一歩進展するものが「七つの性質」である。この「七つの性質」もまた交互・円還的あり方を示し、それは「神の聖なる戯れ」と呼ばれる。「七つの性質」は第四の性質を分岐点として、第一の性質から第三の性質と第五の性質から第七の性質とへ分けられる。前者の三つの性質において生じた不安な回転運動は、「火の閃光」によって後者の三つの性質の喜びに溢れる「愛の戯れ」へと転換される。というよりむしろ、この両者の動きは同時的であり、前者の不安な回転運動はそのまま後者の「愛の戯れ」である。そして、またこの二重の円還運動は閉じられたものではなく、その円還運動の中で潜勢力を高めつつ、新たな局面展開を開きながら、螺旋的に進行するのである。

以上のような「二つの性質」へと展開するものが「三つの性質」あるいは「七つの性質」の交互転入的円還運動をさらに新たな局面である「世界創造」へと展開するものが「三つの原理」である。それは先の二重の円還運動の中に潜在していたものが、その螺旋的進行の中でかたちを変えて顕在化したものである。それはベーメ的な三一神論の展開と言えるが、この「神性の生成」は「智恵の自己観照」において一旦完成すると考えられている。すなわち、神はこの「自己観照」の中で自己自身と戯れ、喜びに満ち溢れていたのである。

無底の創造的展開

さて、「無底」のダイナミズムに由来する神性の自己展開は三つの創造の転回点を持っている。それはまず前項で述べたような①神の自己内創造であった。そして、それはさらに以下に述べるように②天使の創造、③世界の創造へと展開されている[32]。

第一節で述べた神の「根源態」における動きは「エゼキエルの車輪[33]」にたとえられ、そこにおいて神は「自己を自己自身において捉え、見出し、そして神から神を産む」のである。その根源相は円還的であり、喜びに溢れた「戯れ」、すなわち「嬉戯」である。ただし、それは閉じられた円還運動ではなく、開かれた螺旋的・能産的動きであり、その動きの中で「永遠なる自然」が産まれる。すなわち、それはそこにおいて神が神自身を観る「鏡」あるいは「智恵」と呼ばれるが、そこから光と闇、善と悪、生と死とが性起し、魂と天使およびすべての被造物が現れ出る「根底」でもあるのである。神の最原初の動きは上述したように「神的渇望」としての自己把捉、自己観照の動きとして構想されていたが、それは結局「自分と等しいもの」を産み出すことにおいて実現される。それは神が上述の「鏡」あるいは「智恵」において「天使のイデー」を観ることにおいて始まる。天使たちは神が自己自身を「鏡」に映して観た時の「似姿」として性起したのである。それゆえ、天使たちはみな「一つの愛の意志」に貫かれ、「神の道具」として「愛の戯れ」のうちにある。ただし、まさにこのように天使たちが「神の似姿」として創造されたところに離反の切っかけがあった。すなわち、彼らは「永遠なる始源」に由来する諸力から造られた者として「まったく自由」であったからである。そして、その天使たちの中で「神であろう」あるいは「神以上であろう」としたのがルチフェルである。このルチフェルの「高慢」によって、創造の展開は新たな局面を迎えることとなる。

神の自己内観照およびそこから生まれた天使たちの動きは、いずれも神の自己内顕示における出来事であり、神自身の「大いなる喜びと栄光のために」性起したものであった。また、そこにおけるルチフェルの離反の動きすら、本来の神の意図からすると、その「戯れ」のうちに含まれていたものであった。すなわち、神はその離反的動きすら、その「喜びと栄光」に仕えるものとして、自己内の円還的動きへと吸収するはずであった。ただし、ルチフェルの動きは一旦その神の自己内循環的動きを破るものであった。すなわち、ルチフェルはその「自由な意志」によって自ら「地獄の闇」の中へ閉じこもり、「神の外へ」出てしまったのである。このことによって天上の闇と光との均衡は破られ、神の動きはその振幅を一層大きくせざるをえなかったのである。すなわち、「神の外へ」出てしまったものを、もう一度自己内へ取り戻し、その均衡を回復するために、より一層大きな円還的運動へと移らざるをえなかったのである。それが「光あれ！」に始まる天地創造である。ここで神は闇に対する光の実現という明確な目的を持って動いたと言わざるをえず、先の円還的動きは一旦直線的目的論的動きへ変わったと言いうるのである。そして、その天地創造が七日間で終わった時、再度闇と光との均衡は回復され、すべては円還的動きへ回帰し、そこにすべては「良かった」と言われる楽園が出現したのである。

さて、天使と同様にアダムも神の「大いなる喜びと栄光」の実現のために創造された。すなわち、アダムも「神の完全な似姿」であり、その創造の始源は「無底」にまで遡源され、それゆえ「まったく自由」であり、喜びに溢れる「戯れ」のうちにあった。ただし、アダムはルチフェルの離反によって生じた「均衡」回復の動きである天地創造の後に造られており、そのうちに「地上的なもの」を包含している。すなわち、天使たちが「神的な諸力」からのみ造られた「霊的な存在」であったのに対して、アダムは「神的なもの」と「地上的なもの」の創造という二重の創造によって造られた存在なのである。そして、アダムがこのような二重の創造によって造られたというところに「大いなる秘密」があり、また「すでに危険があった」と言われている。すなわち、アダムはまたその「高慢」によって堕落するのであるが、それは「楽園追放」と言われるルチフェルとはまた異なった創造の展開局面であり、「嘆きの谷」と呼ばれるこの世界の出現へとつながる出来事である。そして、アダムの末裔であるわれわれは、このようにして悪と禍に満ちた世界を再び喜びに溢れる世界へと回復する使命を帯びることとなるのである。

無底的自由

さて、上述したようにベーメはそもそも神を「無底」としての神から説き起こしていた。それを象徴的に言い表すものが「エゼキエルの車輪」であり、それは先にも引用したように「あらゆる方向に進む丸い球形の車輪」であった。ただし、それは単に神の「根源態」を表すものに終わらない。ベーメの場合、究極的にはすべてはその「無底」から出て、そこへと還る動きの中で構想されており、人間はその動きの最果てに位置する存在と考えられているのである。

人間はそういう意味で根源的な円還運動の「中心」から最も遠い「周辺」に位置すると言えるが、逆にその最周辺は最も強力に中心への力が働くところであるとも言えるのである。というのは、人間はそもそものような「無底」としての神の「像」あるいは「似姿」なのであり、神と対極に立つ可能性を持つと同時に、逆にそのような「我的なあり方」を「放下」して、「無底」としての神の「根源態」へ与る可能性を持つ存在なのである。そこに「エゼキエルの車輪」、すなわち「あらゆる方向に進む丸い球形の車輪」にたとえられるような「魂」の自由無碍なあり方の開けを看取できるのである。(34)

このような「放下」によって「無」となることによって、我々は真に自由となり、万物を支配するものとなる。ベーメは次のように述べている。万物から自由となり、真に万物を支配する者となるためには、まず万物に等しくならねばならない。そして万物と等しくなろうとするならば、「万物を放棄し」なければならない。欲望を万物から転じ、それを欲してはならない。もし、我々が自分の欲望のうちへ何も取り入れないならば、我々は万物から自由であり、同時に万物を支配する者となる。というのは、その場合我々は万物にとって「無」であり、万物も我々にとって「無」であるからである。またベーメは、このような「無」となることにおいて開かれる「愛」の立場について次のように述べている。この「愛の徳」は「無」であり、その力はすべてのものを貫いている。その高みは神と同じほど高く、その偉大さは神よりも偉大である。「この愛を見出す者は無にして一切を見出す」。ただし、このことを理解できるのは、我々がすべての被造物から離れ、すべての被造物に対して「無」となる場合である。この「愛」は何ものにも比較できない。それは万物にとって「無」である。そして、それは「無」であるがゆえに、万物から自由である。また「愛」は「万物の始源」であり、一切を支配するものである。それゆえ、その「愛」を見出すならば、我々はそこから万物が出てくる「根底」へと達する。

以上、ベーメの叙述から取り出した①「無底」のダイナミズム、②その創造的展開、および③その具体化としての人間における「無底的自由」は、彼自身の神秘的経験を核とした開かれた新たな神・世界・人間理解である。そして、そこに最終的に開示されているのは「エゼキエルの車輪」に象徴的に表わされるような遊戯自在な生の根源相であると言える。

おわりに

さて、本章では第一節においてニヒリズム的現況に光を当てるものとして「無」の自覚の問題を取り上げた。そこでは、まずシェリング哲学に現れた「無」の問い、あるいは「不安」の問題は、後にニーチェによって自覚的に主題化されるニヒリズムの問題を先取りするものであることを述べた。そして、そこから後期シェリングの「積極哲学」は、ヘーゲル哲学を一つの頂点とする西洋形而上学との根本的対決を企図するものであり、「無」の問いを超克する新たな哲学を構想するものであると考えた。また、我々はそのようなシェリングの思索の淵源にベーメの神秘主義思想を認めることができ、その中核を成す「無」=「無底」に「無」の問い、さらにはニヒリズムの問題の活路を見出すことができるのではないかと考えたのである。それはまずそもそも虚無性の自覚・徹底が単なる虚無自身のうちからは成しえないと考えたからである。虚無は本来無自覚的であり、逃避性、閉塞性、後退性、皮相性、頽落性をその本質とする。すなわち、まさに我々がきわめて皮相的な出口のない無自覚的永劫の繰り返しのうちに置かれること自体が虚無的なのである。虚無は前進も深化もせず、絶えず刹那性へと逃避を繰り返すことを事とするのである。ただし、ニーチェによって主体化された積極的ニヒリズムは、あくまでその虚無性の自覚・徹底を我々に迫るものとして立ち現れているのである。

このような現況に活路を開くものとして、本章では第二節において、ベーメの「無」=「無底」のダイナミズムに注目した。ベーメの場合、「無」=「無底」はまず三位一体的キリスト教的人格的神以前の神の根源態として取り出され、その交互・円還的動き、さらにその螺旋的進行の中で神の自己内創造、天使の創造、および世界と人間の創造が展開される。ベーメの「無底」はそのような創造・展開の現場であり、またそれはすべてのものがそこからそこへと還るところを意味するのである。ただし、「無底」はそのようなそこからそこへというようなあり方を否定して初めて「無底」であり、その真のダイナミズムはその展開の究極処である人間において実現される。すなわち、それは我々が「無」となることにおいて具体化されるのであるが、それはまたベーメによると我々自身が「放下」によって「神の道具」となることであり、「無にして一切」である「無底」のダイナミズムの活現する現場そのものとなることである。

ここに「無」の自覚・徹底を通して開かれる新たな次元からの生の活性化の道が開かれていると言えると思う。そして、それはニヒリズム的現況における虚無性の自覚に一つの活路を示すものと考えることもできると思う。というのは、そこでは虚無性の自覚・徹底が単なる虚無のうちからではなく、「逆対応的」に「全く他なるもの（das Ganz Andere)」[35]から開かれるからである。それは「中心」に還るということが「我性に死に切ること」において、したがって「非連続の連続」として実現されることであり、それはまた換言するならば単に平面図上で示されるような「中心」と「周辺」という構図そのものが根本的に破られ、「中心」に還るということがそのまま「周辺」に出ることを可能とする地平が開かれることを意味する。そして、それは我々が量的・相対的接近においてではなく、質的飛躍において「無にして一切」である「無底」の活現する現場そのものとなることにおいて具現されるのである。

以上、本章では価値が多様化し、その確固たる規範が見失われた現代において神秘主義がいかなる意義を持ちうるかということについて考察した。我々は今、我々が置かれている現況から眼を逸らすことなく、世俗化あるいはニヒリズムの徹底の果てに現れ出るものを見究めなければならない。それが「無」の自覚・徹底ということであるが、その活路を開くものとしてここでは神秘主義の「無」、ことにベーメの「無底」に考察の焦点を当て、その可能性について論究したのである。

注

（1）西谷啓治「浄土教と現代」〈西谷啓治著作集〉第十八巻、創文社、一九九〇年および「現代における宗教の役割」同上第十六巻、参照。
（2）ニーチェ／原佑訳『権力への意志』上・下、ちくま学芸文庫、一九九三年、参照。
（3）西谷啓治「ニヒリズム」〈西谷啓治著作集〉第八巻、参照。
（4）デカルト／谷川多佳子訳『方法序説』岩波文庫、二〇〇一年、参照。
（5）ヘルダーリン／川村二郎訳『ヘルダーリン詩集』岩波文庫、二〇〇二年、参照。
（6）キェルケゴール／斉藤信治訳『不安の概念』岩波文庫、一九六九年、参照。
（7）パスカル／前田陽一・由木康訳『パンセ』中公文庫、一九八四年、参照。
（8）ニーチェ／氷上英廣訳『ツァラツストラはこう言った』上・下、岩波文庫、一九八九年および西谷啓治、前掲「ニヒリズム」参照。
（9）コックス／塩月賢太郎訳『世俗都市』新教出版社、参照。
（10）エリアーデ／風間敏夫訳『聖と俗』法政大学出版局、参照。
（11）オットー／山谷省吾訳『聖なるもの』岩波文庫、一九六八年、参照。
（12）武藤一雄「宗教哲学の新しい可能性」『宗教哲学の新しい可能性』所収、創文社、一九七四年、参照。
（13）キェルケゴール／桝田啓三郎訳『反復』岩波文庫、一九六九年、九六頁。
（14）シェリング／西谷啓治訳『人間的自由の本質』岩波文庫、一九七二年、九八頁。
（15）同上書、註四八、参照。
（16）F. W. J. Schelling, *Schellings Werke*, Nach der Originalausgabe in neuer Anordnung herausgegeben von Manfred Schrö-

ter, Fünfter Hauptband, S. 23.
(17) F. W. J. Schelling, *Schellings Werke*, Sechster Ergänzungsband, S. 7.
(18) 大橋良介『絶対者のゆくえ』ミネルヴァ書房、一九九三年、第十一講、参照。
(19) F. W. J. Schelling, *Schellings Werke*, Fünfter Hauptband, S. 11.
(20) 西谷啓治「神と絶対無」〈西谷啓治著作集〉第七巻、参照。
(21) 拙論「自由と遊戯――シェリングにおける『神と無』の問題――」『神と無』大峯顯編〈叢書ドイツ観念論との対話〉5、ミネルヴァ書房、一九九四年、参照。
(22) 西谷啓治「今日における神秘主義研究の意義」〈西谷啓治著作集〉第十六巻、参照。
(23) エリアーデ／荒木美智雄他訳『世界宗教史』Ⅰ・Ⅱ・Ⅲ、筑摩書房、参照。
(24) エッゲルベルト／横山滋訳『ドイツ神秘主義』国文社、参照。
(25) Ernst Benz, "Schelling, Werden und Wirken seines Denkens," Rhein-Verlag, Zuerich, 1955, S .9.
(26) F. W. J. Schelling, *Schellings Werke*, Fünfter Hauptband, S. 23.
(27) 西谷啓治「今日における神秘主義研究の意義」〈西谷啓治著作集〉第十六巻、参照。
(28) 「虚無」の消極性については、西谷啓治著『宗教とは何か』の「虚無と空」の項を参照。〈西谷啓治著作集〉第十巻。
(29) 西田幾多郎「場所的論理と宗教的世界観」『自覚について』上田閑照編〈西田幾多郎哲学論集〉Ⅲ、岩波文庫、一九八九年、参照。
(30) 「無」の積極性については、H・ヴァルデンフェルス／松山康國・川村永子訳『絶対無』法蔵館、一九八六年、参照。
(31) 以下、拙論「神の戯れ――ヤーコプ・ベーメの神――」『山口大学哲学研究』第十一巻および前出の『ベーメ小論集』〈ドイツ神秘主義叢書〉9、参照。
(32) 以下、拙論「神の大いなる戯れ――ヤーコプ・ベーメにおける『創造』の問題――」『山口大学哲学研究』第十二巻および前掲『ベーメ小論集』〈ドイツ神秘主義叢書〉9、参照。
(33) 『旧約聖書』「エゼキエル書」第一章一五―二一節、参照。
(34) 以下、拙論「神の道具――ヤーコプ・ベーメの人間観――」『山口大学哲学研究』第十四巻および前掲『ベーメ小論集』〈ドイツ神秘主義叢書〉9、参照。
(35) オットー、前掲『聖なるもの』参照。

第3章　ハイデガーのシェリング論と否定神学

序

ハイデガー（Martin Heidegger, 1889-1976）は、多くの講義録を残しており、それらは一九七五年以来全集として刊行されている。ニーチェ（Friedrich Wilhelm Nietzsche, 1844-1900）やヘルダーリン（Friedrich Hölderlin, 1770-1843）に関するものだけでなく、カント（Immanuel Kant, 1724-1804）やヘーゲル（Georg Wilhelm Friedrich Hegel, 1770-1831）などの講義録も多く存在する。それらは一人の詩人や哲学者についての講義録であるが、その著作に関する文献学的な講義ではない。ハイデガーは、そのような講義を行うつもりはなく、一人の詩人、一人の思索者と向き合い、「対決（Auseinandersetzung）」（vgl. *GA*65, 58）して、対話を行い、その本人が意図せざるもっと深い観点から、つまり存在の問いという観点からその著作を抉り出すという作業を行っている。「『正しく理解すること』は、『よりよく理解すること』」（*GA*25, 4）なのである。

今回筆者はハイデガーのシェリング論を取り上げるが、ハイデガーがただ単にシェリング（Friedrich Willhelm

Joseph von Schelling, 1775-1854）の自由論の著作を文献学的に正確に読みこなしているかどうかを吟味するつもりはない。そのようなことを期待しても裏切られるだけである。それよりもハイデガーが、いかにシェリングの自由論の著作と対決して、対話を行い、自分自身の思索に取り込んでいったのかを検証しようと思う。[1]

ハイデガーのシェリングに関する講義録は、二つある。一つは全集第四二巻にある『シェリング――人間的自由の本質（一八〇九）』（一九三六年夏学期）であり、もう一つは全集第四九巻にある『ドイツ観念論の形而上学　シェリングの新たなる解釈――人間的自由の本質とそれに連関するもろもろの対象に関する哲学的探究（一八〇九）』（一九四一年夏学期）である。しかしこの両者では、ハイデガーのシェリングに対する見方はかなり異なっている。前者の著作においてハイデガーは、シェリングを積極的に評価して、その自由論の本質的な論点を掬い上げ、自分の思索の源泉として理解しようとしているのに対して、後者の著作においては、タイトルにもあるように、シェリングを形而上学の完成者として見て、それを乗り越えなければならないものとしている（GA49, 1f., 131）。本章の意図は、いかにシェリングの自由論がハイデガーの思索の源泉となったかを検証するのであるから、前者の著作のみを取り上げたいと思う。ハイデガー自身が、前者と後者の間でどのような解釈上の変化があって、シェリングへの対決仕方が異なっていったのかは今後の課題としたい。

筆者が本章で目指すのは、一九三六年の講義では、シェリングの自由論が、ハイデガーの存在の真理への思索の源となり、その裏づけとなっていていること、さらにシェリングの自由論とハイデガーの真理論はヨーロッパの思想史の中の神秘思想の否定神学の伝統の中に位置づけられること、[2]ハイデガーはそこから形而上学の克服のモチーフを得ていることを論証することにある。

ここで言う否定神学とは、偽ディオニシオス・アレオパギテース（Pseudo-Dionysius Areopagita, 六世紀?-）の『神名論』や『神秘神学』[3]を嚆矢とする神秘思想である。これらの書では、例えば「神は善である」という肯定命題で神に接していく肯定神学に対して例えば「神は存在ではない」という否定命題を通して神に接していく否定神学を区別している。後者は、まったく認識できない、言語化できない超越者（神）に対して「〜でない」という否定をもって接していく方法のことを意味しており、彼は、この否定神学をより高い段階であるとする。それは後にエックハルト（Meister Eckhart, *ca.*1260-1328）やクザーヌス（Nicolaus Cusanus, 1401-64）に継承されていくのである。(4) 筆者はその否定の道が、シェリングの自由論を通してハイデガーの真理論の思索の中へと深く刻まれていることを論証したいと思う。(5)

それゆえまずハイデガーによって講義された限りでのシェリングの自由論を纏めたい。そしてその纏めに従ってそれぞれどのようにハイデガーの真理論の源泉となっているかを論証していきたい。第一にシェリングの自由論は体系と自由、必然性と自由、汎神論と自由の相克という問題設定となっていることを明らかにし、そこにハイデガーの真理と自由の関係の源泉を見る（第一節）。さらに悪がどのように体系の中に位置づけられるかという問題を神の実存と根底という関係の中で解決しようとしたシェリングの試みを詳らかにし、その試みとハイデガーの真理論との関係を見る（第二節）。そしてシェリングの自由論における最大の問題である「無底（Ungrund）」をめぐるハイデガーの議論を取り上げたい（第三節）。結語では、ハイデガーが神秘思想をどのように位置づけていたか、さらに一九三〇年代において形而上学の歴史をどのように考えていたかを明らかにしたい。

第一節　体系と自由との相克

体系と自由の問題設定

ハイデガーは、シェリングを論じるに当たって、自由の問題から出発する。それは単に何をしてもよいというような人間の恣意的な意志にそなわっている自由ということではなく、存在者全体にとっての根拠の本質としての自由である（GA42, 15）。「いかに人間の自由と自由であること（Freisein）が存在者全体とともに立ち存在者の全体に組み込まれる（sich einfügt）か」（GA42, 33）を示すということが問題となっていると言う。単独に人間の自由を論じるのではなく、存在者全体との関係における自由を論じる。その自由論こそ、本来の意味での自由を論じることになるのである。

それゆえ、ハイデガーは、シェリングの問題設定は、「自由の体系」（GA42, 37）が可能であるかということであるとする。存在者全体の問題とは、体系の問題となるからである。しかしここから、果たして自由と体系とは矛盾せずに両立するのであろうかという問題が生じる。「自由の概念は、そもそも体系と両立しない」（GA42, 37）のではないだろうか。体系は、すべてが必然性によって張りめぐらされているのであるのであるから、自由の入る余地はないのではないか。ハイデガーは、シェリング自身が発しているこの問いを正面から受け取り、論じようとする。

そこからハイデガーは、そもそもここにおいて体系とは何を意味しているのであろうかと問う。彼は、体系といってもそこには真の体系と真ならざる体系を区別できると言う。例えば「西洋哲学の端緒は、体系（System）のないままであった。しかしそれにもかかわらず、いやまさにそれゆえにこの哲学することは徹底的に〈体系的（systematisch）〉であった」（GA42, 47）と言う。それは単に知の組み合わせとしての体系ではなく、一つの根拠となる原理とそれに基づく接合性格（Fugencharater）を要求するのである。それゆえ、「あらゆる〔真なる〕哲学は体系的である、しかしあらゆる哲学が体系〔的〕であるとは限らず、しかも単にそれが完結していないという理由で体系〔的〕でないというわけでもない」（GA42, 51）（〔　〕内は筆者が付加した）と言われるのである。

ハイデガーは、この自由と体系との関係を、人間と存在者全体との関係と捉え直す（GA42, 80）。しかし彼は、観念論においては、両者の関係の知は、感性的な経験とはならないのであり、非対象的なものである絶対者の知として考えなければならないとする。人間の認識においては、すべてが感性的で対象的な知となってしまうからである。それゆえ観念論においては、それは絶対知（神の知）へと向かう道となるのである。それゆえこの絶対知において、自由と世界全体とが両立するのであるから、「体系は、少なくともあらゆる元存在（Seyn）の根拠において、つまり〈根源存在（Urwesen）〉において、つまり神においてなければならない」（GA42, 86f.）のである。

汎神論と自由は両立する

ハイデガーは、この体系と自由との関係を、「必然性と自由との相克」とする。「哲学はそれ自身において必然性と自由との相克である」（GA42, 100）。哲学の醍醐味は、この必然性と自由との相克をどのように解決できるかということにある。

さらに、体系が存在者全体、つまり世界全体に関する体系であり、それが必然性として神の中の問題となるならば、体系の問題は、汎神論の問題となる。世界全体の必然性を問うことは、世界全体と一致した神を問うという問題となるからである。ここから体系と自由との問題は、神の無制約性と人間の自由の無制約性との相克の問題となる。それゆえ体系と自由の問題は、必然性と自由との問題であり、同時に汎神論と自由の問題となるのである。しかしここから、汎神論は、そもそもすべてが必然的に決定されているという宿命論ではなかったのか、そうであるならば、自由は許容できないのではないかという問題が生じてくる。汎神論の体系の中にどのように人間の自由がありうるのであろうか。

ハイデガーは、シェリングがこの問題に果敢に取り組んだ真意を明らかにしようとしている。彼は、シェリングとともに決して汎神論と自由は背反しないと言う。汎神論と自由が背反するのは、その汎神論の捉え方がおかしいからだと言う。そしてハイデガーは、「今や根源存在も我々の自由の事実も取り除かれないならば、それでもってそもそも両者が存在し、一方が他方とともに存在し、それゆえこの我々の自由が端的に根源存在の無制約性に対立しえないのであるから、人間が神の〈横に並んで（neben）〉、神の〈外に（außer）〉あるのではなく、人間が神に〈対立する（gegen）〉のでなく、神〈へと（zu）〉あること、人間が何らかの仕方で根源的存在に属し、根源的存在の中にある場合にのみ、人間がこのようなものであるということを認識する以外に逃れる道は存在するのでしょうか」（GA42, 122）と述べる。つまり、真の体系であれば、真の必然性であれば、真の汎神論であれば、人間の自由は、そこに従属するはずであることを告げる。必然性と両立するぎりぎりの自由こそ本来の自由である。あるいは自由と両立する限りでの必然性こそ、本来の必然性である。このような自由は、「有限な無制約性（endliche Unbedingtheit）」、あるいは、「依存的非依存性（abhängige Unabhängigkeit）」（GA42, 122f.）と呼ばれるのである。

またハイデガーは、シェリングにならって「万物は神である」「おのおのの個物は神である」「事物はすべて無である」（GA42, 148）という三つの命題を論じて、そこで使われている「である」つまり繫辞《けいじ》（コプラ）は、「一様性（Einerleiheit）」（GA42, 133, 148）を意味しているのではなく、「主語が述語であるということは、主語が述語の存在可能性を根拠づけていることを、つまり述語の元に存在している根拠のことを意味しているのである」（GA42, 135）という。すなわち、例えば、「神が人間である」という汎神論の命題におけるコプラの同一性は、述語が主語に従属している関係を意味していて、人間の根拠は神であるということを意味しているのである（GA42, 150）。それゆえ、「汎神論が必然的に自由を否定することに導くことはなく、逆に自由の根源的な経験は汎神論を要請することを示そうと試みている」（GA42, 128）と言える。

汎神論と自由の問題は真理と自由の問題となる

さて、ハイデガーは、ここで自由を人間の意志能力として考えていない。彼は、シェリングに沿って、体系と自由、必然性と自由、汎神論と自由との相克関係を問題としている。そしてシェリングの自由論を存在論として読み込もうとしている。「汎神論と自由との両立可能性の問いの基礎またそれゆえ自由の体系の可能性への問いの基礎は、存在論的なものである」（GA42, 147）。つまり、前述のようにハイデガーは、両者の関係を存在者全体と自由であること（Freisein）との関係と読み込み、さらに体系の原理は、元存在そのもの（Seyn selbst）ではないかと自問する（GA42, 110）。汎神論の問いは、「存在者全体の根拠への問い」（GA42, 112）であり、この存在者全体への問いとは、「元存在の本質への問い」であり、「この本質の真理への問い」であるという（GA42, 112）。ハイデガーは、シェリングの自由論を自らの存在論への基盤として読み込もうとしていることが分かる。彼にとっては、存在論は真理論であるのだ。

ハイデガーの一九三〇年代の真理論においては、真理と自由との関係が鋭く問題となっていた。『真理の本質について』（全集第三四巻）（一九三一／三二年冬学期）においても、「存在を理解することは、存在者それ自身に自由を与える」（GA34, 60）と述べられ、存在の真理（光）と現存在の自由との相克が述べられているのである。普通自由は、人間の恣意的な意志という一能力と考えられれば、真理に従属することは考えられない。しかし、ハイデガーは、シェリングの自由が神の必然性へと組み込まれるように、自由を真理へと「拘束させよう」（GA34, 59 参照）とする。「自由を与えるものへの（zu）（光への（zu））態度がそれ自身自由となることである」（GA34, 58f.）と述べる[(6)]。真理は自由の根拠なのである。このような意味においてハイデガーのシェリング論は、彼の真理論の源泉となっているのである。

第二節　実存と根底

体系の中で悪はいかにして可能か

ではこの自由の体系とはどのようなものとなるのか。存在の本質は自由であった。ハイデガーは、シェリングの「意欲は根源存在である」という言葉を引いて、「根源的元存在は意欲（Wollen）である」（GA42, 164）と言う。自由の体系の問題は、この意欲を必然的な体系にどのように組み込むことができるかという問題となる。

さらにシェリングは、「人間の自由とは、善と悪への能力である」（GA42, 167）と言う。「悪は人間の自由であること（Freisein）の一つの仕方である」（GA42, 192）。そこから悪というものが体系の中にどのように位置づけられるのかという問題が生じてくる。必然的な体系であれば、悪の入り込む余地はないではないか。ハイデガーは、シェリングとともに「悪を体系に組み込む様々な可能性を究明する」（GA42, 170）のである。

この体系と自由の問題は、汎神論と自由の問題であった。世界全体という必然的な体系は神が世界全体と一致しているから汎神論の問題となる。そして世界全体が神と一致する汎神論の中に自由はありえるのかという問題となる。さらにそれゆえ汎神論の中に、自由を組み込むということは、汎神論という体系の中に悪の問題をどのように組み込むかという問題となる。しかも神の体系の中に悪がどのように生じてくるのか、あるいは神の中に悪の根拠はないはずであるのに、そこにどのようにして悪が生じてくるのかという哲学史上弁神論と言われた問題を扱うことになる。もちろんシェリングも悪の起源を神のうちに認めることはできない。あくまで悪の原因は、人間にあるのだ。「悪はそれ自身やはり人間の自由によって措定されるのである」（GA42, 177）。

しかし悪の起源が人間にあるとしても、その人間は神との関係においてのみ存在する。自由は必然性との関係の中において初めて本来の自由であるからである。それゆえハイデガーは、「しかし悪への能力としての自由が神に依存しない根を持っていなければならないとしても、他方でしかし神自身が存在者のただ一つの根であり続けなければならないのであれば、この神から独立した悪の根拠はただ神の内にありうる」（GA42, 179）と述べる。つまり、悪の起源は人間にあるが、人間という存在者は神に根拠があるのであるから、悪の可能性の起源もそういう意味で間接的に神に起源があるのではないかと問うのである。

悪の可能性の原理としての神における実存と根底の関係

そこからハイデガーは、シェリングが、神において「実存（Existenz）」と「実存の根底（der Grund von Existenz）」とを区別していたと言う（GA42, 186）。ここで言う実存とは「自らから歩み出てくるもの（das aus sich Heraus-tretende）」（GA42, 187）を意味している。それに対して、神のうちなる根底とは、「神のうちにあるあのものであるが、それは本来神自身ではないものである」（GA42, 191）と言われる。それゆえ根底とは、「神のうちなる自然」（GA42, 194）であるとも言えるのである。

この実存と根底との関係はどのようになっているのであろうか。普通神のうちでは、根底は、「歩み出るものを担い、自らに引きつけて結びつけようとするものであり」、実存は、「それ自身をその根底の上に根拠づけまた明らかにその根底をその根底として根拠づけるものである」と言う。そしてこの「実存と根底とは共属し合っている」（GA42, 198）のである。言い換えれば、根底は重力（Schwere）であり、実存は光（Licht）である（GA42, 199）[7]。両者は〈自然〉という領域の中に共属しているのである。

この事情をさらに詳しく問おう。神の根底の本質は、憧憬（Sehnsucht）と言われる。憧憬は、根底の力であるが、自ら離れて広がっていく努力でありつつ自らに引き戻す努力という二重の背反する運動なのである（GA42, 217）。

それゆえこの憧憬の働きによって根底としての重力は、実存としての光へと広がっていきつつ、自らの元へ引き戻るという重力の運動になる。「根底は、悟性との本質的な統一において一層自らへと引き戻り、また自ら離れて光へと高まっていく限りで、この本質的な統一は、まさに個別化する個別者を生成させることになる」(GA42, 250)。あるいは「自然の諸形態がより光るようになりまたより規定されるようになると、根底はより反抗的となり我意となる」(GA42, 231)と言われる。

悪の起源はあくまで人間の自由にあった。しかしそれはどのように体系に組み込まれることになるのか。人間は、憧憬を持つ。その人間のうちに閉じ込められた憧憬は、神のうちの神ならざる根底が意欲しているのである(GA42, 245)。その人間の根底の意志が、悟性の光へと高められ言葉となる。それは、「我欲が普遍的意志となる」という状態である。つまり、人間の意志が、神の普遍的意志に合致するのである(GA42, 244)。この場合は、我欲が悟性と言葉となり、必然性と自由との統一、汎神論と自由との統一が生じる。

しかしこの我欲(Eigensucht)が、我意(Eigenwille)として自由に普遍意志(Allgemeinwille)に反抗することがある(GA42, 245)。そこから「我意が、普遍意志を超えて自分を高めることによって、我意がまさに普遍意志そのものであろうと意欲する」(GA42, 247)ことが生起しうるのである。これはまさに「二つの意志の転倒」(GA42, 247)である。これまで憧憬は、神の普遍意志と一致しており、調和を保っていたが、我意が普遍意志を乗り越え、普遍意志を支配しようとすると、神と人間が転倒することになる。まさにここに悪が生じることになる。

以上で、悪は、人間の自由意志に原因があるのであるが、人間自身が神に根拠を持つのであり、神の根底はこのような意味で間接的に「悪の可能的な原理」(GA42, 262)となることが理解できた。しかしここでハイデガーが、悪の可能性の問題を論じるのにかなりの紙幅を使っているのはなぜであろうか。それは、彼の真理論との関係が問題となっているからではないだろうか。

実存と根底の関係と真理と自由の関係

シェリングの自由は、神に従属するものであった。両者は、相克すると同時に自由が神に従属することによって両立する関係であった。その自由はどのように必然性である神に拘束されるのであろうか。そこで問題となるのは、神のうちの実存と根底、光と重力の関係であった。ハイデガーは、シェリングのこの実存と根底との関係とそれへの自由との関係によって、二つの問題を受け継いでいるのである。

一つは、ハイデガーは、シェリングの論じる神の根底を「自らを閉じ込めるもの（das Sichverschließende）」と、実存を「規定するもの（das Bestimmende）」（GA42, 236）と捉えていた。そして両者は、自然の中に共属していた。神自身は、その相互関係によって顕現してくるのである。それはハイデガーの真理論の淵源となっているのではないだろうか。ハイデガーは、存在の真理を非覆蔵性（Unverborgenheit）として捉えていた。しかもその非覆蔵性は、覆蔵性（Verborgenheit）との関係のうちにある。「覆蔵性への問いの仕方と様式の中に非覆蔵性への問いの根拠と起源と真正性のための基準がある」（GA34, 124）。真理は、真理と非真理との運動すなわち非覆蔵性と覆蔵性との運動として捉えられていたのである。存在の運動自身が、真理論となるのであった。「存在者の非覆蔵性は、まさに覆蔵性から奪い取られるものであり、覆蔵性との抗争において獲得されるものであるからである」（GA34, 125）。ハイデガーは、彼の真理と非真理との運動としての真理論の淵源をシェリングの実存と根底の関係の中にあると見ているのではないだろうか。

第二にシェリングにとって自由は、神に従属すると同時に善と悪への能力であり、それゆえ神のうちの実存と根底との関係に関わる。自由が、実存と根底の調和へと関係する時善への能力となるが、根底の力に支配され、我意となり、根底と実存の調和である普遍意志を支配してしまう時に悪となった。ハイデガーにとっても、自由は、真理と関わり、真理のうちに基づく限りで本来の自由となることができる。しかし真理と非真理との運動のうちにある限り、自由は迷い、存在を忘却するという事態に陥る。

ここで問題なのは、ハイデガーは、『哲学への寄与』（一九三六―三八）において存在を忘却すること（Seinsvergessenheit）の原因を存在が離れ去ること（Seinsverlassenheit）に見ていることにある（GA65, 111）。存在忘却は、ただ現存在に原因が帰せられるのではなく、存在の真理の運動・歴史自身の中に、つまり存在が離れ去ることにある。さらに言えば存在の覆蔵性のうちに原因がある。ハイデガーは、存在の覆蔵性を彼の思索の中心問題に含み入れているのである。その点も、シェリングの自由論を源にしているのではないだろうか。つまり、悪の原因はあくまで人間にあるという点は異なるが、しかしその人間の自由意志は、間接的・可能的に神の根底に由来しているのである。ハイデガーは、存在忘却の淵源を存在の覆蔵性のうちに見ている。そのようにハイデガーは、自らの真理論の源をシェリングの自由論に探っていたのではないだろうか。

第三節　無底（Ungrund）について

シェリングの無底の概念について

シェリングの自由論において最後に問題となるのは、無底（Ungrund）である。ハイデガーは、この無底について、シェリングの言葉を引用しつつ次のように述べる。「しかし神は常に根底と実存によって規定されているもの、つまり〈根源存在（Urwesen）〉である。それは自身あらゆる根底とあらゆる実存者に先立ち、そもそもあらゆる二元論に先立ってある本質存在そのものである[8]。シェリングはそれを〈根源的根底（Urgrund）〉あるいはむしろ〈無底（Ungrund）〉と名づけている。それは〈絶対的無差別（absolute Indifferenz）〉でもある……」（GA42, 213）と述べている。

実は、根底と実存とからなる神の働きは、それ自身無底によっている。つまり、そこには根拠がない、底がないという意味での無根拠によって支えられているということになる。それは、基礎づけられないということを意味している。つまりシェリングの神は、自己原因でもなく、自己根拠づけの神でもない。ハイデガー自身は、この神の無底の働きを掬い上げ、自らの真理論の源泉にしようとしているのではないだろうか。

ハイデガーは、この無底のことをシェリングが呼んだように「絶対的無差別」として、次のように言っている。「この統一はそれゆえまた根底と実存との二元性以前にある。……この統一は〈絶対的無差別〉である。この統一に帰せられうる唯一の述語は、述語できないということである。この絶対的無差別は、それに対していかなる存在言表もありえないという意味で無(das Nichts)である」(GA42, 280)[9]。つまり、この無底は、いかなる命題も言表も届かない地点であり、無であるというのである。

シェリングの無底とハイデガーの深淵・没根拠

ハイデガーが、このようにシェリングと同様に無底について述べるのは、やはりそこに彼の真理論を見通しているからである。例えば、『哲学への寄与』の「根拠づけ(Gründung)」の接合において真理論が展開されるが、そこでは、深淵・没根拠(Ab-grund)としての時・空が述べられている(GA65, 371f.)。つまり、ハイデガーの真理論の展開する地点とは、実は、覆蔵性と非覆蔵性との関係以前の根拠のない場、根拠を名指すことのできない場を意味している。その意味で、ハイデガーは、このシェリングの自由論の無底の議論に、自身の真理論の深淵・没根拠(Ab-grund)の議論の源を見出そうとしていると思われる。

否定神学の伝統

しかも神の無底を無であると言う。なぜならそこはいかなる命題も言表も届かない場所であるからである。このように神を無であるということは、否定神学の伝統のうちに置くことができることを意味しているのであろう[10]。さらにそこからハイデガーが、真理論において深淵・没根拠の議論を引き出しているのであれば、ハイデガーの真理論自身も否定神学の伝統の中に置くことができるであろう。この真理論も、決して人間の言葉で捉え尽くすことのできない場所であったはずである。

この否定神学の伝統のうちに置くことによって見えてくることの一つは、このシェリングの無底概念とハイデガーの深淵・没根拠という概念が、結局アルキメデス的点というものを否定していることにある[11]。何か行き止まりになる固定された点からすべてを導き出すというアルキメデス的点はありえない。神の底は抜けている、存在の真理の底は抜けており、どこまでも人間の認識能力によっては捉え尽くすことはできないことを意味していることになる。

それゆえこの地点こそ、体系と自由、必然性と自由、汎神論と自由の相克の問題の解決の示唆できる地点となることができるのである。この問題とは、両者の相克が単なる相克でしかなくなるように形而上学が平板化されてしまう時にいつも問題となるものであった。今ハイデガーは、シェリングとともにそれを打破できる地点を見出したということになる。この否定神学の最終的な場所は、形而上学の克服のモチーフを含みうる地点なのである。

結　語

ハイデガーは、この自由論でシェリングの思索が働き出すのは、エックハルトやベーメ（Jakob Böhme, 1575-

1624）の神秘思想の伝統の中においてであると述べる。「それはマイスター・エックハルトにおいて始まり、ヤコプ・ベーメの下で比類のない展開を遂げる思索的態度をともに遂行することにおいてのみである」（GA42, 204）。

しかしハイデガーは、シェリングの思索を神秘主義と語ったとしても、彼の精神的な出来事を何も言い表してはいないと言う。「シェリングは、人々がこのようなケースで考える言葉の意味で〈神秘思想家〉なのではない」（GA42, 204）。ハイデガーは、根本的な思索をした思索者のことを教科書風に整理して、棚にしまってしまうことは、その人の思索の出来事の重要性を何も理解していないと考えている。それゆえハイデガーは、シェリングを単に神秘思想家に分類して、それで理解したかのように振る舞う態度に批判的である。

さらにハイデガーは、神秘思想という言葉に対して拒絶感を持っている。神秘思想家という名称は、普通の意味では「暗がりの中でよろめき、ごまかしで満足する頭の混乱した人」（GA42, 204）を指しているとして、拒絶する。『思索の事柄』において、神秘思想は、「有害な非合理主義」（SD, 79）とも言われる。ハイデガーの思索した時代には、神秘思想という言葉自体に積極的な意味を見出しにくかったとも言えるであろう。

しかしここでハイデガーが言いたいことは、エックハルトやベーメは、神秘思想家に分類されることを意図して思索したわけでなく、それよりも原理上存在の本質に遡って思索した人物であり、シェリングもそれに匹敵するほど根本的な問題を思索しぬいた人物であることである。しかもシェリングがそのような思索を展開できたことは、やはり、エックハルトやベーメといった思索者の伝統の中に身を置いてその問題を汲み取り、それと対決できたからであったということであろう。

それゆえ、ハイデガーは、存在史（Seynsgeschichte）を語る時に、第一の原初として、存在忘却の歴史としての形而上学の歴史を語り、それを克服しなければならないとして、その形而上学者を切り捨てる場合（GA65, 111f. 115, 208f.）もあるが、それ以前にこのように詩人や哲学者一人ひとりと対決して、そこから自分自身の思索の源泉となるような観点を獲得していたとも言えるであろう。一九三〇年代のハイデガーの講義録においては、そこで対決している思索者について、批判的に切り捨てるのではなく、かなり積極的に評価して、自分自身の思索の淵源としていたことが分かるのである。

筆者は、シェリングの思索が神秘思想の中の根本的な思索と対峙することにおいて生じているのと同じように、ハイデガーもやはり神秘思想の否定神学の伝統との対決において思索してきたように思えるのであり、ハイデガーの思索は、その伝統の中に返してやる時に生き生きと甦るように思えるのである。ハイデガーは、彼の真理論を、神秘思想の伝統の中でシェリングとの対決を通して展開しているのである。それでこそ必然性と自由、真理と自由との相克関係を思索できないように形而上学が平板化して、力を失う時に、その原因を探り、それを克服できる視点を提供できるのである。

注

ハイデガーの著作からの引用については、以下の略号と頁数とを引用文の後に括弧に括って示した。

SD: *Zur Sache des Denkens*, Tübingen 1969, $_{3}$1988.

GA9: *Gesamtausgabe*, Bd. 9: *Wegmarken*, Frankfurt a. M. 1976.

GA25: *Gesamtausgabe*, Bd. 25: *Phänomenologische Interpretation von Kants Kritik der reinen Vernunft*, Frankfurt a. M., 1977.

GA34: *Gesamtausgabe*, Bd. 34: *Vom Wesen der Wahrheit. Zu Platons Höhlengleichnis und Theätet*, Frankfurt a. M., 1988.

GA42: *Gesamtausgabe*, Bd. 42: *Schelling: Vom Wesen der menschlichen Freiheit* (*1809*), Frankfurt a. M. 1988.

GA49: *Gesamtausgabe*, Bd. 49: *Die Metaphysik des deutschen Idealismus. Zur erneuten Auslegung von Schelling: Philosophische Untersuchungen über das Wesen der Menschlichen Freiheit und die damit Zusammenhängenden Gegenstände* (*1809*), Frankfurt a. M. 1991.

GA65: *Gesamtausgabe*, Bd. 65: *Beiträge zur Philosophie* (*vom Ereignis*), Frankfurt a. M., 1989.

基本的に日本語への翻訳は筆者自身のものであるが、邦訳として下記のものを参照したものもある。

辻村公一／ハルトムート・ブフナー訳『思索の事柄へ』筑摩書房、一九七三年。

辻村公一／ハルトムート・ブッナー訳『道標』〈ハイデッガー全集〉第九巻、創文社、一九八五年

石井誠士／仲原孝／セヴェリン・ミュラー訳『カントの純粋理性批判の現象学的解釈』〈ハイデッガー全集〉第二五巻、創文社、一九九七年。

細川亮一／イーリス・ブフハイム訳『真理の本質について——プラトンの洞窟の比喩と『テアイテトス』——』〈ハイデッガー全集〉第三四巻、創文社、一九九五年。

木田元・迫田健一訳『シェリング講義』新書館、一九九九年。

大橋良介／秋富克哉／ハルトムート・ブッナー訳『哲学への寄与論稿』〈ハイデッガー全集〉第六五巻、創文社、二〇〇五年。

（1） シェリングとハイデガーとの関係について論じた著作、論文で参照したものを列挙しておく。大橋良介『放下・瞬間・場所——シェリングとハイデッガー——』創文社、一九八〇年。大橋良介「理性——あるいはシェリングの『無底』の射程——」大橋良介編『ドイツ観念論を学ぶ人のために』世界思想社、二〇〇六年所収。寄川条路「根底から無底へ——ハイデガーからシェリングへ」『構築と解体——ドイツ観念論の研究——』晃洋書房、二〇〇三年所収。C.-A. Scheier, "Die Zeit der Seynsfuge. Zu Heideggers Interesse an Schellings Freiheitsschrift," in : H. M. Baumgartner u. W. G. Jacobs (Hrsg.), *Schellings Weg zur Freiheitsschrift Legende und Wirklichkeit. Akten der Fachtagung der Internationalen Schelling-Gesellschaft 1992*, W. E. Ehrhardt im Auftrag der Internationalen Schelling-Gesellschaft (Hrsg.), *Schellingiana*, Bd. 5, Stuttgart-Bad Cannstatt, 1996.

（2） 今回ハイデガーの真理論については、全集第三四巻の『真理の本質について』と全集第六五巻の『哲学への寄与』を参照した。後者については一九三六年から三八年に執筆されているが、前者については、一九三一／三二年冬学期の講義であるので、このシェリング論の講義が、一九三六年に行われていることから、シェリング論の方が後になり、時期が合わないのではないかという指摘があるかもしれない。しかし筆者は、ここでハイデガーのシェリング論が彼の真理論の源になっていることを時間的順序として示すつもりはない。そうではなく、一九三〇年代から顕著に現れてくるハイデガーの真理論は、事柄の順序としてシェリングの自由論の読解によっても支えられていることを示そうとしただけである。

（3） 偽ディオニシオス・アレオパギテースの『神名論』と『神秘神学』については、熊田陽一郎訳『ギリシア教父の神秘主義』

〈キリスト教神秘主義著作集〉一、教文館、一九九二年に所収されている。

（4）P・ディンツェルバッハー編／植田兼義訳『神秘主義事典』教文館、二〇〇〇年、三四四頁、参照。

（5）例えばC.Yannaras, *On the Absence and Unknowability of God. Heidegger and the Areopagite*, T & T Clark International London and New York, 2005においては、ヤナラスは、ハイデガーの思索がアレオパギテースの否定神学の伝統に属することを述べるが、ギリシャ正教会のアポファティズムが人格神に関する神学であるのに対して、カトリック教会の否定神学の伝統は本質の神学でしかないと批判して、アレオパギテースの否定の道やハイデガーの思索はギリシャ正教会のアポファティズムの伝統においてこそよく理解できると述べているが、その正否については今後の課題としたい。

（6）ここでハイデガーは、プラトンの「洞窟の比喩」を論じて、イデアの光によって存在者は存在者として存在しうる根拠を与えられること、存在者の自由とは光へと拘束されることによって初めて積極的な自由となることができることを述べている。しかしハイデガーは、その後プラトンのイデアの光が、自分の空け開け（Lichtung）の概念に通じることを述べつつも、プラトンのイデアがハイデガーの言う真理から逸脱するとも述べる。なぜなら、プラトンは、真理は覆蔵性と非覆蔵性との抗争であることに触れつつ、しかし同時にその覆蔵性の働きを徹底して思索せず、この真理を命題の正当性の真理にしてしまっていたからであるという（GA34, 123f.）。ハイデガーにとって、プラトンの真理論はアンビバレントである。しかし筆者は、真理と自由の相克の問題が、ここでイデアの光（真理）と存在者の自由の問題として先取りされており、またこの『真理の本質について』という一九三一／三二年の講義録は、一九三〇年に講演が行われ、一九四三年に決定稿として世に問われ、その後『道標』に収録された「真理の本質について」と同時期に書かれたものであり、後者においてこの問題は、真理と自由の問題として詳述されていること（GA9, 192）から、この段落においてハイデガーの真理論の重要な議論として真理と自由の問題があったこと、しかもそれはシェリングの読解にも淵源があるのではないかということを指摘したのである。

（7）ハイデガーは、この実存の「光（das Licht）」について、それは「明るいもの（das Lichte）」であり、さらに「空け開け（Lichtung）」であると述べている（GA42, 199）ことからも、このシェリングの概念を自身の真理論に引きつけて考えようとしている。また根底の力を、「根底の引き締め（Anziehen des Grundes）」（GA42, 261）と述べて、真理の覆蔵性の運動を暗示している。

（8）この文は、ハイデガーがシェリング自由論から引用した文である。"Schellings Werke. Nach der Originalausgabe in neuer Anordnung herausgegeben von Manfred Schröter. Dritter Hauptband. *Schriften zur Philosophie der Freiheit 1804-1815*," 1958, München, S. 298.

（9）　この絶対的無差別が、根拠と実存の以前のものであり、述語できないこと（Prädikatlosigkeit）という特徴を持ち、無（Nichts）であるということは、シェリング自身が、同書、同頁に述べていることでもある。

（10）　シェリングの自由論を否定神学の伝統の中に置くということについて、やはりカール・ヤスパースが、Karl Jaspers, *Schelling Grösse und Verhängnis*, München, 1955, S.176f.（邦訳は、カール・ヤスパース／那須政玄・山本冬樹・高橋章仁訳『シェリング』行人社、二〇〇六年、二三〇頁以下を参照）において述べている。そこではシェリングが、否定神学の伝統に属するだけでなく、現在旧来の形而上学が不可能になっており、新たな形而上学がこの否定神学によって可能になるということ、つまり、形而上学の克服が否定神学によって可能になることが述べられる。

（11）　H. Schmitz, "Was bleibt von Gott? Negative Theologie heute," in: A. Blume (Hg.), *Was bleibt von Gott? Beiträge zur Phänomenologie des Heiligen und der Religion*, Freiburg/München, 2007, S. 22f.

第4章　神の問題
――クザーヌスとショーペンハウアー――

序

神の問題とは何か。人間および人間世界の存在の原理についての問題である。ヨーロッパにおいて、存在するものの原理についての問いに、一つの表現形式を与えたのは、キリスト教であることは、周知のところである。存在の原理についての問題は、キリスト教的神の問題となり、キリスト教固有の理性と信仰の関係の問題となった。

フランスの中世思想史研究者ジルソン（Étienne Gilson, 1884–1978）は、西洋哲学史を大きく、古代ギリシャ哲学の系譜、中世以降の哲学系譜と二分している(1)。中世以降の哲学系譜とは、キリスト教哲学の系譜である。

本章では、中世以降のキリスト教哲学の流れの中に、近世、現代と二つの区分を見る。ジルソンでは、近世とは、中世終了以降現代に至るまでを意味しているが、本章では、ニーチェ以降を現代として、近世から区分する。近世は、中世で確立された思索の形式が普遍性を持たなくなり、新しい思索の形式が模索される時代であり、ニーチェ

(Friedrich Wilhelm Nietzsche, 1844-1900)の出現とともに始まる現代は、人間および人間存在の原理への問いそのものが、問い直される時代である。

本章では、中世に続く時代の始まりにニコラウス・クザーヌス(Nikolaus von Kues, Nicolaus Cusanus, 1401-64)を置く。クザーヌスは一五世紀の宗教家で、ドイツ出身の枢機卿である。新しい時代は、キリスト教的哲学の伝統を継承していく時代であるが、同時に、古い時代の権威は力を失い、新たな、独自の思考形式が模索され、探求されなければならない時代でもあった。クザーヌスは、まさに、このような新しい時代の姿を代表する思想家である。

この時代の終わりに位置するのは、ショーペンハウアー(Arthur Schopenhauer, 1788-1860)である。ニーチェから新しい時代が始まるとすれば、ショーペンハウアーこそ、丁度クザーヌスと同様、二つの時代に跨る思想家である。

本章では、クザーヌスとショーペンハウアーを比較することにより、この時代で守ろうとしてきた、神の問題、つまり、存在の原理についての問題が、この時代の終わりにはどのようなものとなっているかを明確にしたい。それは、次の時代、すなわち現代の存在の原理についての問いの有り様を理解し解明するための手がかりを提供することとなる。

第一節　クザーヌスと『精神に関する無学者の対話(*Idiota de mente*)』

一四五〇年、未だ四〇歳代のクザーヌスは枢機卿に任ぜられる。この年彼は、〈無学者(Idiota)〉を主人公とする対話篇を三つ書いている。『知恵に関する無学者の対話(*Idiota de sapientia*)』『精神に関する無学者の対話(*Idiota de mente*)』『秤の実験に関する無学者の対話(*Idiota de staticis experimentis*)』である。

『精神に関する無学者の対話』には、クザーヌス独特の認識論が展開されている。その根幹をなすものは、精神の自己認識である。自己認識は、「絶対真理の直知（*intuitio veritatis absolutae*）」への飛躍を可能にする重要な契機である。

この最高の方法においては精神は、自己自身が神の似像（imago Dei）であることを用いるということである（utor）。すべてである神は、精神が生きた神の似像として自己の範型（exemplar）に向き直り、全力を尽くして類同化の努力をする時、精神のうちを照らすのである。このようにして精神は、すべてを一として直知し、この一に自己自身を類同化するのである。このことによって精神は、すべてである一の概念を形成するのである。精神は、こうして、神学的思弁を構築するのである。（『精神』III. 542）

上の引用を理解するためには、クザーヌスの思索の全体像を把握しておく必要があるが、『精神に関する無学者の対話』以前に著された哲学書『知ある無知（*De docta ignorantia*）』に従って、三つの概念について概観することとする。

対立物の一致（coincidentia oppositorum）

クザーヌスは『知ある無知』において、後年彼が〈対立物の一致〉と概念化するに至る考えを展開している。この概念は、神的存在と有限なる存在すなわち世界存在との絶対的隔絶性と神の一性を明確にしている。また、世界認識の可能性と限界についても明らかにしているが、この点については、あとの「神認識と世界認識」の項で述べることとする。

さて、クザーヌスによれば、〈神が絶対である〉とは、〈神は最大である〉を意味する。世界は個物からなっているが、個物は数えられるものである。これに対して神は個物の源であり、創造主である。神が最大であるとは、数えられるもののうちで最大であるのではない。神が最大であるとは、被造世界とは比較できないほど大きいということである。神は、我々人間にとって把握不可能であり、世界のどのようなものとも比較できないほど、つまりは、絶対に最大なのである。同様に〈最小なもの〉は、数えることのできるもののうちで最小なものであるが、絶対的最小なものは、我々の把握能力を超えて最小なるものであるから、神において、最大なものと、最小なものは一致する。最大なものと最小なものが対立するのは、比較できるもの、数えられるものの間のことでしかない。

クザーヌスはこのような、絶対的最大と絶対的最小が一致する神性は、一性であるとし、このような絶対一性は、多数化されることもなく、本来〈数〉でもないとする。また、絶対的一性は、可能である限りのすべてであるという仕方で一である。絶対的一性は、事物の多性の根源であり、存在性（entitas）であるというのである。

包含（complicatio）と展開（explicatio）

包含と展開は、絶対一性の世界創造を説明するものである。世界は神すなわち絶対一性の自己表現である。それを世界は絶対一性の（自己）展開であると表現しているのである。これに対して、包含は、絶対一性は世界の根源であることを表現している。絶対一性は、あらゆるものを自己自身のうちに含み持つ絶対的根源である。存在者の多様性の源である。互いに相矛盾するものもこの一性が包含している。

世界は絶対一性の自己表現である。それゆえ、世界は無限である。世界を有限な無限性（infinitas finita）とクザーヌスは呼んでいる（『知』九一）。無限の一性が有限な、目に見える姿・形を持った被造物を以て、自己を顕わにしている。そのため、世界は無限であらざるをえない。

神は絶対一性であるので、自身は多性とはならない。神は、多性の原理となる宇宙を「縮限された一性（contracta unitas）」として生み出す。縮限（contractio）つまり、無限性や神的単純性から「転落」した、最大ではあるが多性の原因でありうる絶対的なものの似姿（similitudo）、それが宇宙である。宇宙は個々の存在者を容れる容器か建物のように存在しているのではない。存在するものは個物のみである。鏡と像のたとえを用いると、宇宙は、個々の存在者という鏡に映る像である。つまり、絶対一性の神は宇宙なる鏡に自己を映し、宇宙は、個物に自身を映すということになる。神は宇宙を媒介として個物の中にある、ということである。

ところが神は万物の包含であり、宇宙はその似像であるので、宇宙の鏡像である一つ一つの個物には、万物が包含されていると言える。一つ一つの個物は、万物を映す鏡像である。これをクザーヌスは、〈何でもが何でものうちに存在する〉と表現している。

神認識と世界認識

絶対的に最大なものは把握されない仕方で知解されうるとともに、名指しされない仕方で名指しされうるとクザーヌスは『知ある無知』に記している（第五章）。絶対的一性である、絶対的最大なるものは、感覚（sensus）、理性（ratio）、知性（intellectus）を超えているので、精神は、これを世界内存在者と同じ仕方で認識することはできない。とはいえ、絶対一性の知解は不可能ではない。把握できない仕方で知解する、これが、〈知ある無知〉という書物のタイトルの意味するところである。(2)

クザーヌスと唯名論との関係において、しばしば指摘されるのは、〈知ある無知〉なる表現である。しかし、クザーヌスにとって、神認識は決して疑われたことはない。ホプキンス（Jasper Hopkins）も指摘するように(3)、クザーヌスは、いわゆる神の存在証明を用いはしないが、彼にとっては神の存在は、常に明らかである。

『知ある無知』において、クザーヌスは、数学や数を用いて対立物の一致や絶対に最大なるものについて説明した後、次のように言う。絶対に最大であるものは必ず存在する。それは、絶対に最大ではないもの、すなわち有限なるものを見れば明らかである。有限なるものは、必ず始源を持っていなければならないが、その始源は、自己のうちにはない。すべての存在者は、それ自身が自己自身の存在原因ではありえない。絶対一性がなければ、何ものも存在しえないことは明らかで、すべてのものの根源である絶対的最大なるもの、絶対一性は、有限なる存在である我々自身を省みれば、その存在は疑いようがなく明瞭である。

世界認識については、クザーヌスは、厳密な真理は把握されえないと述べている。類似したものの比較による、人間の知性認識にあっては、事物の厳密な真理は知ることができない。事物の厳密な真理は、絶対一性そのものだからである。ただし、通常の認識ではない仕方で、つまり、我々の理解を超えた仕方で、知解することはできる。『精神に関する無学者の対話』では、『知ある無知』で〈我々の理解を超えた仕方で〉とだけ述べられていた部分が「絶対真理の直知」という表現で説明されている。この対話では人間の認識を「類同化」という表現で表している。絶対真理の直知は、類同化によって可能となるのではなく、精神が自己自身に向き直ることによって可能となるのである。

さて、信仰と理性について触れておくと、クザーヌスにおいては、信仰と理性は本来別のものではない。信仰は知解の始まりである、と『知ある無知』に記されているが、信仰は一切の知解されうるものの包含であり、知解は信仰の展開であるとも述べられている。信仰が精神を真理へと導くのである。

自己認識

プラトンの対話篇を通じて、デルフォイの神殿の入り口には、〈汝自身を知れ〉という言葉が掲げられていたと

いうことを我々は知っている。〈自己認識〉はクザーヌスの思索において重要な位置を占めていることは明らかである。(4)

『智慧に関する無学者の対話』の最初にクザーヌスは、聖書の智慧の書の句を挙げて、「(真理は)路上で叫んでいる」と記している。学者や弁論家といった、この対話篇での対話相手に対して、無学者は、自分の智慧は書物によるものではない、と主張しているのである。同じ言葉をクザーヌスは、死の四カ月前に著した『テオリアの最高段階について(*De apice theoriae*)』にも引用している。

『テオリアの最高段階』ではしかし、クザーヌスは、この言葉を無学者の対話篇とは少し異なった意味に解釈している。クザーヌスは、自分の思索の道を振り返り、「嘗ての私は、暗闇においてのほうが真理は優って発見されると思っておりました」(『最高』六五一)しかし、今はそうではなく、真理は路上に、光の中に、至る所に露呈していることを知りました、と述懐している。

路上には、多くの人々が見える。子供や無学な者もいる。食べたり、話したり、走ったり、彼らの日常の何気ない姿が見える。その何気ない一挙手一投足が、真理を顕わしている。クザーヌスはこの書では、神を「可能自体(posse ipsum)」と呼んでいる。すべての存在者の根底にあり、すべての存在者の一挙手一投足を可能(posse)にする、すべてのものの前提だという意味である。この前提がなければ、何者も、存在することも、通りの片隅で、何気なく食べたり、笑ったりすることもできない。日常の当たり前の生活の姿を顧みれば、そこに真理は顕れている。何の神秘性も、何の謎もないのである。〈汝自身を知れ〉は自分自身が体現している真理を見よ、ということであり、自己の存在の奥底にあって、自己を生かしている「可能自体」と名づけるしかない、絶対一性を観よ、ということである。理性も信仰も、この顕わな真理を見ることの上に成り立っているのである。

第二節　ショーペンハウアーと『意志と表象としての世界』

ショーペンハウアーは『意志と表象としての世界』で意志の形而上学とそれを基盤とした人間の救済論を展開している。

『意志と表象としての世界』続編第四巻には、生は浄化の過程であり、その浄めの液が苦悩である、と述べられている（続八三〇）。浄化のプロセスの終局にあるのは、生への意志の否定であるが、これをショーペンハウアーはニルバーナとも呼んでいる。個体性を超えて、すべての生きとし生けるものの内的本質との同一性（Identität）に到達することを意味しているのである（続七九〇）。それは生への意志の肯定の世界からの解放・救い（Erlösung）なのであるが、我々の言語、シンボル、概念等すべてが生への意志の肯定の世界で形成されたものなので、その正反対である生への意志の否定について、明確に表現することができない。それゆえ、否定的表現に留めざるをえないというのである（続七八八―九〇）。

生への意志の肯定の世界は、苦悩の世界である。そこでは人間は、エゴイズムに支配されて、自己の意志を通すために、他人の意志を否定するような不正を行う世界である。しかし、意志の否定により、人間、と言うより、〈私〉は、他者と自分はともに同じ意志の基盤の上に存在し、私が自分の意志を通して他者を苦しめることは、結局の所、自分自身を否定し苦しめることであることに気づくのである。生への意志の否定は、自己の根底を否定することではなく、むしろ、個体の壁を越えて、すべての存在者が唯一の意志において、一つになることを意味しているのである。

意志と理性

〈世界は私の表象である〉は、今日の脳科学知見を踏まえておけば、理解が容易である。表象とは脳が構成する認識像であり、バーチャル・リアリティの世界である。脳が受容した信号を処理し、脳が表象し描き出してみせる仮想空間が世界の表象である。しかし信号を受容する当の脳にとっては、脳が表象する空間は現実の空間であり、それ以外のリアリティはどこにも存在しないのである。この表象世界では、根拠の原理が悟性のカテゴリーである。〈世界は私の意志である〉は、私の身体からの出発である。認識主観である私は身体を媒介として世界表象を行う。刺激を受けるのは身体だからである。脳は身体である。私の身体は、私の表象の一つではあり、様々な客観の一つにすぎない。しかし同時に身体は特殊な客観である。それは、私の意志の客観である。身体は認識主観に対して、二つの全く異なった仕方で与えられている。第一は悟性の表象として、時間、空間、因果律という根拠の原理に従うものとして、第二には、「誰でも直接に知っているものとして」（正二四八）。

「身体こそただ一つの意志の現象であり、かつ主観にとってのただ一つの直接の客観なのである」とショーペンハウアーは述べている。つまり、意志の働きと身体の運動は、表象ではないので、世界の根拠の原理によっては捉えられない。身体は表象とは全く別の仕方で意識されてくるのだという。

認識主観はこの身体と特殊な関係、実在的関係を持っており、この関係が、認識主観を「個体」たらしめているのである（正二五三）。ところが、認識主観である私は、私の身体を動かす真の主体ではない。身体は、実在する客観として、意志から直接動かされているのである。

さて、自己の身体から出発して、ショーペンハウアーは、意志の形而上学的本質を明らかにする。まず、意志は、「個体化の原理」には支配されていない。個体化の原理とは、時間・空間で、表象における根拠の原理に属する。意志は、物自体であるので、現象世界の根拠の原理の外にあることは明らかである。次に、根拠の原理に支配されていないのであるから、多数性を持たない。その意味で意志は〈一〉である（正二六六）。

この点クザーヌスの神が絶対一性の〈一〉であるというのと似ている。クザーヌスの神も、ショーペンハウアーの意志も、多数性の中の〈一〉ではなく、人間の認識能力を超えた意味における〈一〉であり、すべてのものの実在性の根拠である。

次に、意志は、それ自体根拠を持たない（正二六七）。根拠を持たない「力」である。自然界を作り出し、自然界を支配する、盲目の力である（正二六九）。無機的世界をも支配している。意志は自己を客観化するが、その最も低い段階が無機的世界である。客観化の最も高い段階は、人間である。

さらに、ショーペンハウアーは、イデアについて言及している。イデアは、意志の直接の客体性である（正三四七）。これは、クザーヌスが絶対一性の神から多数性が出てくる原理として個物と絶対一性との間に、宇宙を想定し、宇宙が多数性の原理であるとするのに似ている。意志は物自体で、それ自体客観化されない。それゆえ、客観的世界の多数性の原理として、意志の直接の、つまり第一の客観化、言い換えれば、第一の似像であるイデアを絶対一である意志とその客観化世界との間に想定しているのである。

〈世界は私の表象である〉と〈世界は私の意志である〉と言う時の〈私〉には、大きな違いがある。前者は認識主体としての私であり、バーチャル・リアリティでの私ではあるが、後者の私は、世界創造をする意志であり、意志の客観化によって実在する個物すべてのことであることとなる。

さて、ショーペンハウアーにとって、悟性とは現実世界の直観である（正一一四）。彼は、感覚知覚はすでに知性の協働であるとする。根拠の原理が働く直観である。理性は、この直観から抽象的概念を形成する能力である（正一九一）。また、判断力とは、直観的に認識されたものを正しく、詳しく抽象的な意識に移し替える能力のことであり、理性と悟性とを仲立ちするもののことである、とされている（正二〇〇）。悟性認識つまり現実世界の直観は、意志の客観化の段階ではすでに動物にも認められるが、最高の段階である人間では、直観的認識だけでは、生存を続けていくのに十分ではなく、もう一種類の、「より潜在能力の高い認識」、直観認識に「反省能力の加わった認識」が必要とされる。これが、「抽象的概念の能力の理性」である（正三二二）。

理性はクザーヌスにあっては、絶対真理に出会う能力であり、場であった。しかし、ショーペンハウアーにあっては、抽象的概念を作り、自己の生存に、より有効であるためのデータ処理能力の一つであるにすぎない。

生への意志の肯定

意志の客観化は自然である。生命世界である。意志は盲目の力であるが、その客観化の過程で人間が誕生し、認識能力を持つに至った。このことによって、意志は、自己自身の意欲が何であるか知るに至る。意志の意欲するところは、生命の世界である（正三〇二）。意志は本来〈一〉であるが、特に、生命世界の原理として見られた意志をショーペンハウアーは、生きんとする意志、または、生への意志と呼んでいる。生命の世界は、生と死が永遠に繰り返される世界である。人間も同じである。人間とはもともと自然それ自身である。生への意志の客観化された世界にあって、自己意識を持った自然である。

意識はしかしながら、生への意志の肯定か否定かを選択する岐路に人間を立たせることになる。表象は個体化の原理を世界に持ち込む。自然はこのような人間にとっては、単に生と死の繰り返しではなく、私という個体の生と死である。個体化の原理が自然に、私の身体の生と死を持ち込むことになる。それとともに、生と死は、あるいは、生きることは、苦悩となるのである。理性認識の能力を持つ人間は、苦悩の中で、生きんとする自己の意味を問い、生きんとする意志を肯定するか、もしくは、否定して、別の生き方を選ぶかの選択に自らを立たせることとなる。生きんとする意志の肯定とは、私という、この身体の生を選び取ることである。自己の生存を可能にするためには、他者の生存の意志さえ否定することも辞さない、不正な生をも選び取ることである。

生への意志の否定

意志の否定は、〈愛は同情である〉の説明から始まる。同情は概念ではなく、感情または情動である。それはまた、自己愛の克服である。個々の人間が個体化の原理に従って、自己自身で招来した苦悩の世界を生きている現状にあって、他者に対して私がなしうるのは、同情（Mitleid）、すなわち他人の苦しみをともに苦しむ（mitleiden）以外にない。

私はどのような高尚な理念からであっても、自分自身を苦悩の世界から救い出すことはできない。人間は、一人ひとり、主体として、自己の認識能力だけを頼りに、衝動的な意志の力に支配されて、生き続けなければならない。人間はこのような人間存在のあり方自体を変えることはできない。また、個体化の原理によって、自己の生を生きる私にとって、他者からの働きは、それが自分自身の経験や決断によるのでなければ、自己の生きる世界を根底から変え、自己をこの苦悩の世界から救済することはできないのである。

ショーペンハウアーは、〈泣く〉という行為の意味を説明する中で、人の死を悼んで泣くのは、「人類全体の運命に対する同情である」（正六五八）と述べているが、人間に課せられた有限性という全人類共通の運命に対する同情だというのである。その際基本となっているのは、私が持つ、自己の有限性に対する苦悩である。自己の苦悩を手がかりとして、生きているものが持つあらゆる苦悩を自分のものであるとして、他者とともに同じ苦しみを持っていると共感することから、いかなる苦悩も自分と関係ないものはないとの認識に達する（正六六〇）。

同情は苦悩とエゴイズムの世界において〈鎮静剤〉として働く。個体化の原理によって自己自身にのみ関心を持ち、生の闘争に明け暮れていた私は、自己の関心からのみの意欲の動因に従って行為することを止める。生の衝動によって、必然的に生きていることを止めるのである（正六六〇）。ここから一挙に意志の否定が起こる。

意志の否定は、一種の回心のような性格を持っている。同情という鎮静剤によって、人間は、「神聖さ、自己否認、我意の滅却、禁欲」（正六六一）に至るのであるが、これが生への意志の否定である。意志の否定は常に行為によって表されなければならないものである（正六六八）。そしてその行為は、「真の自由」から出てくるのである（正六七一）。意志の否定は、人間を個体化の原理から解放するのみならず、キリスト教教義にある「再生」と比較しうる、「新しい人間」の誕生、必然の王国である自然の一員である存在から、恩寵の王国、真の自由の国へと人間を引き上げるのである（正六九八―九九）。意志の否定とは、人間の自己否定である。つまり個体化の原理からの自己克服であり、自己の無化である。

この意志の否定はクザーヌスの包含と展開から見直すと真意が明らかになる。絶対一性は自己顕現としては展開である。個々の個物は絶対一性を映す鏡であるが、すべてのものは、その存在者としての本質に従って、それぞれの運命を辿る。これに対して絶対一性はすべての個物、世界そのものがそこから出てくる源である。すべてのものは、この絶対一性のうちに包含されて、一である。

意志の肯定とは、個物を自己の表現体として自己を顕わにする、〈一〉なる根源的意志の客観化の世界の中で、その一員として存在することであり、生きることである。一性の展開としての生を生きることである。これに対して、意志の否定とは包含である。すなわち、すべての始源である〈一〉である根源的意志の懐に回帰することである。意志のうちにおいては、すべては〈一〉である。

私は、自己を解放し、自由となって、意志の客観化以前の、イデアとしての主体、自由なる主体となるのである（正六七七参照）。多性の世界が意志の客観化として展開する以前の、包含の境地、すべてのものが〈一〉である境地の主体として生まれ変わることが意志の否定であり、ショーペンハウアーがニルバーナと呼ぶ境地である。この境地に立てば、すべては、むしろ〈無〉である、『意志と表象としての世界』はそう締め括られている。

ショーペンハウアーの意志の形而上学

ショーペンハウアーの意志の形而上学の特徴は、二重の自己認識にある。一つには、意志の自己認識である。意志の自己認識とは奇妙な表現ではあるが、ショーペンハウアーの意志の形而上学においては意志は、人格神のような特徴を持っている。意志は自由であり、存在者を実在させる。創造と表現してもよい。自己の意志の顕在化として個物が、自然が、客観世界が創造される。これは、表象の世界とは違って、実在の世界である。これを認識主体に対して、客観とショーペンハウアーは呼んでいる。実在する客観は、意志が生み出しているのである。

人格神と異なる点は、人格神は智慧であり、人間知性の範型である。これに対して、ショーペンハウアーの意志は、知性を欠いた衝動的力である。自然の階梯の最高段階において出現する人間の認識能力が、この意志の目である。人間の認識能力が意志に自己を振り返ることを可能にする。

人間は自己を振り返ることにより、生への意志に動かされ、個体化原理に従い自ら作り出した、自己の幻想像と苦悩から自身を解放する。これがもう一つの自己認識である。人間の自己認識は、意志の自己認識と重なっている。

物自体という表現はカントから引き継いだもののようであるが、この言葉は、意志の超越性、根源性を表現している。ショーペンハウアーの意志を「悪」と解釈する者もあるが(5)、意志は、生々流転の自然を形成し支配する力であり、有限なる存在者が生と死を繰り返すことは、それ自体、「善」でも「悪」でもない。有限な個体は、意志の定めた必然性に従い、生と死を表現しているのである。

「悪」や「苦悩」を客観世界に持ち込むのは、人間である。個体化の原理はアプリオリに与えられた人間の認識形式であるが、人間は、この個体化の原理により、他者の意志を否定するような不正行為をなす。罪をもたらすのは、人間である。人間はその存在体制から罪を犯すべく定められていると言える。

第三節　結　論

クザーヌスからショーペンハウアーのおよそ四〇〇年間に神の問題はどのように変遷していったのか。

クザーヌスの絶対一性の形而上学を見ると、理性に対する信頼が生きており、信仰が人間の本性の中央に厳然と存在しているように思われる。確かに、上に見たように、クザーヌスにとっては、絶対最大の一なる神が存在することは、哲学的な存在証明を経ることなく、明々白々の、疑いえない事実である。

しかし、彼が生きた時代の中でクザーヌスの一点曇りのない思弁的神学を見直せば、むしろ、この明白性が、彼とともに終わりゆく中世の思弁の最後の砦のようにも見えてくる。彼は枢機卿として全力を挙げて、キリスト教世界を守ろうとしている。事実彼の時代は、唯名論の時代である。トマス・アキナス（Thomas von Aquin, Thomas Aquinas, 1224(5)-74）は、神の存在は証明しうるとしたが、唯名論の時代は、これを否定している。現にクザーヌスにおいても知性は類同化という通常の認識の枠内において真理に到達するのではなく、神的光の照明により、真理に達するのである。

クザーヌスは一四五三年東ローマ帝国の滅亡を経験する。この年に著された『信仰の平和（*De pace fidei*）』では、仏教徒やイスラム教徒、ユダヤ教徒とキリスト教徒との対話が、信仰というテーマで行われる。政情が混沌としてゆく中、クザーヌスは、絶対一者の神の真理とこの神への信仰を守ろうとしている。

先に挙げた『神を観ることについて』は〈神は知的認識なしに、愛という情動のみにより到達しうるか〉という問いに答えようとしたものであるが、時代は、中世が積み上げてきた理性と信仰の融合をすでに否定し、知性ではなく、もっと別の、神への道を求めているのである。この時代の動きに対して、クザーヌスは〈把握できない仕方の知解〉という、知性による直観とも解せられるような、神への新たなる道を示そうとしている。

ショーペンハウアーはどうか。もはや〈神〉という名前は登場しない。存在者、すなわち客観の存在原理は、〈物自体としての意志〉という名前を持っている。クザーヌスは、生涯、神にいかなる名前を与えるかをテーマとしてきた。一性、可能現実存在、非他なるもの、可能自体、そのほか神は様々に呼ばれた。それは、名前によって、神の何であるかを表現するためである。この意味からすれば、ショーペンハウアーにあっても、この世のすべての存在物に実在性を与え、この現実世界を支配する根源的なものを意志と呼ぶのは、この絶対者が何であるかを端的に表現するためであると解することができる。

神的絶対者が意志と呼ばれることは、キリスト教神学においてもあった。それは神の自由、つまり、無根拠性を表現する。無からの創造を表現している。

ショーペンハウアーにおいても意志は自由であることが強調されている。しかし彼にあっては、意志は、自由であることを表現するためにのみ選ばれたとは考えられない。意志には理性が欠けている。理性を持たない無反省の意志によってつかさどられた自然は、過酷な闘争の世界である。生と死が繰り返される世界である。この世界の中で生きるものは、食うか食われるかの生存のための戦いを運命として与えられている。存在の根源を意志と名づけることで、ショーペンハウアーは、渦巻く欲望の中で、翻弄されて、苦悩にさいなまれる人間およびすべての生命体の、乾いた、悲惨な運命を表現しているのではなかろうか。

キリスト教の神が、ショーペンハウアーの時代の人間の苦悩を理解しえなくなり、救済することができなくなったということであろうか。

ここで注目すべき点は、ショーペンハウアーが、存在者の存在原理をもはや神とは呼ばず、また、同情によって到達した究極の境地をニルバーナと、キリスト教にはない概念で呼んでいることである。存在の原理についての思索の形式としてのキリスト教が、唯一絶対ではなく、相対化されたということが少なくとも、ここから明らかである。

上妻論文には、フィヒテ（Johann Gottlieb Fichte, 1762-1814）とヤコービ（Friedrich Heinrich Jacobi, 1743-1819）の無神論論争が詳細に紹介されているが、[6] ニーチェから始まる新しい時代には、無神論は論争のテーマにもならないのかもしれない。現にニーチェは、神の死について論争しているのではなく、神の死を宣言している。しかしクザーヌスとショーペンハウアーとに共通に生きているものがある。超越への憧憬と自己認識である。自己の本来の姿を求めて、世界を超越してゆく。このテーマは時代を超えて生き続けているようである。

ショーペンハウアーを入り口に、ニーチェから始まった新しい時代の存在の原理追求は、どのような表現形式、思考形式を得たのであろうか。ニーチェは〈神は死んだ〉と述べているが、それは、同時に、新しい神の問題の始まりでもある。例えば、ドイツの生物学的人間学の哲学者アーノルド・ゲーレン（Arnold Gehlen, 1904-76）が描く人間像や現代自然科学が抱く人間像、これら人間にとっての、超越や救いとは、どのようなものであろうか。

注

以下にクザーヌスとショーペンハウアーの日本語訳を参考文献として挙げておくが、ここに挙げた文献から、本論文が引用した場合、その箇所を本文中の（ ）内にそれぞれの著作の名前を示す略語と頁数で示した。

なお、クザーヌス『精神に関する無学者の対話』の日本語訳はない。

『知ある無知』（『知』）：ニコラウス・クザーヌス／大出哲他訳『知ある無知』創文社、一九八七年。

『智慧に関する無学者の対話』（『智慧』）、『テオリアの最高段階』（『最高』）：上智大学中世思想研究所監修『中世末期の神秘思想』〈中世思想原典集成〉一七、平凡社、一九九二年。

『精神に関する無学者の対話』(『精神』)：Nikolaus von Kues, *Philosophisch-Theologische Schriften*, hrsg. von Leo Gabriel, übers. von Dietlind & Wilhelm Dupré, Studien- und Jubiläumsausgabe Lateinisch-Deutsch, Bd. III, Wien, 1967.

『神を観ることについて』(『神を観る』)：クザーヌス著／八巻和彦訳『神を観ることについて他二篇』岩波文庫、二〇〇一年。

ショーペンハウアー『意志と表象としての世界』正編(正)：西尾幹二訳『ショーペンハウアー』〈世界の名著〉四五、中央公論社、一九九六年。

続編(続)：Reclam 版 *Die Welt als Wille und Vorstellung*, 2.Bd. 1996.

(1) 岡崎文明「序章西洋哲学史観と時代区分」渡辺二郎監修／哲学史研究会編『西洋哲学史観と時代区分』昭和堂、二〇〇四年、四四、五二頁。

(2) 『知ある無知』と神秘主義の関係については、William J. Hoye, *Die mystische Theologie des Nicolaus Cusanus*, Freiburg, 2004, S. 68f. また、Rudolf Haubst, *Streifzüge in die cusanische Thelogie*, Münster, 1991, S. 108ff. 参照。前者はクザーヌスの神秘的神学について述べているが、後者は、エックハルト(Meister Eckhart, *ca.*1260-1328)やディオニシウス・アレオパギタ(Dionysius Areopagita, 六世紀?)の神秘神学との緊密な関係については肯定するが、クザーヌス自身の神秘神学を主張するまでには踏み込んではいない。

(3) Jasper Hopkins, *Glaube und Vernunft im Denken des Nicolaus von Kues: Prolegomena zu einem Umriß seiner Auffasung*, Trier 1996, S. 20-21.

(4) Haubst, *Streifzüge...*, S. 331f. 参照。一四三一年の説教において、自己認識が最も重要なものとして述べられていることが指摘されている。

(5) Olaf Briese, "Willensmetaphysik: Die praxisphilosophischen Ansäze von Bloch und Schopenhauer," in: *Schopenhauer in der Philosophie der Gegenwart: Beiträge zur Philosophie Schopenhauers*, hrsg. von Dieter Birnbacher, Bd.1, Würzburg, 1996, S. 162.

(6) 上妻精「ニヒリズムの萌芽——ヤコービとその周辺——」大峰顯編『神と無』〈叢書ドイツ観念論との対話〉第五巻、ミネルヴァ書房、一九九四年、一七五頁以下。

第Ⅲ部

哲学篇

■芸術、宗教、哲学がいずれも絶対者、すなわち神を対象とし、ただ対象とする仕方においてのみ異なるとしたのはヘーゲルである。この篇では絶対者を考えるという仕方で求める哲学を取り扱う。しかしこのことがすでに問題である。自ら考え自ら意志するという仕方で始まった近代的自我は、ドイツ観念論、とりわけヘーゲルにおいて、思想のうちで自らを有限な精神から絶対精神にまで高めることになった。そこにおいて初めて絶対者の体系が完成されることになるとともに、近代的自我の人間中心主義も完成されることになる。しかしこのように人間が絶対者の境地にまで高まることによって、かえって人間は絶対者を失うことになる。絶対者とは人間を超越した存在でなければならないからである。現代はまさにこのような絶対者不在の時代であると考えられる。このような時代にあって哲学は何を、どのように考えていくべきか、そうした方向を示す「道標」を設置することをこの篇の目的としたい。

第1章で、読者は険しい山脈にたとえられるドイツ観念論の山々をあたかもロープウェイで楽々と眺めるように、絶対者の体系の何たるかを理解することになるであろう。また完成した体系には現れることのない絶対者（世界）そのものと、多世界のあり方、およびそのことの現代的な意義に目を開くことになるだろう。第2章ではデカルト＝ニーチェの、思惟および身体における「強い人間中心主義」に対して、プロタゴラス＝ハイデガーの「弱い人間中心主義」において、真理（非隠蔽性）の境域に開かれた人間のあり方を見ることになるであろう。第3章で、読者は根源的で忘我的な体験を通じて、人間が「世界根拠」「それ自体で存在するもの」の領域に開かれ、その属性としての精神と生とに参与することによって、神生成の唯一の場となりうることを知るだろう。第4章は、絶対者の喪失にあって、まず真正の絶対者に目を向けること、そうしてドイツ観念論の体系的な思惟が示したような完結した態度を破り、絶対者への開かれた態度を取ることの必要性を説いて、現代における芸術、宗教、哲学の可能性を探りつつ本書を締め括っている。

（佐野之人）

第1章　ドイツ観念論の輪郭

この章では、狭い意味でのドイツ観念論が――つまり、フィヒテ（Johann Gottlieb Fichte, 1762-1814）、シェリング（Friedrich Wilhelm Joseph von Schelling, 1775-1854）、ヘーゲル（Georg Wilhelm Friedrich Hegel, 1770-1831）、この三人の思想が――、今日もなお魅力あるものであり、またインパクトを持っていることを、明らかにしたい。

とはいえ、二〇〇年も前の異国の思想であり、しかも難解だと言われる。登山にたとえれば、ヒマラヤを目指すようなもので、麓《ふもと》に辿り着くのすら一苦労かもしれない。しかしそのヒマラヤも、今では旅行社がパスポートから現地での交通機関まで手配をしてくれ、その後は強力なシェルパたちが、頂上まで引き上げてくれるようである。我々も、現代の思想の助けを借りながら、ドイツ観念論の頂上に登ろうという次第である。

・なお、引用した個所での〔 〕内は、筆者の挿入である。

・Google マップ http://www.google.co.jp/ の利用を考えて、地名にドイツ語表記があればいいと思われた場合には、添えることにした。

第一節　麓まで――帰納法、そして観念論

帰納法の欠陥

学校などでは、「科学的な物の見方」ということが強調されている。そのためもあって、我々が相互に理解し合える知識や、目指すべき合理性は、ともすると科学だけであるかのように受け取られかねない。そこでドイツ観念論に限らず、哲学的な見方を話題にすると、最初から違和感を持たれそうである。けれども、科学的方法の中心をなしている帰納法には、実は本質的な欠陥があると言えよう。帰納法というのは、観察した個々の例から一般的な判断を引き出す方法であり、例えば多くのカラスを観察したところ、すべて黒色だったので、「カラスは黒い」と一般的に結論づけることである。

普通指摘される帰納法の欠陥は、「たとえ観察した九九羽のカラスが黒かったとしても、一〇〇羽目のカラスが黒いとは限らない。したがって帰納法では、一般的な判断を確実に下すことはできない」というものである。むしろん帰納法は、こうした事実レベルでの不完全さを持っている。しかしより深刻な問題は、帰納法が「論点先取の虚偽」を犯していることだと思われる。つまり、これから出そうとする結論を、あらかじめ前提や仮定の中にひそませておくという誤りである。このことはシェリングが指摘しており(1)、具体例を筆者がつけて紹介すると……。

例えば鳥類とは何かを知ろうとして、ある科学者がスズメ、タカ、ダチョウを観察したとしよう。そして、これら三つの動物に共通な特徴を発見し、鳥類とはかくかくのものであるとの結論を得たとする。しかしこの場合、その科学者はなぜコウモリを、観察対象には含めなかったのだろうか。コウモリは鳥類ではないからだと、彼は答えるかもしれない。しかし鳥類とは何なのか分からないからこそ、彼は観察したのであって、最初からコウモリを除

外する権利はなかったはずである。彼は鳥類とはこういうものだという予断や既成観念に基づいて、つまり論点を先取して、観察対象を選んだことになる。そのような特定の観察対象から得られる結論は、最初の予断などを反映したものにならざるをえない。

もちろん現実の科学研究では、帰納法の適用に当たっては、様々な工夫がこらされている。しかしながら、帰納法の論理構造そのものは、常に論点先取なのである（この点、ドイツ観念論は、「認識されえるものは〔前記の例では、スズメなど〕、それにとっては外的なものである悟性〔現実の事物を認識する能力〕の刻印〔鳥類という観念〕を、その限りでは悟性自身を、自らのうちにもっている」と主張する。[2] つまり、スズメやタカは鳥類として私たちの前に現れる、という事態をまずは認める。ドイツ観念論では、帰納法のように個々の事物がまずあって、後から普遍的な概念・観念が生じるのではなく、逆に概念・観念の方が事物に先行する、あるいは相即するという構成になっている）。[3]

科学でさえこうであってみれば、ましてより広範な知の領域を対象とする哲学は、観察〔あるいは観察＋人工的な約束事項〕だけから生み出せるものではなく、何らかの前提的な原理を必要とする。そしてこの原理をどのようなものとし、どう解説するかが、哲学者の腕の見せ所ということになろう。

観念論の意味と、ドイツ観念論

「観念論」というのは、もともとは「実在論」と対立する用語で、世界を認識する時の考え方の違いを表した。つまり、実際に存在しているものを、我々は客観的に認識できるのかどうかということである。認識できるという考え方が実在論で、認識できるのは実際に存在するものの観念やイメージだけである、というのが観念論であった。

他方、「唯物論」と対立するのは「唯心論」で、これは世界の存在そのものを規定する時の考え方の違いであった。つまり、世界を成り立たせるものは、根本的には物質だと規定するのが唯物論で、精神的なものだと規定するのが唯心論である。

ところが、観念論と唯心論の混同が起きるなど、これらの用語の意味を、一義的に規定することはできなくなってしまった。その結果多くの場合、観念論とは、「事物は私たちの外部に客観的に存在するのではなく、私たちの内部に……表象〔イメージや観念〕として存在する、と主張する」[4]考え方だと、漠然と理解されている。

それでは、ドイツ観念論もこのような観念論の枠内にあって、少しドイツ的な風味を利かせたものにすぎないのかと言えば、実はそうではない。フィヒテ、シェリング、ヘーゲルの三人は、こうした観念論や実在論を乗り越えた、ある絶対的な哲学を志向したのである。後年シェリングは、自らの哲学を振り返って次のように述べている。
「この〔哲学〕体系のために名前を見出すことは、根本的に難しいことでした。といいますのは、この体系の中では以前のすべての体系間の対立が、解消されていたのです。この私の体系は、唯物論とも唯心論とも、また実在論とも観念論とも名づけられませんでした」[5]。フィヒテやヘーゲルも、またこのような思いだったと言えよう。

したがって三人の思想は、常識的な観念論では理解できず、これから検討していかねばならない。もっとも、彼らが思想の中心に据えた「自我」「精神」などは、伝統的に観念論が用いる用語である。その上当のシェリングは、「哲学とは観念論である……ただしこの観念論は、自らのうちに実在論と観念論を含んでいる」と宣言もしている[6]。他の二人も自分の哲学を、形容語をつけつつ観念論と称する。そこで私たちも彼らの哲学を、ドイツ観念論という伝統的な名称で、呼ぶことにしよう。

第二節　五合目まで――フィヒテと知識学

フィヒテ登場

若きフィヒテが一七九四年、著書『全知識学の基礎』において、「自我は自らを措定《そてい》（定立）する」[7]と主張した時、ドイツ観念論は誕生したと言える。フィヒテは、ドレスデン（Dresden）近くの寒村、ラメナウ（Rammenau）の出身。父親は実直な職人で、家庭は愛情あふれるものだったが、弟妹が多いこともあって、就学はできなかった。しかし少年フィヒテの才能は、村中の知るところであり、次の有名なエピソードが伝わっている。

マイセンに住む男爵がラメナウに来て、高名な牧師の説教を聴こうとしたが、時間に間に合わなかった。しかし村人の勧めにしたがい、フィヒテ少年に会ったところ、少年は見事に説教を復唱したのである。感心した男爵は、少年を連れ帰り、教育をほどこすことになる。フィヒテにとっては実に大きな幸運であったが、その反面、九歳で親元を離れての寄食体験は、大変なことだったと思われる。

その後、フィヒテがライプチヒ（Leipzig）大学在学中に、彼への経済的援助は途絶えてしまう。フィヒテは職を探すものの、困窮して自殺まで考えるが、折よくスイスで家庭教師につくことができたのだった。やがてカント（Immanuel Kant, 1724-1804）の著作に出会い、カントの「『実践理性批判』を読んでからというもの、ぼくは新しい世界に生きている」[8]ようになり、「毎日パンを得るのには困ったが、それでもぼくは当時、地上でもっとも幸せな人間の一人だった」[9]と、述懐するのであった。

やがてフィヒテは、ケーニヒスベルク（Königsberg）にカントを訪問し、日ならずして借金を申し込むという伝説を残すことになる。さすがにカントはその申し込みを断ったが、代わりに出版社を紹介した。そこでフィヒテは、

『あらゆる啓示への批判の試み』を出版するが、この「批判」書には著者名が記載されていなかった（出版社側の説明によれば、出版社の単純ミス！とのこと）。これとフィヒテの筆力とが相俟《あいま》って、この本はカントの著書だとの世評を呼ぶこととなった。やがてカントが本当の著者を明らかにし、ここにフィヒテは世に出ることができたのである。一七九四年には、イエナ（Jena）大学に招かれることになった。

フィヒテはこの後も波乱に富んだ生涯を送るが、しかし彼の性格は基本的には、安定性を内蔵した硬質なものだと言えよう。この点は、ほぼ同世代であるベートーヴェンと似ている。二人はどちらも、「郷原《きょうげん》（村社会の善人）は徳の賊なり」と、信じることができた理想主義者であった。フランス革命に呼応して、不協和音をピアノから叩き出していたベートーヴェンと同じ精神が、フィヒテにもあったのである。青年期に自殺を考えざるをえなかった経験をともに持ち、豪壮な精神のうちには、どこか浄化されたものが感じられる。

「知識学」の意味と、その背景

フィヒテが自らの哲学を「知識学」と呼んだために、これが彼の哲学の名称となった。「知識学」とは耳なれない用語であるが、率直に訳せば「学問論」になる。この訳だと違和感がなくていいのだが、「知識学」の方がフィヒテ哲学のことだとすぐに分かるので、そのまま使われているようである。

さて、当時ドイツの先進的な哲学徒の間では、哲学は「学問」でなければならないということが、共通認識となっていた――ここでの学問とは、例えばユークリッド幾何学（中学校で習う数学の「図形」の内容）では、自明な原理（公理）から定理などを導出するが、そのような知識の体系を指している。つまり、原理的な基礎づけ（原理からの説明）を持った、知識の体系である。――そこで当時の哲学の持つ前述の含意からして、フィヒテの「学問論（知識学）」の意味は、哲学論ということになる。つまりフィヒテは、すべての哲学の原理はこうでなければならないとの思いで、『全知識学の基礎』を刊行したのである。したがって同じ一七九四年に、予告編としてより早く出版した著書は、『知識学の概念について、すなわちいわゆる哲学の概念について』と題されている。ではなぜ、哲学は学問でなければならないのか？　一言で言えばカントへの批判であった。この点はフィヒテ哲学にとってだけではなく、カント以後の哲学全体にとって重要なので、見ておこう。

カントの主著『純粋理性批判』（一七八一）は、出版直後の無理解な反応は別にしても、なかなか一般的な賛同を得ることができなかった。出版から一一年後、懐疑論者と言われたシュルツェ（Gottlob Ernst Schulze, 1761-1833）の証言である。

ドイツ各地の大学では、少なからぬ哲学教師たちが、『純粋理性批判』で述べられている主要な諸説が正しいかどうか、確信を持てないでいる。これらの教師たちは、この本を偏見を持たないで注意深く研究しているし……「この名著に頑固に敵対している輩《やから》は、この名著が前提にしている問題意識や結論を、理解してはいない」と、認めてもいるのだが。(10)

フィヒテも主張する。「筆者〔フィヒテ〕は……アイネシデモス〔前記シュルツェのこと〕やマイモンのすぐれた著作を読むことによって、以前から予感していたことを確信するに至った。すなわち、哲学は最近の最も鋭敏な人々〔カントと後述のラインホルト〕の努力をもってしても、なお明証的な学問の段階へとは、高まっていない」(11)。では、カント哲学のどこが不足だったのだろうか？　むろん人によって不満のあり方は異なるにしても、最大公約数を取ってみれば、原理的な基礎づけがないということだと思われる。普通、「カントでは理論理性と実践理性が、分裂したままであった」などと解説される。が、理論理性（認識論）としても、実は基礎づけを欠いていたのであり、事態はより深刻だったのである。具体的に述べると……。

例えば私が眼前の木を、認識する場面を考えてみよう。カント哲学はこの認識を、いわゆる三項図式に即して説明する。つまりこの場面には、「客観的な木そのもの―その現象である木の像―見ている私自身」の三つの項が、あることになる。第一項の木そのもの（一般的には、「物自体《もの》」と言われる）が、どのようなものなのかは、私は知ることができない。木が緑色なのは、太陽光線の一部が木に反射して目に入ったために、緑色に見えているだけである。木の形も、人間の目の構造上、そのような形となって見えるにすぎない（このような議論になると、「いや、木そのものは、本当は素粒子からできている」と主張されたり、超ヒモ（弦）理論などを持ち出されることがある。しかし、そうした素粒子や超ヒモは、人間が現代科学という一定の方法論にしたがって構成した、科学的・数学的なモデルである。つまり、木そのものではなく、人間の知的な営みによって媒介されたものなのである）。

物自体である木そのものが、私の感覚器官（この場合は目）を刺激して生じるのが、現象である木の像ということになる。私が知りえるのは、すなわち経験できるものは現象だけである。第三項の見ている私自身も――つまり主観としての、認識する主体としての私そのものも――、私には知ることができない。これも一種の物自体だとされる。なるほど私は、「私」というものを意識したり、反省したりする。また、半ば無意識的に私の思考や行動をモニターしている〈私〉も存在する。しかしこれらの経験に現れる「私」や〈私〉は、この図式から言えば第二項の現象であって、第三項の私自身ではない。

ところで、第一・三項の物自体というのは、結局はわけの分からないXであるから、突っ込んで検討すれば色々問題が発生せざるをえない。そこで、カントの信奉者であったラインホルト（Karl Leonhard Reinhold, 1758-1823）が、「厳密な学問としての哲学」の創設を主張し、これが当時の先進的な哲学徒たちにアピールしたのである。彼はそのような哲学の原理として、「意識の命題」を提示した（この場合の「命題」というのは、何かの原理を表す文）。

この原理は、前記の三つの項を残したままで、それらすべてを包含する「意識」なるものを、設定するものであった。けれども、そのような構図は非現実的と言うほかはなく、前述のシュルツェによって様々な点で批判された（と言うより、いわゆるメッタギリにされたという方が、当を得た表現かもしれない）。とはいえ、ラインホルトがすべてを包含するものを設定したことは、フィヒテにも影響を与えたのである。

「自我」への道

シュルツェがラインホルトを批判したのは、『アイネシデモス』（一七九二、エーネシデムスとも表記）という著書においてであった。この本ではカント哲学も、さらにはその勢いで近代の哲学一般までもが批判された。その結果フィヒテをして、「アイネシデモスは、ぼくをかなりの間混乱させたし、ラインホルトを突き倒し、カントを疑わしいものとした。そしてぼくの全哲学体系を、根底から引っくり返してしまった。……いやはや！　再び立て直さなければならなかった」と、友人に向かって嘆かせたのである。[12] けれどもフィヒテの真情としては、時はまさに乱世、乃公出《だいこうい》でずんばの思いだったのであろう。

シュルツェのカントならびに近代哲学一般についての批判は、因果関係をめぐってなされた。原因Aのために結果Bが生じるという関係が、問題となったのである。カントによれば因果関係は、我々の悟性が持っている概念の一つである。このような概念は、我々が感覚器官によって、実際に知ることのできる対象（すなわち現象）だけに、適用することができる。そこで「雨が降っていたために、自動車がスリップした」のように、因果関係を適用することは可能である。しかし因果関係を、現象ではない超自然的なものに適用したりすれば、矛盾が生じてくるのである。カントはこうした論理でもって、彼以前の形而上学を批判したのだった。しかしシュルツェによれば、カント自身が因果関係を不当に適用しているのである。[13] つまり……。

カント哲学の要《かなめ》は、アプリオリな総合判断（数学や自然科学の法則）が、成立することの説明である。カントによれば、物自体としての心から、アプリオリな総合判断の表す事態が由来するために、このような判断が成立する。しかしシュルツェに言わせれば、カントのこの考えでは、物自体としての心が原因となって、結果である前記の事態が生じたことになる。けれども、物自体としての心は現象ではないのだから、それを何かの「原因」にすることは無理なのである。カントは自己矛盾を犯したことになる。

さらにカントによれば、我々が認識する時に素材として用いる表象（対象の像。前述の例では、木の像）は、対象の側の物自体が、我々の感覚器官を刺激することによってできる。つまり、物自体が原因となって、感覚表象という結果が生じることになる。しかしこれも、因果関係を現象外の物自体に適用するという自己矛盾を、犯したことになるのである。かくしてシュルツェは、因果関係を認めなかったヒュームを援用しながら、宣言する。

ロックやライプニッツの時代以来、全哲学は、表象の源泉についての研究によって、基礎づけられてきた。しかしヒュームの攻撃によって、哲学を体系化するための素材が、我々からはまったく奪われたことになる。……したがって認識の発生の仕方や……表象の外部に存在するはずの何かあるもの〔物自体など〕について……立言したり決定したりなどできはしないのである。(14)

これはもう、目の前で爆弾が爆発したようなもので、フィヒテならずとも「いやはや！」と言うしかないであろう。そもそも哲学は、我々の持つ表象・現象の成立の仕方や、それらの意味を問うものであるから、どうしても表象外のもの・現象外のものを、持ち出さざるをえない。そこに哲学の活動の場もある。ということは、哲学においては因果関係を使うことはできないということである。すなわち、「A（現象外に存在し、原因となるもの）↓因果関係→B（表象、現象）」という構図は使えない。これは相当困った事態であり、八方ふさがりのように思える。

しかしそこには、一つの脱出路を用意していた人がいたのである。欧州三界《さんがい》をさまよい、貧困と戦いながら自己の思想を紡ぎ出した、マイモン（Salomon Maimon, 1753-1800）である。彼はカント哲学をめぐる様々な論点が、デリケートなことをよく理解していた。彼の著書『超越論的哲学についての試論』（一七九〇）の表題の下には、ウェルギリウス（Vergilius. 古代ローマの詩人）からの引用がある。「右側には海獣が座し、左側には恐ろしき渦潮が……」。

そこでマイモンは、残された前方へと進むことになる。その結果、フィヒテの言葉によれば、「マイモンによって、全カント哲学さえもが――この哲学が一般に……理解されている意味においては――根底から覆された」[15]のであった。前記の三項図式に沿って言えば、マイモンは、第一項の物自体と第二項の現象は、彼独自の「微分（微差態）」から生じると見なす。そして第三項である思考する悟性が、微分を産出すると、彼は考えたのである。[16]フィヒテの前には、「A→産出（後述の自己措定）→A」という道が開けることになった。

第三節　頂上へ――自我および絶対者の運動

「事行」と、自我の規定

フィヒテが、「絶対的に最初で、まったく無条件な、すべての知識の根本原理」[17]として提出したのが、「自我は、自らを措定する」という命題であった。これが、ドイツ観念論の根本をなす発想だと言えよう。自我の言葉としての意味は、感じたり、考えたり、行動しようとする「自分の心」である。措定するというのは、「あるものを対象として、または存在するものとして、立てること」（『広辞苑』第五版）。そこで前記の根本原理は、文字通りには、「自分の心が、自らを対象として立てる」といったことになる。

ところが、フィヒテの説明によれば、「自我には、実在性の絶対的な全体が、帰属」する。[18] つまり、フィヒテの言う自我は、存在するものすべてを持っていることになる。精神的なものであれ、物質的なものであれ、欠いているものはないのである。となるとこの自我は、個人としての私の心や意識だとは、解釈できない。というのも個人的な私の心だとすれば、他人の自我やその意識を、自分の心のうちに持つことはできないからである。また、私の心に対している客観的なものを、自分の心のうちに含むということも不可能である。つまりフィヒテの「自我」は、前述のラインホルトの「意識」やマイモンの「悟性」の影響もあって、普通の意味より相当拡張されており、言わば世界全体のようなものになっている。

さて、自我が自らを措定するという、この「行為」によって、自我は現実に存在する「事」になる。また逆に、自我は存在するがゆえに、自己措定するとも言える。自我においては、行為と事の二つは同じなので、フィヒテによってこの二つは纏《まと》められて、「事行」と名づけられた。[19]

そして、「自我のおこなう事行は……決してある客観的な対象にかかわるのではない。自らの内へと戻って行くのである」と、フィヒテは言う。[20] したがってこのような自我の運動が、哲学的に意味することは、「世界全体は、みずからをその外に定立して現実の存在となるが、またそのことは、世界が自らの内へと帰還することでもある」という事態である。しかし、これはいったい何を意味しているのだろうか。その検討に入る前に、この事態こそがドイツ観念論の基本モチーフであることを、他の二人についても確認し、少し視野を広げておきたい。

シェリングとヘーゲルの絶対者

フィヒテが、知識学の予告編である『知識学の概念について』を出版するやいなや、さっそく賛同する論文を発表した青年がいた。だが「賛同する」とだけ評したのでは、この論文の著者に嫌な顔をされかねないので、ご本人の言葉をきちんと引用しよう。「この論文で述べた考えを、私はしばらく温《あたた》めてはいたのだが、最近の哲学界の状況によって、新たに触発されることとなった。前記の考えには、私は『純粋理性批判』自体を研究することによて、すでに到達していたのである。私には最初から、『純粋理性批判』によってすべての哲学の形式を基礎づけることは、とうてい無理だと思われた――一つの原理を立てることなくしては」。このように書いたのは、弱冠一九歳のシェリングであった[21]。

シェリングは、シュトゥットガルト（Stuttgart）近くのレオンベルク（Leonberg）の出身。自他ともに認める神童で、一五歳でチューービンゲン（Tübingen）大学に入学している。そこで、ヘーゲルや詩人として名をなすヘルダーリン（Friedrich Hölderlin, 1770-1843）に出会い、友人となる。家庭は父方・母方ともに牧師で、父親は修道院の教授になったことからも、恵まれた環境であった。シェリングはフィヒテより一三歳年下だが、一歩遅れの同時代人といったところであろう。ラインホルトやシュルツェなどが持つ意味も、フィヒテと同様によく理解していた。そして、「私〔シェリング〕にとってもフィヒテは、すべての人にとってと同じく、教師であり、先輩でした。しかし、「私はフィヒテの書生（Zuhörer）では、決してなかったのです[22]」。

さて、フィヒテの「自我」に相当するのが、シェリングの「絶対者」である。この訳語には「者」がついているが、人間を意味するわけではない。そのまま訳すと、「絶対的なもの」である。しかしそれでは、言葉が長くなってしまうために、漢文調に「絶対者」と訳されてきたようである。その意味は、「無条件に、それだけで存在するもの」で、結局は、全実在性を持つものとなる。

この絶対者の活動（運動）は、二つあるとシェリングは言う。一つは、「絶対者がその主体性とその無限性〔無限な存在〕を、すべて客体性〔客観的な存在〕へと、有限性へと、生み出す〔自己措定の〕活動」。もう一つは、「絶対者が、客体性において、すなわち〔客観的で有限な、〕形態においてある自己を、再び〔自らの〕本質のうちへと溶解する活動〔つまり、自己内へ帰還する活動〕」である。[23] ヘーゲルの絶対者も、この二つの活動を行う。ドイツ観念論の三人は、カントの三項図式に対して、自己措定と自己内への帰還が一体となった、ある新しい世界観を提出したと言えよう。

ただしここで注意しておきたいのは、自己を措定する（措定された方ではなく）自我（絶対者、世界全体）は、私たちが実際に知覚できるようなもの（現象）ではなく、その意味で直接的な認識の「対象にはなりえない」ことである。[24] とすれば、ますます自我や絶対者なるものが、またその運動が、不可思議なものに思えてくるかもしれない。ところがここに、メタ言語という興味深いものがあるので、これをモデルにしながら説明することにしよう。

メタ言語のモデル

私たちは日常日本語を使っているが、この日本語は（日本人にとっては）言語的な意味を、すべて含んでいると言えよう。そして英語や中国語などと同じように、確かに存在している。しかし日本語そのものを、一挙に対象として現すことは不可能である。もちろん日本語の持つ単語や文法を、細大もらさず書き出して、一覧することは可能かもしれない。けれどもそれは単語や文法が対象化されたのであって、日本語そのものではないはずである。したがって、私たちが「雨が降っている」などと言って使うのは（つまり、対象として現れるのは）、常に日本語の一部であり、より正確に言えば日本語の一例にすぎない。とはいえ逆に、実際に使われる個々の日本語例がまったくなかったとすれば、日本語そのものも存在しないことになる。このような点で日本語そのものは、前記の「定立する自我」に似ている。

ところで、「雨が降っている」のような普通の言葉は、雨という対象について語っているので、対象言語と言われる。それに対して例えば、「日本語では、目的語は動詞の前に来る」のような言葉は、言語自身について語っているので、メタ言語と言われる。メタ（meta）は、「超えている」という意味を持つ。つまりメタ言語は、元の日本語を超えた上位の言語だというわけである。

元の言語とメタ言語との間には、レベルの差があるので、その意味では別の言語になる。もしまったく同じ言語だと見なすと、「あるクレタ島人が言った、『クレタ島人はウソつきだ』」のような、自己言及文（その文自体について語る文）の逆説が生じてしまうのである。つまり……。

(1)『クレタ島人はウソつきだ』という発言は、正しいか誤っているかのどちらかであるが、もし正しければ、それを発言したあるクレタ島人もウソつきであって、彼が言うことはウソのはずである。だから、『クレタ島人はウソつきだ』は、ウソで誤りである。しかしこれは、最初の「正しければ」という仮定に反するので、この仮定は成立しないことが分かる。

(2)そこで、『クレタ島人はウソつきだ』は誤りである、反対にクレタ島人は正直である、ということにならざるをえない。この場合には……しかしこれは……やはりこの仮定も、成立しないことになる。

というわけで、「あるクレタ島人が言った……」という文は、文法的に正しく、また原理的には検証も可能であるが（つまり、すべてのクレタ島人について、ウソつきかどうかを調べることができる）、言葉としては機能しなくなっている。こうなったのは、メタ的な上位の位置にある『クレタ島人はウソつきだ』を、対象言語の位置にある「あるクレタ島人が言った」に繰り入れて、同一な言語として扱ったせいである。

話を元に戻して、前述の「日本語では、目的語は……」のメタ言語文に関しては、前記の理由でこの文を元の日本語と区別したのであった。しかしやはり英語や中国語ではなく、確かに日本語であることに変わりはない。すなわち元の日本語が、メタ言語を自らとは異なるものとして生み出したものの、その後メタ言語はまた元の日本語へと帰還している、という構図が成立している。そして、この「日本語では、目的語は……」ということが、最初に述べられた以前には、この文は日本語のうちに現実的にはなかったのである。したがってこの文が述べられた後の日本語は、それだけより豊かな内容を持つようになっている。

こうしたことは、自我（世界全体）の「自己措定＝自己内への帰還」の運動とよく似ている。そこで私たちはこの運動を、世界のメタ化運動という観点から理解したいと思うのである。また、「自我が自己自身を措定することと、自我が存在することはまったく同じ[25]」なので、メタ化の運動をすることこそが、世界そのものだということになる（一言つけ加えれば、なぜメタ言語なるものが存在するのかと言えば、それは言語を使う我々の意識が、メタ意識を持つからである。そして、世界がメタ世界を生み出すという構造になっているからこそ、メタ意識を持ちえるのではないだろうか）。

非物理的・非心理的な「運動」

「なるほど言葉の場合は、その表す観念的な意味が重要であり、言葉の物理的な面（音や文字記号）はほとんど問題にはならない。したがって、私たちは言葉を自由に使える。だが現実世界に存在する事物については、それが表す意味のほかに、物理的な面も無視できない。この物理的な面は物理の法則にしたがって運動するのであって、ドイツ観念論の主張する運動とやらが、介在する余地はないはずだ」。このような反論が、ここで出てくるかもしれない。しかしそれは誤解だと思われる。

ドイツ観念論が哲学的原理として（原理の適用としてではなく）主張する運動は、いわゆる弁証法的運動も含めて、物理的な運動や心理的な動きではない。物理的・心理的な運動は、時間の中で行われ、私たちが知覚・経験できるものである。しかし、例えば自我の自己措定においては、「すべての時間的な条件は、まったく捨象されなければならない[26]」。そして、自我の「事行は、私たちの意識の経験的な規定のうちには……現れることができない。むしろ事行は、すべての意識の根底にあって、事行のみが意識を可能にする[27]」。またヘーゲルが、弁証法的運動において叙述した『論理学』も、「自然や有限な精神を創造する以前の、永遠の本質における神の叙述[28]」であるから、被造物の世界での物理的・心理的な運動ではない。

ではそのような運動なるものが、果たしてありえるのだろうか？　まずは、意味論的な運動（展開）だと答えられよう。意味の分野においての展開・進行は、時間とは関係しない。例えば友人のA君がある数式を、前提から結論まで展開したとする。むろんA君は、時間をかけて展開したわけである。けれどもその展開過程そのものは、A君が実際に展開しなくとも客観的に成立しているはずだから、非時間的と言える。また、前述の「日本語では……」というメタ言語にしても、現実には誰かが時間の中で発言するのだが、言語がメタ言語を生み出すという運動の構造そのものは、非時間的に存在している。その目には見えない構造があることによって、私たちはメタ言語を発言できるのである。

第四節　頂上からの道——多世界観の可能性

これまで我々は、ドイツ観念論を、「世界の自己措定と、自己内への帰還」という面から見てきた。ただこれによっては、まだドイツ観念論の大枠が示されただけである。その具体的な内容については、共通部分もあるにせよ、三者三様である。

自我（絶対者）をAとし、それが自己措定したものがB、C、D……だとしよう。シェリングでは、直接的にはCはBから、DはCから継続的に生じることになる。[29]つまり、B、C、Dなどの各「産物は、再び〔後続の〕諸産物へと分解」する。[30]その進行の結果、出発点Aと終局点は同じになる。[31]ヘーゲルは、B→C→……→Aと必然的に進行する理由を、B、C、……それぞれが持つ矛盾の展開に求めている。[32]

いずれにせよ、Aの持っている内容が措定されたものがB以下だから、Aは全体でB以下は部分であるという関係が、成り立つことに変わりはない。しかし同時に、Ｂ以下はＡそのものが措定されているのであるから、それぞれが一つの全体性、一つの世界でもあることになる。例えばＢは「感覚的な世界」で、そこでは見たり聞いたりできるものこそが、本当に存在するものである。Ｃは例えば悟性的世界で、そこでは抽象的な法則（物理学的法則も含めて）こそが真に存在しており、具体的な事物はその現れにすぎない……等々。これらの諸世界は、人が一、一つの世界を様々な視点から見た時の、それぞれの見え姿といった軽いものではなく、どれもが世界として実在する。

そこで私たちの観点からすれば、ここには全体と部分との一見奇妙な関係の上に立った、多くの世界が開けていることになる。ただしこの多世界観が、現代哲学として登場するためには、諸世界の内容が現代的なものになる必要があろう。また、諸世界の順序の「必然性」や相互関係も、再考されねばならない。こうした課題が残されているにしても、世界のメタ化がもたらす多世界観は、多様な価値観や世界観が争い合う現代において、一条の道を示すと言えるのではないだろうか。

注

（1） シェリング／赤松元通訳『先験的観念論の体系』蒼樹社、一九四八年では、二七一―二七二頁。Originalausgabe von 1800, S. 288–289.
（2） シェリング／岩崎武雄訳『哲学的経験論の叙述』〈世界の名著〉中央公論社、一九八〇年、五二〇頁。
（3） シェリング、前掲『先験的観念論の体系』では、二七一頁。*Ibid.*, S. 288.
（4） シェリング／細谷貞雄訳『近世哲学史講義』福村書店、一九五〇年では、一八頁。*SW*, X, S. 13.
（5） 同上書では、一七三頁。*Ibid.*, S. 107.
（6） F. W. J. Schelling, *Zusatz zur Einleitung* [zu den *Ideen zu einer Philosophie der Natur*], *SW*, II, S. 67.
（7） フィヒテ／木村素衛訳『全知識学の基礎』岩波文庫、一九九五年では、上巻一一〇頁。*SW*, I, S. 96.
（8） フィヒテ、一七九〇年九月、ヴァイスフーン宛ての手紙。

(9) フィヒテ、一七九一年五月、弟ゴットヘルフ宛ての手紙。
(10) G. E. Schulze, *Aenesidemus*, Originalausgabe von 1792, S. 38.
(11) 『知識学の概念について』〈フィヒテ全集〉第四巻では、一二頁。SW, I, S. 29.
(12) フィヒテ、一七九三年一二月のシュテファニ宛ての手紙。
(13) G. E. Schulze, *op. cit.*, S. 155.
(14) *Ibid.*, S. 155-157, 179-180.
(15) フィヒテ、一七九五年三月、ラインホルト宛ての手紙。
(16) S. Maimon, *Versuch über die Transzendentalphilosophie*, Originalausgabe von 1790, S. 31, 32, 67, 11, 192.「微分＝直観の要素＝悟性理念」が成立している。
(17) フィヒテ、前掲『全知識学の基礎』では、上巻一〇一頁。SW, I, S. 91.
(18) 同上書では、下巻一六八頁。*Ibid.*, I, S. 129.
(19) 同上書では、上巻一一〇頁。*Ibid.*, S. 96.
(20) 同上書では、下巻一七七頁。*Ibid.*, S. 134.
(21) F. W. J. Schelling, *Über die Möglichkeit einer Form der Philosophie überhaupt*, SW, I, S. 87.
(22) シェリング、前掲『近世哲学史講義』では一五三頁。SW, X, 96.
(23) F. W. J. Schelling, *Zusatz zur Einleitung* [*zu den Ideen zu einer Philosophie der Natur*], SW, II, S. 63.
(24) F. W. J. Schelling, *Vom Ich als Prinzip der Philosophie*, SW, I, S. 167.
(25) フィヒテ、前掲『全知識学の基礎』では、上巻一一頁。SW, I, S. 98.
(26) 同書では、下巻一七七頁。*Ibid.*, I, S. 134.
(27) 同書では、上巻一〇一頁。*Ibid.*, I, S. 91.
(28) ヘーゲル『(大) 論理学』の「緒論 Einleitung」を参照。
(29) F. W. J. Schelling, *Erster Entwurf eines Systems der Naturphilosophie*, SW, III, S. 15.
(30) *Ibid.*, S. 5.
(31) シェリング前掲『先験的観念論の体系』では七八頁。*Ibid.*, S. 81.
(32) ヘーゲル、前掲書、第1部、第2巻、第1編、第2章、C矛盾、注（3）を参照。

第2章　価値と尺度をめぐって
――ハイデガーのニーチェ解釈より――

序

現代の日本に生きる我々は、様々な財貨の消費者として、人類史上かつてなかったような富や豊かさを享受する一方、生産や企業経営のための人材として登録され、労働へと駆り立てられている。生産や企業経営が目指すのは、例えばより多くの富、より多くの収益であり、自らが採用した尺度（この場合では富や収益）のうちを一歩も出ることなく、その尺度のうちで自己目的的に数値を上げ、効率を高めることであると言えるだろう。そうであれば、様々な富や豊かさを享受することは、そうした言わば「非人間的」な数値の上昇と効率化へと駆り立てられている我々に対する慰めであるかのように見えながら、このような駆り立ての体制へと否応なく組み込まれていることから我々の目を逸らし、それを覆い隠す役割を果たしているのかもしれない。

その外部に何らの意味や目標を持たず、ただ自らの尺度のうちで自己目的的にその数値や効率を高めることだけを目指すという現代に支配的な体制。こうした体制へと展開する動向を、すでに一九世紀ドイツの哲学者ニーチェ

(Friedrich Wilhelm Nietzsche, 1844-1900) が見て取っていたと考えられる。ニーチェによって「ニヒリズム」と名づけられることになるこの動向は、さらに二〇世紀ドイツの哲学者ハイデガー (Martin Heidegger, 1889-1976) によって、存在論という光によって照らし出されつつ解釈されることになる。

本章において我々は、ハイデガーが一九四〇年第二学期に行ったニーチェ解釈を読み解くことを目指す(1)。そのために、本章はまずハイデガーによるニーチェのニヒリズム概念の解釈を見ていく (第一節)。その過程で、ニーチェの「力への意志」についてのハイデガーによる解釈を参照する。そこから明らかになるのは、ハイデガーによれば、力への意志においては力の無制約的な高揚が目指されるのであり、その際人間が尺度としてあらゆる存在者の中心に据えられるという事態である。

以上のような解釈を参照した上で、我々は、ニーチェにおいて人間が尺度となるに至る西洋哲学史上の先駆者をハイデガーがデカルト (René Descartes, 1596-1650) に求め、さらにそれを古代ギリシャのソフィスト、プロタゴラス (Protagoras, *ca*.490B.C.-*ca*.420) が説いた「人間は万物の尺度である」という教説と比較、検討する経緯を見る (第二節)。ここで注意しなければならないのは、デカルトと対比しつつ、ハイデガーはプロタゴラスの人間尺度説を (哲学史的な常識とは反対に) 好意的に受け止めていることである。同じく人間を尺度とする考え方でありながら、なぜハイデガーはニーチェを批判しつつプロタゴラスに言わば肩入れするのか。この問いに対して我々は、ハイデガーの解釈を敷衍しつつ、デカルト＝ニーチェとプロタゴラスにおいては、中心に置かれた人間のあり方が異なるからであると考えることができる。最後にこのことを明らかにする (結)。

第一節　ニーチェにおけるニヒリズムの概念とハイデガーによるニーチェ解釈

ニーチェにおけるニヒリズムの概念

ニーチェによれば、ニヒリズムは「あらゆる訪問客の中でもっとも不気味な客」（*WzM*, 1）である。[(2)] また一八八七年の秋から一八八八年三月の間に書かれた断片では、「私が物語るのは、今後二世紀の歴史である。私が記述するのは、やって来るもの、つまり、もはや別様にはやって来ることのないもの、すなわちニヒリズムの到来である」（*WzM*, Vorrede）、と述べられていた。ニーチェに従うならば、ニヒリズムとは二〇世紀と二一世紀を覆う歴史的動向である。

では、このニヒリズムの内実とは何か。「ニヒリズムとは何を意味するのか。――最高の諸価値が無価値になること。目標が欠けている。《なぜ？》に対する答えが欠けている」（*WzM*, 2）。「ニヒリズム、すなわち価値、意味、望ましいものの徹底的な否定」（*WzM*, 1）であり、あるいは、「ニヒリズムの極限形式」とは「無（《無意味なもの》）が永遠に！」（*WzM*, 55）なのである。

以上からハイデガーは、「ニヒリズムとは、従来の最上の諸価値が価値を喪失するという事象であ」り、「それらに根拠づけられた存在者も、やはりまた無価値となる。万物は無価値で空虚である、という感情が生まれる」（*GA*48, 55/55）とする。ニーチェの言うニヒリズムとは、①一九世紀末以降の二世紀を支配している歴史的な動きであり、②それは従来であれば通用していた最高の諸価値が徹底的に否定され、③従来の価値によって根拠づけられていたものもまた無価値となる事態であると言うことができるだろう。

ニヒリズムはいかにして到来するのか?

このようなニヒリズムの到来は、『力への意志』断片第一二番A章において三つの場合に分けて説明されている。「心理学的状態としてのニヒリズムが登場せざるをえないのは、第一に我々があらゆる出来事の内に何らかの『意味』を探し求めたのだが、その意味が出来事の内にはない場合であって、その結果、その当の探求者がついに意気阻喪する場合である」(*WzM*, 12 A)。次に、「心理学的状態としてのニヒリズムは、第二に、ひとがあらゆる出来事の内に、またあらゆる出来事の下に、何らかの全体性、体系化、それどころか組織化をすら想定したので、その結果、驚嘆と尊敬とを渇望する魂が、最高の支配形式や統御形式という全体的なものの見方に酔い痴れる場合である」(*Ibid.*)。人間は、自分が会社や国家、あるいは神など何らかの全体的なものの一部であると感じる時に、自らを価値あるものだと認めることがある。だが、ニーチェによれば「そのような普遍的なものなど存在しない!」のであり、「人間がこのような全体者を構想したのも、自分の価値を信じえんがため、なのである」(*Ibid.*)。

だが、さらに「心理学的状態としてのニヒリズムは、第三の、そして最後の形式をもっている」。「今や逃げ道として残るものは、生成のこの世界全体を迷妄と断じて、この世界の彼岸に存する一つの世界を案出して、これこそが真の世界であるとする以外にはないであろう」(*Ibid.*)。こうした「彼岸に存する一つの世界」は「形而上学的世界」(*Ibid.*)とも呼ばれるが、「こうした世界が組み立てられたのはただ心理学的欲求からにすぎず、人間はそうしたことをする権利などまるっきり持ってはいないという点が、人間によって察知されるようになれば、たちまち、ニヒリズムの最後の形式が発生してくる」(*Ibid.*)とされる。「その形式は、形而上学的世界に対する不信仰をその内に含んでおり、真の世界への信仰を自分に禁止するのである」(*Ibid.*)。

以上のように述べた後、ニーチェは次のように言う。「ひとは、生成という実在を、唯一の現実として承認する」(*Ibid.*)一方で、しかし「ひとは、自分としても否定しようとはもはや思わないこの世界を、耐え切れないでいるのである…」（*Ibid.*）、と。このような状態をハイデガーは「一種特有な中間状態」（*GA*48, 61/60）と呼び、それを次のように敷衍する。「⑴生成の世界、すなわち今ここに営まれている生とその転変する境域が現実的であることは、もはや否定されえない。⑵だが、それのみが唯一現実的なこの世界は、さしあたりは目標も価値もなく、従ってこのままでは耐えられない。この状態は単に現実的なものの無価値の感情だけではなく、唯一現実的なものの中に立たされた当惑の感情である」（*GA*48, 61/60-61）、と。

さて、ニーチェ自身は「目的」、「統一性」、「真理」という概念をもってしても「生存の全体としての性格は解釈されることができないという点を、ひとが理解した時、無価値性の感情が得られたのであった」（*WzM*, 12 A）、と纏めている。「要するに、我々がこれまで世界に価値をおき入れてきたゆえんの、「目的」、「統一性」、「存在」といった諸カテゴリーは、再び我々によって抜き去られるのであり——こうして今や世界は、無価値のものに見えてくるのである……」（*Ibid.*）。

ニーチェの形而上学——心理学、力への意志、同じものの永遠回帰

ここで我々はニーチェが「心理学的状態としてのニヒリズム」と言っていたことに注意しよう。それを我々は取り敢えず「感情」として捉えたが、この「感情」や「気分」といった現象は、ハイデガー哲学においては、人間（現存在）が存在者の全体のうちへと投げ入れられていることを指す「被投性」の概念から捉えられていた。「我々が存在論的に情態性という名称でもって暗示しているのは、存在的には、最も熟知で最も日常的なもの、つまり気分とか、気分的に規定されていることなのである」（*SZ*, 134）[3]が、「情態性は現存在をその被投性において開示する」（*SZ*, 136）のである。さらに、ハイデガーは形而上学を存在者の全体について問う学であると考える。「全体における存在者についての真理が、古来『形而上学』と呼ばれている」（*GA*48, 3/5）。

以上二点を考えれば、ニーチェの言う「心理学」を、ハイデガーが存在者全体との関係における人間の位置に関する学、つまり形而上学と呼び換えることも理解できるだろう。「心理学とは、個体的『自我』だけではなく人間を、すなわち人間そのものを基体として把握し、一切の存在者の尺度と中心、根拠と目標として定立する形而上学を指す名称である」（*GA*48, 53-4/54）。

ところでニーチェ自身は、心理学を力への意志と関連させて捉えていた。「私がしたように、心理学を力への意志の形態学および進化論として捉えるということ――このことにちらっとでも思いをいたしたものはいまだ誰一人としていない」（『善悪の彼岸』*KSA* 5, fr.23）[4]。これを受けてハイデガーは、ニーチェの力への意志を存在者の根本性格として捉える。例えば『力への意志』の最後の断片は、こうしたハイデガーの解釈を正当化するかもしれない。「この世界は力への意志であり――それ以外の何ものでもない！　そして君たち自身もこの力への意志であり、それ以外の何ものでもない！」（*WzM*, 1067）。

このように言われる「力への意志」を「ニーチェの形而上学の基本語であり根本概念である」（*GA*48, 30/32）とするハイデガーは、それを次のように解釈する。すなわち、「力への意志」とは「力の遂行、力自身の本来的な発揮――つまりは力が、その都度の力の段階を制覇することへと自己自身を権能づけることである。それゆえ力は、それが力の高揚であるときにのみ、またその限りでのみ力である」（*GA*48, 29/31）、と。ここでハイデガーは、「力への意志」を力自身の絶えざる高揚、「自己超克」として理解する。したがって、ハイデガーが解釈する「力への意志」とは、意志の外部にある力を意志が目指すというものではなく、言わば「力への力」（*GA*48, 30/32）として、つまり力が力自身を自己目的的にどこまでも高めようとするものなのである。

「力は、それがより本質的かつ無制約的に力であればあるほど、自己以外の何ものにも服従しないがゆえに、力自体の『目標』は力自身でしかありえない」（*GA*48, 17/18）。このように述べた上でハイデガーは、自己目的的な絶えざる「力の高揚」であるがゆえに、「力への意志」は「同じものの永遠回帰」と結びつくとする。「存在者の一切は力への意志として、すなわち絶えざる自己制覇として、不断の『生成』でなければならず、しかもこの『生成』は、自らの外部にある『一つの目標を目指して』『彼方』へと『前』‐進していくことはできず、むしろ不断に、力の高揚の中へと封じ込められ、ただそこへのみ帰っていくのであるがゆえに、この力動的生成としての全体における存在者もまた、常に繰り返し自己自身へと回帰し、同じものを招きよせなければならない」(GA48, 7/8-9)。

価値の無価値化から価値転換へ

さて、ニヒリズムとは「最高の諸価値が無価値化すること」であった。しかし、ニーチェにとってニヒリズムの問題は「最高の諸価値が無価値化すること」に尽きるものではない。

「価値という言葉は、一つの新しい至福、一つの新しい感情が発見された場所に打ち立てられた旗である」(*WzM*, 714)。ハイデガーはこの断片を取り上げ、「ニヒリズムは単に否定的なものでは何らなく、肯定的なものの純粋な準備であ」り、「むしろ存在者のために新たに価値が設定されなければならない」(GA48, 73/72)とする。我々に残された唯一の現実的なものである生成に対して、また生成に即して、価値を新たに設定すること、つまり価値設定のための「新しい原理」に従って「価値転換」を行う作業が、ニヒリズムの完成にはまだ必要なのである。ハイデガーによれば「新しい価値設定において、はじめて従来の諸価値の崩壊が完成される」(GA48, 94/91)。

ところで、我々はこの「価値転換」のための「新しい原理」をどこに求めたらよいのか。ここまで説明されたニヒリズムの論理から、我々に残されているのは生成するこの現実世界のみであった。ハイデガーであれば全体における存在者と呼ぶところのこの生成する現実世界が、価値転換に際しての「新しい原理」にならざるをえない。もはや我々に残されているのはそれしかないのだから。そしてすでに見たように、ニーチェにとって「この世界は力への意志であり——それ以外の何ものでもない！」（*WzM*, 1067）のであり、それを受けてハイデガーもまた「存在者の一切は、それが存在する限り、そして現に存在するように存在する限りは『力への意志』である」（GA48, 6/8）と解釈するのであった。したがって力への意志が「新しい価値設定の原理」なのである（vgl. GA48, 131/124）。

価値と超人——力への意志の形而上学

以上のような「新しい原理」による「価値転換」の下で、価値概念は新たな規定を受け取ることになる。ニーチェはそれを次のように定式化する。「《価値》の観点は、生成の内部で相対的な持続を有する生の複合構成体に関する、維持と高揚の諸条件についての観点である」（*WzM*, 715）、と。

これを受けてハイデガーは「力の維持、高揚の条件としての諸価値は、唯一の無条件的なもの、すなわち力への意志によって条件づけられたものとしてのみある」（GA48, 114/109）と述べる。つまり、ハイデガーはここでの価値を、全体における存在者の根本性格である力への意志の維持・高揚のための観点と捉えるのである。「観点としての価値は、常に見ることによって設定されるのであり、この設定によって、価値はあるものを目指すことのためにはじめて一つの『点』、あるものを目指しての視路に属する『点』となるのである」（GA48, 108/103-104）。ところで「あるものを目指すとは、更に他のものと併せて計算されなければならないあるものを計算に入れることである。事実また我々は「価値」をただちに、いかほどとかこれほどということ、量と数に関係付ける。「価値」はそれゆえある「数と量の段階」に関係している（XVI, 169, 第七一〇番）」（GA48, 108/103）。

ここでハイデガーが言及している『力への意志』の断片第七一〇番は、次のようなものである。「我々の認識は、それが数的な尺度を用いることができるときに、その尺度の内で学的になった。果たして価値の学的な序列が力量の数的な尺度の——目盛りの上に単純に打ち立てられるべきではないのだろうか、このような試みがなされるべきだろう……。それ以外の《諸価値》の一切は、常に力量の数的な尺度の――目盛りへと還元することができる。この数における上昇は、価値の増加を意味し、この数における減少は価値の低下を意味する」(*WzM*, 710)。こうしたニーチェの発言を受けてハイデガーは、価値を数量的なものとして規定し、また計算と関係づけるのである。ここで価値の概念を数量や計算と結びつけて解釈することが、ハイデガーが、ニーチェの形而上学をデカルトのそれに由来するものとして論じる際の、根拠の一つとなっている。

さらにハイデガーは、この力への意志の形而上学において人間が中心的な位置を占めるということを、ニーチェの『善悪の彼岸』第三六番に依拠しつつ明らかにする。この箇所の冒頭は次のようなっている。「現実に〈与えられた〉ものとしては、我々の欲望と情熱の世界以外には何ものもないと仮定するならば、また我々は、我々の衝動という現実以外のいかなる現実へも下降も上昇もすることができないと仮定するならば――というのも思考とは、これら衝動が相互に制約し合うことにすぎないのだから――試みに次のような問いを立てることが許されるのではなかろうか。すなわち、この与えられたものは、そうした類いのものからして、いわゆる機械的〈あるいは〈物質的〉〉な世界をも理解するのに十分ではないか、と」(*KSA*4.5 54)。

ハイデガーは「ここにはまるで我々人間という特殊な存在者に妥当することが、存在者全体の上に転移されているような、ただ人間の像に倣って世界の像が描かれるかのような観がある」(*GA*48, 71-72/71)と述べる。そして、このように「人間の像に倣って世界を形成し、形態化すること」(*GA*48, 133/127)を表現したニーチェ的形象が「超人」であると解釈する。「超人の教説がそこに属しているこの形而上学は、これまでいかなる形而上学においても見られなかったほど、人間を事物に対する無制約的かつ唯一の尺度という役割へと押しやるのである」(*Ibid.*)。

第二節　人間を尺度とする形而上学の系譜――プロタゴラス、デカルト、ニーチェ

三者を比較する際の四つの観点

さて以上見てきたように、たとえハイデガーの言う通り、ニーチェの形而上学が世界の徹底的な人間化であるとしても、我々はニーチェによるこの世界の人間化は、西洋形而上学の歴史において必ずしも特別なものではないのではないか、という疑念を正当にも抱くことができる。近世の端緒に位置するデカルトは、「思う我」をその形而上学の基礎としたし、また西洋哲学誕生の地、古代ギリシャでは、プロタゴラスが「人間はあらゆるものの尺度である」と述べたことが知られているからである。ニーチェを西洋形而上学の完成として捉えようとするハイデガーは、もちろんこうした疑念に言及しつつ、ニーチェ形而上学の歴史的な位置を明らかにするためにニーチェ、デカルト、プロタゴラスの立場を比較・検討するのである。

この三者を比較して検討するための観点として、ハイデガーは次の四つを挙げる。すなわち、(1)人間が人間である仕方、(2)存在、(3)真理の本質、(4)その都度人間が《尺度》を受け取り、それを存在者の真理に対して授ける仕方、である（vgl. GA48, 176/166）。この四つの観点から見て、ニーチェ、デカルト、プロタゴラスはそれぞれどのように捉えられるのであろうか。

プロタゴラスの命題に対するハイデガーの解釈

プロタゴラスの命題は次のようなものである。「人間はあらゆるものの尺度である、有るものについては有るということの、有らぬものについては有らぬということの」[5]。これをハイデガーは、自らの解釈を含んだものと断っ

た上で次のようにドイツ語に翻訳する。「人間は、あらゆる〈もの〉（すなわち、人間が使用と必要において、従って絶えず身辺に持っているもの、*χρήματα, χρῆσθαι*）[6]の尺度である。現前するものについては、それが現前している通りに現前することの、現前を拒まれているものについては、それが現前していないことの」（*GA*48, 175/165）。

　このように、プロタゴラスの命題における「有る」という語を「現前する」という語に置き換えた上で、ハイデガーはこの命題によって捉えられ、表現にもたらされていると考えられるギリシャ的な経験を次のように説明する。「人間は、自らの認取することの圏域の内で現前しているものを認取する。この現前しているものは、近づくことが可能なものの領域の内で、予め自らをそのようなものとして保持しているのであるが、しかしこのことは、この領域が非隠蔽性の領域であるがゆえにそうなのである。現前しているものを認取することは、非隠蔽性の領域の内部に逗留することに基づいている」（*GA*48, 177/167）。ここで非隠蔽性と言われているのは、真理を意味するギリシア語アレーテイア *ἀλήθεια* をハイデガーがドイツ語に翻訳したものである。ハイデガーはこの語を、否定を表すアと忘却を表すレーテーから成る語と解釈し、古代ギリシャ人にとって真理とは「隠蔽のないこと」であるとする。ここでは、現前するものが、まさにそのものとして現れ出てくる場のようなものと理解しておけばいいだろう。

　さて、このような解釈を踏まえて、ハイデガーはこの命題においてなぜ人間が尺度であるかについて次のように述べる。「ギリシャ的に経験された、存在者への根本的な関係に立つ人間は *μέτρον*、つまり尺度であるのであって、それは人間が、隠蔽されていないものの、そのつどの自己に対して制限された圏域に従うことを自らの本質の根本性向とさせることによってなのである」（*GA*48, 178/168）。

　それでは、プロタゴラスの命題は、先に挙げられた比較のための四つの観点から見るとどのようになっているのだろうか。ハイデガーによれば、(1)「人間の自己存在は、隠蔽されざる存在者とその圏域への信頼に基づいている」。(2)「存在は、現前性という本質性格をもつ」。(3)「真理は非隠蔽性として経験されている」。(4)「『尺度』は、非隠蔽性への適応という意味をもつ」（GA48, 179-180/169）。

デカルト形而上学とハイデガーによるその解釈

続けてハイデガーはデカルトについて論じる。デカルト形而上学にとって、その基礎であり要であるのは「我思う、ゆえに我有り」の命題である。ここでは、彼の『哲学原理』第一部七から引用しておこう。「したがって、私は考える、ゆえに私は在る（*ego cogito, ergo sum*）という認識は、順序正しく哲学する者が出会うところの、あらゆる認識のうちで第一の、最も確実な認識である」（AT VIII 7）[7]。ここでデカルトは、「私は考える、ゆえに私は在る」という命題を哲学における「第一の、最も確実な認識」であるとしている。これに関して、ハイデガーは次のように述べる。「デカルトはこの命題を、一つの明晰かつ明瞭疑うべからざる認識として、すなわち一切の『真理』の根拠たる第一級の、そして最上位の認識として語っている」（GA48, 188/177）のであり、しかもここでの「真理の本質規定における『新しい』点は、いまや真理が『確実性』であるところに存する」（*Ibid.*）、と。

ハイデガーはデカルト形而上学の特徴として次の三点を指摘している。すでに見たように①真理はもはや非隠蔽性ではなく、確実性であること、それに加えてさらに②表象する者である人間が基体となること、③存在者の存在性格が人間によって表象されてあること、被表象性になること、の三点である。これらの各点について見ておこう。

① 確実性としての真理

デカルトにおいて「我思う、ゆえに我在り」（『省察録』の表現では、「私は在る、私は存在する。このことは確実である」（AT VII 27））の命題は、確実性をめぐる懐疑の果てに見出されてくるものである。ハイデガーによれば、懐疑という「疑念を抱きつつなされる思惟の中で、何が前もって、かつ常時疑念されるかと言えば、それは表象されたものが、算定しつつ自由に処理しうるものの域内でそのつど確定されているか、ということである」（GA48,

192/181)。ハイデガーは、デカルトの確実性のうちに、算定するという仕方で存在者が捉えられるようになる動向を見て取る。そして表象され、算定された存在者を意のままに処理するのが人間という特権的な存在者なのである。

② 基体としての人間

ハイデガーによれば、デカルトの「我思う、ゆえに我在り」において、「人間の意識は、実質的に自意識である」(GA,48 194/183-184)。「つまり私自身についての意識は、事物についての意識に、いわばこの事物の横に並びつつ意識そのものを観察する者として付け加えられるのではなく、むしろ逆に、事物および対象についての意識が、実質的かつ根底において、まず自意識なのであり、また自意識としてのみ諸対-象についての意識は可能なのである。我々が差し挟んだ『逆に』の語は、表-象作用にとって人間の自己は、本質的に、そして何らかの意味において根拠、根底に横たわるもの、つまり基-体なのだということを、簡潔に述べている」(GA48, 194-195/184)。

ここでハイデガーは、デカルトにおいて、事物についての意識は常に私の意識であり、それゆえその根底には常に私の意識が横たわっていると考える。「一切の表-象作用が、表-象されるべき、かつ表-象された対象を表象する人間に引き渡すことにより、表-象しつつある人間が、このとりわけ目立たない仕方で『ともに表象されて』いるのである」(GA48, 193-194/183)。そして、このことを「人間の自己」が基体になることだと解釈するのである。

③ 被表象性としての存在者の存在

①確実性が真理となり、②表象するものである人間が基体となることによって、ハイデガーは、あらゆる存在者の存在性格は、被表象性、つまり表象されてあることになったとする。

デカルト形而上学において、人間は「思惟スルモノ」と規定されるが、それに対して「人間以外の存在者の領域、すなわち「自然」が、延長スルモノとして把握される。自然対象のこの特徴づけの背後には、われ思う、われ在りに表明された命題、存在は被表象性であるという命題が隠されている」(GA48, 204/194)。

デカルトとプロタゴラスの形而上学的立場の対比

前節で見たようにデカルトの形而上学を解釈した上で、ハイデガーはそれをプロタゴラスの立場と比較しつつ、次のように纏めている。(1)「自己としての人間は、世界を表象へと還元して捉えることによって規定される」。(2)存在者の存在とは、「主体を通じての、そして主体にとっての被表象性である」。(3)「真理とは自己を表-象し確保する表象作用の確実性である」。(4)「人間は、表象作用をして自己を確保する確実性へと無制限化する専横という意味で、万物の尺度である。この規範付けは、存在すると見なされる一切のものを、表-象作用の営む算定へと隷従せしめる」(GA48, 233–234/219–220)。

古代の形而上学との対比によって、ハイデガーが近世のデカルト形而上学の特徴と考えるものが明らかになった。それでは、この近世形而上学からいかにしてニーチェの力への意志の形而上学が出てくることになるのか。

デカルトの徹底化としてのニーチェの形而上学

いかにしてデカルトからニーチェの形而上学が発するのか。ハイデガーは、その転換の一つを、ニーチェが思惟、思うことを基体の座から引きずりおろし、その座に身体を据え直すことのうちに見て取る。「表-象作用そのもの、思惟は、ニーチェの批判においてもう一度、すべてがそこに還元されるべき根底に横たわるものたる身体に引き-渡される」(GA48, 256–257/240)が、この「身体の方法論的優位についてのニーチェの教説は、およそ考えられる中のもっとも極端、もっとも純粋なデカルト主義である」(GA48, 257/240)。

ニーチェにおいて基体(「根底に横たわるもの」)は思惟から身体へと書き換えられつつ、その基体に対して対象として立てられる「自然」、「延長スルモノ」は、デカルトにおけるのと同様に、算定され計量されるものという規定によって一面的に捉えられる。「延長は、確保しつつの表-象作用、計算によって到達されうるものである。人間と世界、存在者（世界）に対する人間の関係は、形而上学的には思惟スルモノ―延長スルモノという術語によって規定される。モノ一般の本質――現実性――をなすものは、確保しつかみ取りつつ自己に‐引渡し、自己を自己の上に立てることとしての表‐象作用による被表‐象性である。我々がこのように表‐象と被表‐象性の本質を把握するなら、さらに我々が次のように主張しても、それはもはやまったく不可能なこととは響かないであろう。すなわち、存在者を被表‐象性とするこの形而上学的企投の中に、存在者の全体を力への意志とする企投の本来の根拠が隠れているのである、と」（GA48, 224/211）。

さらにニーチェにおいては、延長、「自然」は、力への意志を根本性格とする存在者の生成として捉えられた。生成は、哲学史上は移ろいゆくもの、仮象であるとされ、それに対して存続性を持つ存在が真なるものとされてきた。だが、ニヒリズムにおいて我々に残されるのは生成の世界のみであると考えるニーチェは、この図式を真っ向から否定する。「『真の世界と仮象の世界』という概念の批判――この二つの世界のうち、前者はたんなる虚構であり、まったくの虚構的事物から作り出されている」（WzM, 568）。

同様に真理もまた誤謬であるとされる。「真理とは、それなくしてはある特定の生物種族が生きることのできなくなってしまうような種類の誤謬である。生にとっての価値が結局は決定的なのである」（WzM, 493）。「真理への意志とは、固定的なものをでっち上げること、真なるものとか持続的なものとかをでっち上げること、あの偽りの性格を度外視すること、その性格を存在するものへと解釈し変えることである。『真理』と称されるものは、従って、どこかに現存していて見出され発見されるべきであるようなものではなく、――むしろ、創り出されるべきであるようなものであり、過程にとってかわる名称の役を演ずるものである」（WzM, 552）。

以上のようなニーチェの言葉を踏まえて、ハイデガーは、ニーチェ形而上学もまた同じく四つの観点から見て、次のように纏める。

(1)「人間は『究極の事実』として差し出されたもろもろの衝動と情動、一口で言えば身体という意味における主体である。身体を形而上学の導きの糸とみなし、そこへと戻っていくことによって、一切の世界解釈が遂行される」。

(2)「『存在』はやはり被表象性ではあるが」、「固定的なもの、硬直したものとしての『存在』は、生成の一つの」「必然的な仮象である」。

(3)「真理は真‐と‐見なすこと」である。「真なるものは、人間がそれを存在するものの性質と考えているもの、そして彼がそれをこそ存在者と見なしているところのものから規定される。真‐と‐見なすことは生成するものの固定化であり、この固定によって生命体にはそのつど、彼自身と彼の環境の中に一つの存続的なものが確保される。この存続的なもののおかげで、生命体は自らの存続と維持を確保し、こうして力の高揚へと力づけられる。ニーチェにとって固定化としての真理は、生命体によって、つまり力の中点たる『身体』、『主体』としての『身体』によって必要とされた仮象である」。

(4)「すべての形態化と形式付けが、いかなる種類のものであれすべて人間の生産物、所有物なのであり、人間こそがあらゆる種類の遠近法を統御する無制約的主人である。世界はこの遠近法の中で形態化され、かつ無制約的な力への意志たる権能を授与される」(GA48, 250-251/234-235)。

結　人間が尺度となる二つの仕方――デカルト＝ニーチェ対プロタゴラス＝ハイデガー

これまで我々は、人間をあらゆる存在者に対する尺度となす形而上学の系譜、すなわちプロタゴラス、デカルト、ニーチェに対するハイデガーの考えを詳しく見てきた。ここで最後に、このハイデガーの解釈を人間が尺度となる二つの仕方として纏めることにしよう。

我々がハイデガーの解釈を人間が尺度となる二つの仕方として纏める際のポイントは次の二点である。すなわち㈠何が真理とされるか、㈡存在者の存在性格が何として規定されるか、である。㈠については、プロタゴラスが真理を非隠蔽性だとしたのに対して、デカルトおよびニーチェは真理を確実性だとしたのであった。㈡については、プロタゴラスが存在者の存在性格を隠蔽されざるものへの現前であるとしたのに対して、デカルト、ニーチェにおいては表象されてあること、被表象性であるのだとされた。このように纏めた上で、ハイデガーはプロタゴラスに近い立場にあると考えることができる。というのも、ハイデガーはプロタゴラスを論じている箇所で、「我々現代人と、我々に先立つ多くの世代は、この存在者の非隠蔽性の境域を久しく忘却し、それにもかかわらず絶えずこの境域を利用している」(GA48, 177/167) と述べているからである。

一体デカルト＝ニーチェの立場と、プロタゴラス＝ハイデガーの立場はどのように異なるのか。ここで我々がまず確認しなければならないのは、両者がともに人間を尺度とする点ではまったく一致していることである。どちらも「人間はあらゆるものの尺度である」ということについては認める。だとすれば、両者の相違は、人間があらゆるものの尺度であるそのあり方、どのような仕方で尺度となっているのか、という点に求められるだろう。

デカルト＝ニーチェにおいて、人間は基体であった。あらゆる存在者は、私がなす表象作用の対象とされ、私が意のままにしうるものとして算定されるのであった。その意味で、人間が主人として存在者を恣に支配することができるのであった。それに対して、プロタゴラス＝ハイデガーにおいては、人間は基体、主体としては考えられていない。彼らにおいて、人間はあくまで非隠蔽性としての真理に帰属する者であり、人間はもはや存在者を支配するのではなく、非隠蔽性の圏域において存在者をその現前において受け取る者であると言えるだろう。

プロタゴラス＝ハイデガーの考えでは、このような圏域に属し、存在者をその現前において受け取る者は、あらゆる存在者の内でただ人間のみである。したがって、彼らにおいてもデカルト＝ニーチェの場合と同様、人間があらゆる存在者に対する尺度となる。だが、一見、同じように「人間はあらゆるものの尺度である」となっているかに見えるこの二つの立場は、その内実、つまり尺度たる人間が、あらゆる存在者に対して持つ関係という点においてまったく異なる。デカルト＝ニーチェにおいて、人間は存在者を支配する者であり、その意味で、この両者の立場は「強い人間中心主義」であると言えるのに対して、プロタゴラス＝ハイデガーにおいて、人間は、非隠蔽性の圏域のうちで現前する存在者をようやく受け取ることができるにすぎない者であり、その意味で、この両者の立場は「弱い人間中心主義」であると言うことができるだろう。

ハイデガーのニーチェ解釈に寄り添いながら、ハイデガーが考える「人間が尺度となる二つの仕方」を明らかにしたところで、本章を閉じることにしたい。

注

（1）Martin Heidegger, *Nietzsche : Der europäische Nihilismus,* Gesamtausgabe, Bd. 48, Vittorio Klostermann, 1986.（薗田宗人／ハンス・ブロッカルト訳『ニーチェ、ヨーロッパのニヒリズム』〈ハイデッガー全集〉第四八巻、創文社、一九九九年）同書からの引用は、慣例に従い略号 GA48の後原書頁数／邦訳頁数の順に示して、これを行う。なお訳出に際しては、基本的に前掲訳書に従ったが、筆者の判断で変更したところがあることをお断りしておく。

ハイデガーによるニーチェ解釈は、もちろん「ハイデガーによるニーチェ」であって「ニーチェ思想そのもの」ではない。ハイデガーの解釈に対するニーチェ研究者からの批判については、例えばミュラー・ラウター「ニヒリズムおよびニヒリズム超克の可能性について」（M・リーデル・H‐Hガンダー編／川原栄峰監訳・町田輝雄訳『ハイデッガーとニーチェ』所収、南窓社、一九九八年、六四―一〇六頁）を参照。

（2）我々は、ハイデガーがこの講義で『力への意志』を使用していることから、同書から引用することにする。Friedrich Nietzsche, *Der Wille zur Macht – Versuch einer Umwertung aller Werte,* Kröners Taschenausgabe, Bd. 78, 1996.（原祐訳

『権力への意志』上・下、ちくま学芸文庫、一九九三年）引用箇所の指示は、*WzM* の略号の後に断片番号を表記して行う。『力への意志』を用いることについては、ネハマスの意見を参照。アレクサンダー・ネハマス／湯浅弘・堀邦雄訳『ニーチェ――文学表象としての生――』理想社、二〇〇五年、一七―一八頁。

（3）Martin Heidegger, *Sein und Zeit*, Max Niemeyer, 17.Aufl. 1993. 同書からの引用は、*SZ* の略号の後に頁数を表記して行う。

（4）『力への意志』以外のニーチェからの引用については、グロイター社から出版されている批判的学習版を用いる。Friedrich Nietzsche, sämtliche Werke in 15 Bänden, Kritische Studienausgabe, hrsg. von Giorgio Colli und Mazzino Montinari, de Gruyter, 1999. 引用箇所の指示については、*KSA* の略号の後に巻数、fr. の後に断片番号の順に示し、これを行う。

（5）Protagoras Bl. H. Diels-W. Kranz, Die Fragmente der Vorsokratiker, Bd.2, S.262-263, 1952.（内山勝利編『ソクラテス以前哲学者断片集』第V分冊、岩波書店、一九九七年、二八頁）プラトン／田中美知太郎訳『テアイテトス』一五二A、岩波文庫、一九九四年、三八―三九頁、も参照。

（6）プロタゴラスのこの命題についてはジルベール・ロメイエ＝デルベ／神崎繁・小野木芳信訳『ソフィスト列伝』白水社、二〇〇三年、二五―二六頁参照。

（7）デカルトからの引用については、oeuvres de Descartes, publiées par Charles Adam & Paul Tannery, J Vrin, 1996を用いる。引用箇所の指示については、*AT* の略号の後に巻数、頁数の順に示しこれを行う。

参考文献（注で言及されたものは除く）

ニーチェ
清水真木『知の教科書　ニーチェ』講談社、二〇〇三年
渡邊二郎『ニヒリズム――内面性の現象学――』東京大学出版会、一九七五年
渡邊二郎編『ニーチェ・セレクション』平凡社、二〇〇五年
W・ミュラー＝ラウター／新田章訳『ニーチェ論攷』理想社、一九九九年
デカルト
所雄章『デカルト〈新装版〉』Ⅰ・Ⅱ、勁草書房、一九九六年
プロタゴラス
荻野弘之『哲学の原風景――古代ギリシアの智恵とことば――』日本放送出版協会、一九九九年

第3章　シェーラーにおける実在性の意義

序

本章で取り扱うのは、実在性〔英〕reality〔独〕Realität〔仏〕réalité〕、つまりリアリティという概念である。特に現代の我々にとって、日々の生活の中で、このリアリティという言葉を目にすることがあまりにも頻繁になっているようである。その反面、哲学の分野において我々は、ハイデガー（Martin Heidegger, 1889-1976）の決定的な思想以降、この実在性という概念を用いるのに慎重とならざるをえなくなった。

もちろん、長きにわたる哲学の歴史に根づいた術語としての実在性概念と、日常語としてのそれとを単純に同一視することは厳に慎まなければならない。しかし、このような一つの言葉の意味の乖離を既成事実として受け入れたり、たまたま同一の字面を持ちながらその内実はまったく別の概念であるとして、むしろこの乖離を助長するようなことは、我々哲学を学ぶ者には許されざる態度であるように思われる。そもそも、哲学用語としての実在性概念が哲学史を背景としているように、日常語としてのリアリティという言葉の氾濫も、我々の現代に特有な何らかの社会的、文化的要因を背景としていることは間違いないのである。

そこで本章では、二〇世紀初頭の哲学運動である現象学運動の一翼を担ったドイツの哲学者マックス・シェーラー（Max Scheler, 1874-1928）の思想を手がかりにすることによって、実在性という概念の意義を探ることにしよう。このような課題に際してシェーラーの思想が選ばれたのは、彼がその旺盛な活動力によって、現実の社会と人間の様々な現象に目を向けていたからである。そこでシェーラーは、西欧の伝統的な存在論と、そして当時最新の現象学的方法をともに受け入れながら、二〇世紀初頭の自然科学や社会学の成果を広範に取り入れ、しかもそれらを彼自身の独自の哲学体系へと高めようとした。これらの多岐にわたるシェーラーの活動のうちに、現代の我々が直面する様々な危機に対する解決策が、あるいは潜んでいるかもしれないのである。

見通しを明るくするために、以下でなされる議論の流れを先行的に示しておくことにする。まず第一節では、シェーラーの実在性に関する理論である主意的実在性学説の概要が示される。そこでは、彼の主著『倫理学における形式主義と実質的価値倫理学』（一九一三／一六、以下では『形式主義』と略記）を参照しながら、晩年の哲学的人間学の見解にも触れて、この理論が説くところの相対的な実在性について考察する。そして第二節においては、このシェーラーの実在性理論が、様々な生の諸様態に相対的な実在性だけでなく、唯一の全体的生とそこで与えられる根源的な実在性体験へも導くことを、ハイデガーとシェーラーの相互の批判を参照することによって示す。最後に第三節では、晩年のシェーラーの形而上学的思想において明らかにされるべきであったこの根源的な実在性体験こそが、シェーラーの思想全体を根拠づけるものであるということを明らかにする。

以下で用いられるシェーラーの文献は、上記の『形式主義』をはじめ、講演『宇宙における人間の位置』（一九二八、以下では『位置』と略記）、『観念論―実在論』（一九二七／二八、第二・三部のみ、第四・五部は遺稿として全集第九巻に所収）が主なものであるが、これら以外にも適宜参照することにしよう。

第一節　シェーラーの主意的実在性学説

生と実在性

それではまず第一に、実在性とは何であり、どのようにして与えられるのかという問いに対するシェーラーの理論を確認することにしよう。

このようなシェーラーの実在性の理論は、シェーラー自身によって、主意的実在性学説（voluntative Realitätslehre）、あるいは主意的現存在理論（voluntative Daseinstheorie）と名づけられた（VIII, 372f, IX, 112）。そして、このシェーラーの理論は、むしろ、ハイデガーがその主著『存在と時間』（一九二七）において批判したことによって、今日の我々にも広く知られるようになった。しかし、そこでハイデガーも指摘しているように、シェーラーの「主意的現存在理論」の中の「現存在」（Dasein）という概念は、ハイデガーがそれによって人間存在を表示したような、人間的現存在の意味で用いられているのではないということには留意しなければならない。また、このシェーラーの理論には、十分な哲学史的背景が潜んでいることにも注意しなければならない。『存在と時間』でハイデガーが言及しているように、このシェーラーの理論は直接的には、外界の実在性についてのディルタイ（Wilhelm Dilthey, 1833-1911）の理論の批判的な継承であるし、またシェーラー自身の言葉に従えば、ドゥンス・スコトゥス（Johannes Duns Scotus, 1265/66-1308）からシェリング（Friedrich Wilhelm Joseph von Schelling, 1775-1854）を経て現代に至るまでの長い歴史を背景としている。そしてシェーラーは、この実在性の理論を、『形式主義』に代表される応用現象学の時期にも、また、『位置』講演の哲学的人間学（philosophische Anthropologie）で知られる晩年の形而上学的思想の時期にも、ほぼ一貫した内容と構造において保持し続けた。

それでは一体、シェーラーの主意的実在性学説とはどのような内容と構造を持つのであろうか。それに対して、次の二点がその基本的な構造として挙げられる。

第一に、実在性は、知覚や知識、あるいは認識といった諸作用において与えられるのではなく、衝動や意欲、努力といった広い意味での生（Leben）において直接的に与えられる。

第二に、実在性は、抵抗体験（Widerstanderlebnis）と呼ばれる種別的な体験において与えられる。

これらの基本的な構造を念頭に置きながら、シェーラーの理論を『形式主義』の説明に従って明らかにしよう。そこでまず問題となるのは、シェーラーが生という概念で一体何を表しているのかということである。『形式主義』のシェーラーが生という概念で意味しているものは、一言で言えば、人間の身体である。そして、生において実在性が与えられるとは、身体に基づいて惹起された衝動や意欲に対して実在性が与えられることを意味する。

そもそも人間は、日常的で自然的なあり方においては、その身体の有機的組織にとって「作用を与える」とか「価値のある」ところの事物に取り囲まれて存在している。そのような事物をシェーラーは環境事物と名づけ、そして、そのような日常的で自然的な人間を取り囲む世界、つまり身体にとっての世界を、環境世界（Umwelt）や環境（Milieu）と名づけた。したがって、環境世界とは、身体に対して価値のある事物の統一的全体である。シェーラーによれば、このような環境世界に取り囲まれて存在する人間においては、それらの事物において感得された価値を実現しようとする意欲や努力が生じるが、そこで、その意欲や努力に対してある種の抵抗が体験されることによって初めて、それらの事物が実在的なものとして見出されるという。シェーラーは、或るものを意欲すれば直ちにそれが存在するような、つまり意欲に対する抵抗や阻止が体験されないような「逸楽郷」のたとえにしばしば言及するが、そのような国では実在性は決して与えられないと述べている。

さて、このような実在性が実践的なものであることは明らかであろう。なぜならば、環境事物が人間の身体に作用を与えるということは、より具体的な場面で考えるならば、それらの事物が人間の生存のために有意義であったり、身体的な快適に役立ったりすることを意味するからである。そこからシェーラーは次のように主張する。

抵抗とは、ただ或る努力においてのみ直接的に与えられている現象である。つまり、それは或る意欲においてのみ与えられる。この意欲において、そしてそこにおいてのみ、実践的実在性の意識が与えられるのであり、この実践的な実在性は、つねに同時に、価値実在性である（II, 149f.）[1]。

抵抗体験の意味

シェーラーによれば、実在性とは、人間の衝動的で実践的な態度において、抵抗体験において与えられる。確かにこのようなシェーラーの見解は、我々が生存のために有意義であるリンゴの実在性や、身体的な快適に役立つベッドや家屋の実在性を思い浮かべるならば、容易に受け入れることができよう。しかし、これらの具体的な例は、シェーラーの理論が射程とする実在性の領域をあまりにも制限してしまう。そこで我々は、抵抗体験ということでシェーラーがどのような事態を考えていたのかを注視する必要がある。

そもそも、抵抗とは何か。それについてシェーラーは、抵抗とは、志向的体験、例えば或る運動体験において、その運動の意欲に「対向する傾向（Tendenz）」であり、それは、その意欲の対象が存在している「そのところ」(dort) においてのみ現出すると述べている（II, 150）。壁を棒で突くという運動では、抵抗は、棒を持つ手ではなく、壁が存在するまさに「そのところ」において体験される。

しかしながら、抵抗が体験される「そのところ」、つまり抵抗の所在は、意欲する人間の目の前に存在する対象に限定されるわけでは決してない。確かに、自然的な人間においては、抵抗の所在は、まずは意欲する対象と、そしてそれに付随して身体とに置かれるであろう。ゆえに、自然的な人間にとっては、目の前にある対象の実在性と身体の実在性とが重要である。しかし、例えば『形式主義』では国家的意志の抵抗体験が、さらに『観念論―実在論』では過ぎ去った追憶の抵抗体験が言及されていることからも明らかなように、抵抗の所在は、非空間的な対象にも置かれうるし、時間的な「今」に限定されない対象にも置かれうる。それゆえ、シェーラーの理論においては、国家的意志の実在性や、過ぎ去った追憶の実在性も成立する。それらは言わば、心理的な領域における実在性である。

ここで重要であるのは、シェーラーが、抵抗とは「抵抗感覚」という種別的な感覚や知覚において与えられるのではないと主張していることである。確かに、壁を棒で突くという体験では、抵抗は、或る触覚的な感覚において、しかも手という身体の一器官を介して体験されるようにも思える。しかし、抵抗体験の成立には、感覚や知覚や身体の一器官が主導的なのではない。そうではなく、抵抗は、意欲する生の中心に対向する抵抗中心として直接的に体験される。そして、そのような抵抗中心が、第一義的な抵抗の所在である。もちろん、自然的な人間にとっては、このような抵抗中心は、時間的空間的な「今、ここ」にある実在的な対象と一致するのが普通であろう。しかし、国家的意志の抵抗や過ぎ去った追憶の抵抗の例からも明らかなように、心理的な領域においては、抵抗中心は必ずしも時間的空間的な「今、ここ」に制限されない。

以上のことを考慮するならば、抵抗体験の本質とは、生の作用的な中心に対向して、反作用的な抵抗中心が直接的に与えられるという点に存していると言える。この抵抗中心、つまり抵抗の所在は、「今、ここ」に制限された目の前の対象でもありうるし、心理的な領域における対象でもありうるのである。

現存在相対性の問題

さて、以上のようなシェーラーの実在性の理論は、一見すれば、実在性の相対的な性格を強調しているように思える。なぜならば、人間の生とは、決して一義的に固定されるものではなく、むしろその都度様々に変化するものであるし、さらには個々の人間の努力や意欲を超えて、社会的集団の欲求や、生物の一種としての人間の身体的な有機的組織における衝動へと拡大することもありうるからである。生が様々な諸様態へと変化するのであれば、その生に対向して与えられる実在性も、それに応じて変化するに違いない。

このような観点からシェーラーは、現存在相対性（Daseinsrelativität）という問題の重要性を強調する。例えば、『観念論―実在論』においてシェーラーは次のように述べている。

私が太陽と名づけるものは、その様存在（So-Sein）に何らかの仕方で関与する人間との関連において、現存在相対性の様々な諸段階を持つことができる（IX, 196）(2)。

ここでシェーラーが様存在という概念で示しているものは、差し当たっては、本質的な、あるいは偶然的なそれが「何であるか」ということとして捉えることができる。それゆえ、このシェーラーの言葉は、太陽という対象のそれが「何であるか」ということと人間との関連にしたがって、太陽の実在性は様々な諸段階を形成するということを言っている。しかも、シェーラーによれば、人間の生が様々な諸様態へと変化するのと同様に、この太陽のそれが「何であるか」ということも様々に変化しうる。それらの相互の関連において、太陽の実在性が様々な諸段階を持つというのである。例えばシェーラーは、この太陽の現存在相対性の諸段階を、窓の外で知覚されるその都度の形象内容（つまり「赤い日輪」）と、それが山の背後に沈んで知覚されなくなっても依然として人間に暖かさや時間の尺度を与えてくれる環境事物としての太陽と、観察者の感覚閾を超えた天文学や物理学の対象としての太陽とに区別している。

このようなシェーラーの見解は、次の二つを要点とする。

第一に、これらの実在性の諸段階は、それに対する人間の生の様々な諸様態に相対的である。これらの諸様態とは、生物の一種としての人間の身体的な有機的組織における衝動であったり、個々の人間や社会的な人間の実践的な欲求であったり、また自然科学者の学問的な態度であったりするが、そのそれぞれに相対的な「太陽」の実在性の諸段階が与えられる。

第二に、人間は、このような諸段階を形成する相対的な実在性の諸領域のうちに帰属しながら存在している。つまり、これらの実在性の諸領域は、ある種の位階秩序を形成するが、必ずしも相互排斥的ではない。例えば私は、幻覚のうちに現れた熊を、目の前に存在する机とまったく同様に実在的なものとして見出すこともありうる。

それに加えて、シェーラーの試みに特徴的であるのは、生の様々な諸様態を、生物学的な観点から、人間以外のあらゆる生物へと拡大して考察し、それによって、すべての生物における相対的な実在性の諸段階を提示していることである。このような試みは、晩年の『位置』講演で知られる哲学的人間学において展開されている。

そこでシェーラーは、人間と生物とに共通する生の根源的現象を生物学的に考察する。そして生の原理を、感情衝迫、本能、連合記憶、有機的に結びついた実践的知性という四つの段階に区別し、それぞれに基づいた、植物から人間に至る生の連続性を主張する。さらにシェーラーは、植物にも見出される生の原理の第一段階である感情衝迫は、生殖と死への根源的な衝迫つまり純粋な力であり、第一次的な抵抗体験の主体であってあらゆる実在性と現実性の所有の根底であること、第二段階である本能は、不変のリズムの下に固定された運動として、生物の「種」に奉仕する方向に向かう態度であること、第三段階である連合記憶には生物の個体化への傾向と、そして第四段階である知性からは実践性の萌芽が見出されるということを明らかにしている。

『位置』講演のこのような生物学的な分析が、シェーラーの実在性の理論に対して持つ意義は明らかであろう。人間を含めたあらゆる生物の生の様々な諸様態を分類することによって、シェーラーは、例えば感情衝迫が第一次的な抵抗体験の主体と述べているように、それぞれの生の諸様態に対して相対的である実在性のあり方について探求しているのである。それゆえ、シェーラーの哲学的人間学の試みは、その実在性の理論と一つになって、生とは何か、そこで与えられる実在性とは何かという問題に導かれていることになる。

第二節　シェーラーにおける根源的な実在性体験の可能性

『存在と時間』におけるハイデガーのシェーラー批判

しかしながら、シェーラーの実在性理論を、生の様々な諸様態に相対的な実在性に関する理論としてのみ捉えることは、シェーラーの意図を正しく理解したことになるのであろうか。今日の一般的なシェーラー解釈は、確かにそのように捉えている。しかしそれは、シェーラーが最終的に目指していた形而上学的思想が、心臓発作による彼の急死のために、完成を見ることがなかったというやむをえない事情による(3)。つまり、本来、形而上学的思想へと展開されるべきであった哲学的人間学の段階に、今日の一般的なシェーラー解釈は留まっているのである。そこで我々は、シェーラーの真の意図を、遺稿として遺された晩年の形而上学的思想のうちに見出さなければならない。

ここではまず、シェーラーの実在性の理論が、相対的な実在性だけでなく、言わば「絶対的な実在性」と言うべきものを目指した理論であることを示すことにしよう。その際、我々は、『存在と時間』第四三節でハイデガーが展開した、シェーラーの実在性理論への批判を概観し、その次に、それに対するシェーラーの側からの再批判のうちに、シェーラーの実在性理論の真の意図を探っていくことにする。シェーラーの側からハイデガーの『存在と時間』へと向けられた批判は、『観念論—実在論』第五部の遺稿において展開されている（IX, 254-304）。

さて、ハイデガーによるシェーラーの実在性理論への批判は、次のように纏められている。

抵抗は、通り抜けようとすることの妨げとして、通り抜けることのできないことにおいて出会われる。しかし、この通り抜けようとすることとともに、すでに衝動や意志がそれを目指して狙っているところの何かが、すでに開示されている。〔中略〕このような～を目指して狙っていることが抵抗に突き当たり、またそれのみが「突き当たる」ことができるのであるが、この～を目指して狙っていることはそれ自身すでに或る適所全体性（Bewandtnisganzheit）のもとで存在しているのである。しかし、この適所全体性が発見されていることは、有意義性の指示全体の開示性に基づいている。抵抗経験、すなわち抵抗するものを努力にかなった仕方で発見することは、存在論的には、世界の開示性に基づいてのみ可能である。(4)

この引用は、適所全体性や有意義性、世界の開示性といったハイデガー独自の概念のため、多少の説明が必要であろう。そもそも、ハイデガーはシェーラーと同様に、自然的な人間、ハイデガーの言葉で言い換えるならば「日常的な現存在」の最も身近な世界が、環境世界であることを主張する。そしてハイデガーは、この環境世界のうちで出会われる道具という存在者の存在仕方に着目して、その存在仕方を「手許存在」（Zuhandensein）と名づけ、そこから世界の世界性を明らかにしようとする。それによると、道具とは、道具の全体がそれに帰属し、究極的には現存在自身へと到達するような指示の連関のうちに、その固有の有用性にしたがって組み込まれて存在している。この指示の全体的な連関が、有意義性として、世界の世界性を構成しており、つまり、個々の道具の存在と有用性は、すでに世界の開示性によって下図を描かれている。そしてハイデガーによれば、現存在が存在するとは、つねにすでにこのような世界が先行的に開示されていることを意味する。この事態をハイデガーは、世界内存在（In-der-Welt-sein）と名づけたのである。

さて、もし、この世界の先行的な開示に基づいて初めて、道具としての存在者が、衝動や意志が目指して狙うものとして発見され、そのようなものが発見されて初めて、抵抗体験の「目指して狙うこと」とそれが「突き当たること」が可能となるのであれば、抵抗体験において初めて実在性が与えられるというシェーラーの理論は、より根本的な存在論的現象を見逃していることになろう。

さらにシェーラーの理論は、衝動や意志、生という存在論的には未規定の概念を前提としている。ハイデガーによれば、この生それ自身がすでに現存在の一つの変様にすぎない。したがって、抵抗体験を介するのであれ、生という概念を用いるのであれ、シェーラーの主意的実在性学説は、確かに、すでに開示された世界において出会われる存在者の存在を性格づけることはできるが、しかし、実在性を根本的に根拠づけている存在論的現象へは到達していない。それに対してハイデガーにとっては、「実在性は、存在論的には、現存在の存在のうちに根拠をもつ[5]」のである。

シェーラーにおける根源的な実在性体験

このようなハイデガーの批判に対して、シェーラーはどのように応答しているのだろうか。ここで我々は、シェーラーがハイデガーの『存在と時間』について、それが「現存在の独在論」（Daseinssolipsismus）であり（IX, 260）、すべての存在仕方を人間的現存在へと相対化する「独在論的な相対主義」である（IX, 293）と批判していることに注目しよう。

もちろんここでシェーラーが独在論と言っているのは、人間的現存在のみが存在して、世界や他の存在者はそれに対する現象にすぎないという強い意味でではない。そうではなく、この批判は、現存在の存在理解に基づいて初めて存在者が出会われるという、『存在と時間』で展開されたハイデガーの見解に対して向けられたものである。もう少し詳しく言えば、ハイデガーは、道具が道具として出会われるのは、現存在がその道具の手許存在を理解することに基づいて初めて可能になること、さらには、このような存在理解が可能になるのは、現存在が存在する限りであることを主張する。このようなハイデガーの思想が、シェーラーにとっては、「『私』なしには何も存在しない」という命題に直面してしまうように映ったのである（IX, 265）。

もう一つの、「独在論的な相対主義」というシェーラーの批判についてはどうであるか。これまで我々が見てきたのは、現存在相対性の問題の意義をシェーラー自身が強調していたということであった。それゆえ、シェーラーにとっても、ハイデガーの「相対主義」が、「現存在相対性の思想を保持するだけでなく、この思想を意識の観念論や主観主義から区別するという利点を持っている」ことは認めざるをえない（IX, 293）。

それにもかかわらずシェーラーが『存在と時間』を批判するのは、あくまでもシェーラーのハイデガー解釈の上ではあるが、ハイデガーが生一般に対する存在の相対性ではなく、人間的現存在に対する相対性を主張するからである。すでに見た哲学的人間学の試みから明らかなように、シェーラーにとっては、人間の衝動や意欲も、他の生物と同じ生の延長線上に位置づけられなければならず、それゆえ、実在性が人間の生に与えられるのと同様に、その同じ様式の実在性が他の生物にも与えられなければならない。そのような実在性の様式を、シェーラーは、特に『存在と時間』の概念を借りて手許存在であるとさえ述べている。自然的な人間に対しては、その身体的な意欲においで抵抗体験を介して手許性が与えられるが、それと同様に、他の生物に対しても、その有機的組織の衝動において抵抗体験を介して手許性が与えられうるというのである。もちろん、シェーラーにとっても、人間は目の前にある手許的な道具を「対象」にまで高めることができるのに対して、他の生物は手許的な道具の世界に埋没して生きている。そのことをシェーラーは、生物が「環境世界に拘束されている」（IX, 32）と表現している。しかし、人間の対象化の能力は、生とは別の原理に基づいている。生と実在性の相対性に関しては、人間と他の生物の間に本質的な差異はない。

さらにシェーラーは、人間を含めた生一般の様々な諸様態に相対的である実在性の諸領域を提示することに留まらず、そこからむしろ、すべての生物を包含する唯一の「全体的生」（Alleben）と、それに対して与えられる根源的な実在性体験とを主張する方向に向かう。例えば、『観念論—実在論』第五部においてシェーラーは次のように述べている。

> 私が説いているのはまさに次のこと、すなわち、ある一つの衝動中心と生中心に対する抵抗が実在的な領域の統一を生み出しているということであり、それはすべての個々の諸実在性があれこれの存在諸機能や感覚諸性質に二次的に負っているのと同様に、この個々の諸実在性に先立っているということである（IX, 263）。

ここでシェーラーが主張するのは、唯一の全体的生とそこで与えられる根源的な実在性体験が、個々の諸実在性の諸領域の統一を生み出すとともに、それらの諸実在性に先立って与えられるということである。このような実在性の根源的な所与性の解明こそ、シェーラーは、ハイデガーに対する決定的な反論となりうるものとして、自らの実在性理論の真正の課題と考えていたのである。

第三節　シェーラーにおける根源的な実在性体験の意義

シェーラーにおける精神と生の二元論

前節では、シェーラーのハイデガーに対する批判を通して、シェーラーの主意的実在性学説が根源的な実在性体験へと導くものであるということが示された。すなわち、シェーラーの実在性理論は、一般に理解されているように、生の様々な諸様態に相対的である実在性の諸領域を提示するばかりでなく、むしろ、唯一の全体的生に対して与えられる根源的な実在性体験に関する理論でもあるのである。

しかし、前節では、この唯一の全体的生に対して与えられる根源的な実在性体験が、個々の実在性の諸領域の統一を生み出すとともに、それらの個々の諸実在性に先立って与えられるというシェーラーの言葉に軽く触れられたにすぎなかった。そこで本節では、そのような根源的な実在性体験が、個々の相対的な諸実在性とは異なった固有の意義と役割を担っているということを示そう。それは、晩年の形而上学的思想をも包含するシェーラーの思想全体を根底において支えるところの役割であり、ゆえに、我々はもう一度、シェーラーの思想全体の前提から確認しなければならない。

さて、『観念論―実在論』においてシェーラーは、明証的な命題として次の命題を挙げている。

可能的な存在様式の何らかの意味において「存在する」すべてのものは、「様存在」あるいは「何存在」（Was-Sein）、さらに本質――この際、我々は、偶然的な様存在と真正の本質とをまだ区別しない――と、「現存在」の何らかの様相とに分解される（IX, 187f.）。(6)

ここでシェーラーが表明しているのは、存在をエッセンティア（essentia）とエクシステンティア（existentia）とに区別する伝統的な存在論の立場である。一般に、エッセンティアとは「本質存在」と訳され、それが「何であるか」ということを意味し、エクシステンティアとは「事実存在」と訳され、それが「あるという事実」を意味するとされる。シェーラーはこの伝統的な存在論の区別を明証的なものとしてそのまま引き受け、上の引用では、前者を様存在や何存在や本質という言葉で、後者を現存在という言葉で区別して言い換えているのである。また、これまでに明らかにされたシェーラーの実在性の理論も、そこで論じられていた実在性とは、現実性（Wirklichkeit）とほぼ同じ意味で用いられており、つまりエクシステンティア、現存在についての理論として、一貫してエッセンティアとエクシステンティアの区別に基づいている。

シェーラーはさらに、このエッセンティアとエクシステンティアの区別をより先鋭化させる方向において、それぞれに関わる作用の主体を厳密に区別しようと試みる。つまりシェーラーは、本質や様存在に関与する精神（Geist）と、実在性や現存在がそこにおいて与えられる生とをはっきりと区別するのである。生はまた、形而上学的な意義を強調された場合には、衝迫（Drang）とも呼ばれる。そしてこの精神と生の区別は、エッセンティアとエクシステンティアの区別と一緒になって、シェーラーの初期の思想からその根底に存している。

シェーラーがこの精神と生という二つの原理をどのように規定しているのかについては、すでに言及した『位置』講演で明らかにされる。そもそもシェーラーはこの講演において、「人間とは何か、そして存在における人間の位置とは何か」（IX. 9）という問題を扱うのであるが、そこでは、人間と他のすべての生物との本質的区別をなす境界線こそが精神であると主張される。人間のみが精神を有する。そして、この精神という原理によって、人間のみが、本質と様存在に関与する能力を持つ。

もう少し詳しく言えば、精神の能力は、生の衝迫を抑制したり、反対にその抑制を解除したりすることに存している。その結果、一方で精神は、生とそれに作用を与える環境事物との相対的な関連から、その事物を引き離し、その様存在に関与することによって、その事物を対象へと高めることができるし、また他方、精神は、環境世界に拘束された状態から自らを解き放し、自らを反省的な意識へと変化させることができる。このような意味で、精神を有する人間は、他の生物が環境世界に拘束されているのに対して、「限界なしの仕方で『世界開放的』に振る舞うことができる」(IX. 33)。

このように精神の能力を強調する一方で、シェーラーは、そこにおいて実在性が与えられる生の作用を論じるのであるが、それが、これまで論じてきた主意的実在性学説であることはすでに明らかである。

元々、シェーラーの実在性理論の動機の一つは、フッサール(Edmund Husserl, 1859-1938)の現象学的還元の批判にあった。つまり、フッサールと同様にシェーラーにとっても、哲学とは普遍的な本質の認識であり、もはや生に対して相対的でない知識の獲得であるが、そのためには自然的な人間における「現存在措定」や「一般定立」(環境世界の現実を現に存在するものとして受け取ること)を「作用の外におき」、「遮断し」、「括弧に入れる」ことによって、世界の本質化と脱現実化を行わなければならない[7]。しかし、シェーラーによれば、この脱現実化のためには、「我々が還元によって除去しなければならない実在性契機それ自身は一体何であるのか、この契機はどこにおいて与えられているのか」(IX. 206f.)ということがまず解明されなければならない。というのは、現存在措定、つまり実在性契機を与える作用というのは、それ自体が人間の全体的存在に深く根差している働きであって、その抑制や抑制の解除のためには、その働きとその主体との真正な理解が必要だからである。したがって、シェーラーの実在性理論は、普遍的な本質を目指す哲学的知識を補完する役割を担っている。

エッセンティアとエクシステンティアとの区別を先鋭化することによって、本質と様存在に関与する精神と、そこにおいて実在性や現存在が与えられる生という二つの原理を厳密に区別しようとするシェーラーは、さらに進んで、観念論と実在論の間に存する伝統的な対立の根が、事物の様存在と現存在とが分離不可能であるとする根本的な誤りに存していることを指摘する（IX, 185）。それに対してシェーラーが主張するのは、そもそも、事物のすべての様存在は「知識や意識に対して内在的」であるのに対して、その事物の現存在は「本質必然的に、知識や意識から超越的であり、知識や意識にとって異質であって、それらに依存しないままである」（IX, 185f.）ということである。このことによってシェーラーは、精神という原理が作用する領域と、生という原理の支配する領域とを厳密に分離しようとするのである。

世界根拠の属性としての精神と生

しかし、このようなシェーラーの試みは一つの大きな問題を孕んでいるように思われる。つまり、このように二つに分離された精神の領域と生の領域とは、反対に、どのようにして再び合致することができるのであろうか。シェーラーにとって、事物の存在は、エッセンティアとエクシステンティアとに区別される。しかし、この事物が事実的に、今、ここでの偶然的な様存在において、現に存在するものとして見出されるのは一体どのような根拠によるのだろうか。

このような疑問に対して、我々がシェーラーの形而上学的思想のうちに答えを求めるならば、前節で言及した唯一の全体的生とそこで与えられる根源的な実在性体験とが、大きな手がかりとなる。

すなわち、根源的な実在性体験とは、言い換えるならば、「世界の抵抗を被る」（IX, 214）という忘我的な抵抗体験を意味する。それは、事物の様存在へと関与するあらゆる精神的な作用や、自己意識、知覚、事物の対象化に先立って与えられ、それらを制限し、制約するところの抵抗体験である。それは、個々の諸実在性の所与に先立って、「実在的な領域の統一」を生み出す体験であり、そこで与えられるのは、もはや、生の諸様態に相対的な実在性とはまったく異なる、言わば「絶対的な実在性」とでも言うべきものとなる。

そしてシェーラーは、このような根源的な抵抗体験がそれに与えられる唯一の全体的生を、原理として、神的な「世界根拠」(Weltgrund)や「それ自体で存在するもの」の一つの属性として規定し、さらに同時に、唯一の、「すぐれて単一的な」(übersingulär)精神という原理をも、もう一つの属性としてそれにつけ加える。本来まったく異質の原理であった精神と生とが、この神的な世界根拠の二つの属性として合致するのである。しかもシェーラーは、この二つの属性が、無力な精神に対して生の衝迫が力を与えるというような相互依存の関係のうちにあることを主張する。

しかしながら、このような神的な世界根拠が、人間を離れて超越的に存在し、どこか遠くから実在的な領域の統一を支えているわけではない。むしろ、晩年のシェーラーの形而上学的思想において特徴的なのは、このような世界根拠は、人間が、精神と生とをともに有する存在者として、つまり「全人」(Allmensch)として(IX, 150f.)それに参与することによって初めて顕現することができるという点に存している。シェーラーの表現によると、人間は「神生成(Gottwerdung)の唯一の場」なのである(IX, 70)。

したがって、シェーラーの主張するのは、唯一の全体的生とすぐれて単一的な精神とを属性とする神的な世界根拠へと、我々人間が真正な仕方で参与することによってこそ、人間は、偶然的な様存在において現に存在するものとしての事物を見出すことができるし、さらには、他の生物と同様に実在性の世界に埋没して生きることから脱して、普遍的な本質の世界へと飛躍することもできるということである。このように、シェーラーにおける実在性の問題は、一貫して、人間のあり方そのものに関わる問題なのである。

注

シェーラーの著作からの引用については、ドイツ語版〈マックス・シェーラー全集〉（M. Scheler, Gesammelte Werke, Bern/München und Bonn, 1954-97）の巻数をローマ数字で、頁数をアラビア数字で表した略号を引用箇所に付した。なお、読者の便を考慮し、重要な引用箇所については、邦訳〈シェーラー著作集〉（飯島宗享・小倉志祥・吉沢伝三郎編、白水社、一九七六―七八年）の巻数と頁数を注において示した。

（1）〈シェーラー著作集〉第一巻、二四五頁。

（2）〈シェーラー著作集〉第一三巻、三〇五頁。

（3）シェーラーが晩年の著作の脚注において『形而上学』という著作を幾度も予告していたことについては、Scheler, Gesammelte Werke, Bd. IX. S. 111, 117を参照のこと。

（4）M. Heidegger, *Sein und Zeit.* 17. Aufl. Tübingen 1993, S. 210.（ハイデガー／原佑・渡邊二郎訳『存在と時間Ⅱ』中公クラシックスW29、二〇〇三年、一九二―一九三頁）

（5）*Ibid.*, S. 211f.（前掲訳書、一九六頁）

（6）〈シェーラー著作集〉第一三巻、二九〇頁。

（7）フッサール／渡邊二郎訳『イデーンI―I』みすず書房、一九七九年、一三七頁参照。

第４章　芸術・宗教・哲学と現代

はじめに

芸術、宗教、哲学がいずれも絶対者、すなわち神を対象とし、ただ対象とする仕方（形式）においてのみ異なるとしたのはヘーゲル（Georg Wilhelm Friedrich Hegel, 1770-1831）である。すなわち芸術は直観によって、宗教は信ずることによって、哲学は考えることによって神である絶対者を対象とするというのである。しかし彼は同時に芸術の終焉を語っている。すなわち「芸術はその最高の使命の面からいえば、我々にとって過去のもの」[1]であり、「我々は芸術に敬意を払い、これを実際に保有しているが、これを究極のものとみなさず、むしろこれについて思考する。この思考の意図するところは芸術を再び振興しようとすることではありえず、むしろその成業を認識しようとするにある」[2]というのである。

彼は芸術がその最高の使命を果たしたのは古代ギリシャ彫刻に見られる古典的芸術においてであると考えている。とはいえ彼はその後の芸術、例えば絵画、音楽、文芸についてもその高い精神性を評価していた。したがってヘーゲルにおいては芸術と宗教と哲学とは、絶対者という扇の要が確かに存在することによって確かな意味を持っているばかりでなく、相互に密接な連関を有していたと言える。

ヘーゲルは、神が大理石に刻まれた形と一体になっているような古代ギリシャ彫刻のような芸術はもう出て来ないだろうと見ているが、それは神の内容が豊かになったので、そのような様式のうちではその内容を表現できないと考えたからである。ところで目を現代に転じてみるならばそこにはヘーゲルが言ったのとは別の意味での芸術の終焉、いやそれどころか宗教の終焉、哲学の終焉が語られうるように思われる。芸術、宗教、哲学相互の結びつきがなくなったばかりでなく、偉大な芸術家、宗教家、哲学者およびその作品や思想の時代はすでに過ぎ去っているとも考えられるからである。そうして現在あるものと言えば、一方では流行とともに現れては消えるあまたの作品や思想の泡沫であり、他方では過去の偉大な作品や思想の保存、再現、演奏、鑑賞、解釈、研究ばかり、というわけである。しかもこうした嘆きがいささかなりとも正当性を持つとしても、その根拠は神の内容がより豊かになったということではなく、むしろ神そのものが不在となり、代わってそこにシステムというような、内容空虚な、しかも絶大な威力を持つ絶対者が君臨し、我々を駆り立ててそのようにしているとも考えられるのである。

ヘーゲルは歴史の根本に神を考えており、その神の内容は宗教において啓示されると考えている。そうしてその宗教が纏っている表象という形式を剥ぎ取り、その本質を考察し、それによって宗教の抱える様々な分裂を克服することが哲学の課題だと考えていた。そうして彼はこの課題を根本的なところで果たしえたと考えている。このことは歴史がその根本的なところで完結し、終わったということを意味している。根本的なところですべての問題は解決済みという仕方での完結による終焉である。こうした彼の理解は、哲学の課題の遂行に対する彼の徹底性を我々に感じさせる一方、現代に生きる我々としてはやはりこうした理解に対して一種の反撥を感じるのも確かである。ところが芸術、宗教、哲学に関わる状況が先に述べた通りのものであるとするならば、もしかするとヘーゲルが考えた通り、歴史はすでに根本的なところで終わっており、後は衰退し、別の意味での終焉、すなわち世の終わりという意味での終焉に向かっている、そうも考えられるのではないか。事実我々がシステムに駆り立てられ、歴史がどこへ向かっていくのかも分からないといった不安は、そうした歴史の終焉に容易に結びつく。

そこでここではヘーゲル哲学の根本構造を紹介し（第一節）、そこへと到らざるをえなかった必然性を考察する（第二節）とともに、そこには根本的な問題が解決されているどころか、解決したとすることで逆に根本的な問題を残していることを指摘したい（第三節）。そうしてその残された根本問題がシステムという別の絶対者の支配を招来していることを指摘した上で、新しい時代における絶対者の条件と人間のあり方を原理的に考察し、新しい時代における芸術、宗教、哲学の可能性を考えてみたいと思う（第四節）。

第一節　後期ヘーゲル哲学の根本構造

哲学から学へ

一般に知は真なるもの（真理）を対象とし、これを求める。哲学は思惟（考えること）によって真なるものを知ろうとするが、ヘーゲルはこうした真なるものとは絶対者にほかならず、絶対者のみが真なるものと考える。絶対者とは宗教的には神と呼ばれてきたものの哲学的な表現にほかならないが、彼はこうした絶対者は知り得、また知り得たと考える。

哲学（philosophia）古代ギリシャ語に起源を持つ語で、元来知（sophia）を愛する（philein）という意味である。その場合の知とは雑多な知識ではなく、全体的、根源的なものであるから、哲学とはそうしたものについて「○○とは何か」とどこまでも問い続ける営みだと言える。ところがこうした哲学について彼は、哲学はもはや哲学（愛知」という名を捨てて現実的な知でなければならない、と言う。現実的な知とは現に知っているということである。しかもそれはたとえどれほど深い感情や直観であっても、そうしたものによって断言されたものであってはならない、と彼は考える。例えば「すべての動物」と言ってみても、それだけでは意味不明で、動物に関する何の知識も得られず、ましてや動物学として妥当することはできない。それと同様に、神、絶対者などと言うだけで、その直観から一歩も出ないならば、それは知としては妥当しない、というのである。したがってそうした直観は自らを展開させて、体系として完結した知、すなわち学とならなければならない。「知（Wissen）はただ学（Wissenschaft）としてのみ、言い換えると体系としてのみ現実的である(3)」とヘーゲルは言う。この場合体系が完結するとは、初めが終わりに連結して円環となることである。これによって初めが持っていた無媒介なあり方が媒介され、根拠づけられることになるからである。

絶対者は精神である

ところで知がこのように学として完結し、それが絶対者についての現実的な知であるならば、何よりもまず絶対者それ自身がそのような円環構造をしているのでなければならず、そうしてそれが知において我々と一つであるということでなければならない。そのことをヘーゲルは「絶対者は主体である(4)」と表現している。それは神が人格として、つまり生きた実体として運動するものであることを意味するとともに、絶対者が、我々がそれであるところの主体であることを意味している。そのことをさらにイメージしやすいように、ヘーゲルは「絶対者は精神である」とも表現している。この場合の精神とは、父、子、聖霊と言う時の聖霊をも含意しており、聖霊とは我々一人ひとりの精神に宿る無限な精神のことである。

ところでなぜ絶対者は主体や精神でなければならないのか。絶対者は絶対者である、という同一性の立場に留まることもできるはずである。そうした絶対者はもちろん直観によって捉えるしかない。このような絶対者に対して、それは区別に対する同一だから、すでに区別されたものの一方だ、と反論しても、それはすでに区別を事とする外的な反省の立場だ、と逆にこの立場からは反論できるわけである。しかしこうした同一性の立場は反省の立場が自分の外に存在することを認めており、その上で自らの立場が正しく、反省の立場が正しからざる立場だと一方的に断言している。そうして自らの立場の正しさを主張して内に篭れば篭るほど、他なる反省を反駁し、これと関わらなければならないことになる。このような立場に対してヘーゲルは、絶対者は単に実体であるだけでなく主体である、と明確に主張したのである。

そのような絶対者は、自分の外へ出て自分の他となりながら、この他的存在のうちで自分自身のうちに還帰するという運動を行うものでなければならない。この運動はまさしく絶対者の円環構造を示すものである。ところで自分の他的存在において自分のうちにあるという矛盾した事態こそがヘーゲルによれば自由であるが、かかる自由が成り立つのは知においてということになるであろう。かくして絶対の他的存在において純粋に自己を知る、という絶対的な知において先の円環構造は完結することになる。かかる知は彼によれば概念と呼ばれる哲学的な思惟において成立する。かくして絶対者はこうした思惟から出発し、自ら他となりながら再びそこへと帰っていくことになる。

しかし主体ないし精神は神の人格を性格づけるのみならず、それは我々の主体であり、精神でもあった。絶対者は主体であり、精神であるという主張が、神の人格にのみ関わるとすれば、それは我々の主体や精神には何の関わりもないものになるであろう。かといって絶対者とはそのまま我々の主体であり、精神であるなどと言えば、私は神だといっているに等しく、到底まともな主張だとは思えない。実はどちらもヘーゲルの主張ではない。では有限な精神はどのような意味で無限な精神である絶対者だと言えるのであろうか。

もとより我々は有限な精神である。有限なものは滅ぶということをその本性としている。逆にどこまでもあり続けると考えられた有限者は有限者ではないし、そのような有限者など存在しない。それゆえ有限者は滅ぶことによって真に有限者なのである。しかしそれと同時に有限者の無が無限者の有だというのも理の当然である。すなわち有限者が滅びるということの中に無限者が現れるのである。我々は様々な目的や考えを持ち、情熱を持ってこうした目的を実現しようと努力するが、その光景は歴史を振り返れば明らかなように、まことにはかなく、悲惨でさえある。しかしそうした中にあっても神は自らを実現している。このように有限性を滅びるもの、否定的なものとして自覚し、自分自身の否定的な契機として把握し、絶対精神こそ真実なものであることを知ることによって、この有限な精神は絶対精神になるのである。この知を完全に捉えるのは先述の哲学的な思惟としての絶対知である。

このように絶対者が我々の精神でもあることによって、絶対者の円環運動は我々自身の円環運動でもあることになる。とはいえ我々は初めはそのことを自覚していないし、哲学の立場に立ってこれまでの絶対者の円環運動を自覚的に辿る場合も、最初は否定につぐ否定の道程を歩まなければならない。最後に到ってようやく有限者と無限者の同一性を自覚的に捉えるようになるが、そうした立場から振り返るならば、これまで生滅を繰り返してきた有限の知の歩みがそのまま絶対者の歩みであったことに気づくことになる。こうして絶対者の円環構造は知の円環構造、つまり学と一致することになる。

ところで精神は聖霊をも意味していた。ヘーゲルは次のように述べている。「父である神（この単純にして普遍的なもの、自己の内部に存在するもの）は自分の孤独を放棄しつつ、自然（自己自身に対して外面的なもの、自己の外部に存在するもの）を創造して、子（自分の他我）を産出するが、しかし自分の無限な愛によってこの他者のなかに自分を直観し、自分の似姿を認識し、そしてこの似姿のなかで自分の統一へ復帰する。この統一はもはや抽象的直接的な統一ではなくて、区別によって媒介された具体的統一として、父と子とから出発し、キリスト教的教団において完全な現実性と真実性とに到達する聖霊である。もし神が絶対的真実態において捉えられるべきであるならば……そのときは神は聖霊として認識されなければならない(5)」。

我々が自らを聖霊として知る時、神はこのはかない有限精神のうちで自分自身を認識するのである。とはいえ宗教においてはこうした内容が、信仰の内容として表象のうちに教示され、さらに心術、心情へと内面化されるものの、出発点の表象という性格はどうしても残ってしまう。これを真実の認識にもたらすのが哲学である。

ミネルヴァの梟《ふくろう》

ところで哲学における知の歩みが、我々がすでにそれであったところのものに気づく道程ということであれば、その知はすでにあるところのものの認識という性格を帯びることになる。「あるところのもの」といってもあれやこれやの現実ではなく、そうした現実の生滅のうちに現れる神のことである。この神は自らを思惟する理性的な神であるとともに、自らを実現してその中で自分を認識する神であった。したがってあるところのもの、すなわち現実的なものは理性的であり、理性的なものは現実的である、と言われることになる。

神の円環はそれ自体としては完結しており、そのようにしてすでにあるところのものとしての現実をその理性的な姿である理念において認識するのが哲学である。それゆえ例えば彼は国家をすでに現実のうちに実現している「国家の理念」において考察しようとするのであって、あるべき国家を将来に向かって構想しようなどとはしない。したがって彼は哲学について、それは来るのがいつも遅すぎると言い、こうした哲学の性格をたとえて「ミネルヴァのふくろうは黄昏が来るとようやく飛び立つ(6)」というように表現している。総じてヘーゲルの哲学的思惟は、現在までに実現している神の円環を後から（nach）振り返って考える（denken）という追考（nachdenken）という性格を持っている。

とはいえこのミネルヴァの梟が飛ばなければ神は自己知に到らず、神の円環も本当には完結したことにはならない。その意味ではこの神は人間の哲学的な営みを待つ神だといえる。しかし後年ヘーゲルはこうした考えをも改め、あらゆる意味において神は我々を待つ必要はない、と考えるようになる。

第二節　後期ヘーゲル哲学に到る道

以上が後期ヘーゲル哲学の根本構造であるが、彼は初めからこのように考えていたわけではない。そこにはこうした考え方に到る道があり、そうした必然的な発展の結果が上の根本構造にほかならない。

青年時代の理想

ヘーゲルは一八〇〇年一一月二日付のシェリング宛て書簡の中で自らの「青年時代の理想」について述べている。それは個人と民族のあり方に関する理想で、彼は友人のシェリング（Friedrich Wilhelm Joseph von Schelling, 1775-1854）ヘルダーリン（Friedrich Hölderlin, 1770-1843）とともにこれを「神の国」「見えざる教会」「一にして全」という象徴の下で理解していた。一人はすべてのために、すべては一人のためにというようなあり方を個人と民族の理想と考え、これを地上における神の国、見えざる教会と呼んだのである。こうした理想が抱かれたのは、彼が当時のドイツの現状を問題的であると考えていたからにほかならない。こうした現状を理想へともたらすには、人間の内面からの変革が必要であって、そのためには人々の心、生活に染み渡るような宗教、さらにはそれを基礎づける哲学が必要だと彼は考えていた。

若きヘーゲルはキリスト教理解の中心を道徳、愛、信仰、聖霊ないし三位一体へと次第に深めながら、そうした内容を持ったキリスト教を古代ギリシャの民族宗教のように空想（ファンタジー）を通じて人々の心に染み渡らせようとした。しかし他方で彼はこうした美しい空想を当時のドイツ民族は持ちえないとも考えており、こうした不安定な状態の中で、上の試みはついに暗礁に乗り上げてしまう。

哲学の要求

このように暗礁に乗り上げてしまったのは、有限な生を無限な生へと高める役割を、空想を本質とする宗教に求めたからであった。というのも空想は、区別を事とする悟性的な思惟によってたやすく現実から切り離されて単なる内面の事柄とされてしまうからである。こうしてヘーゲルは宗教の持つ空想ないし表象という形式の限界に突き当たることになる。

ところで彼が理想を実現するために宗教を要求したのは、哲学的思惟を悟性的反省的思惟に限っていたからであった。しかし彼は友人であるシェリングの影響の下にこうした思惟を超えた理性の立場に立つようになる。彼はこれまで有限な生の側から無限な生へと高まろうとしていたが、今やはっきりと絶対者の立場に立つ。その絶対者とは、悟性的思惟によって生ずるすべての有限者とその対立がそのうちへと没落して根底に到ると同時に、そこからすべてが絶対者の現象として産出される、というものであった。

このころのヘーゲルは、悟性が猛威を振るう近代のドイツ民族においては宗教は無力であり、分裂が支配的にならざるをえないと考えるようになっていた。そうしてこうした分裂を克服して理想を実現するためには、絶対者の哲学を広めるほかはないと考えたのである。こうして分裂こそが「哲学の要求」の源泉だと言われることになるが、これは一人彼の要求であるに留まらず、時代の要求でもあると考えられていた。

とはいえ絶対者の立場に立たない非（似非）哲学も同時に存在しているから、真正の哲学は自らの正当性を示すために論評をしなければならない。しかし一つ一つ論評していてはきりがない。そこで彼は絶対者の立場から、悟性的反省を駆り立てて有限者の総体を産出させ、これを絶対者に関係づけて一挙に殲滅するとともに、これを絶対者の現象として存立させる方式を採ろうとした。しかし難問に突き当たることになる。

こうした論評の場ではお互いが自らの尺度を用いて論評するわけだから、ヘーゲルから見れば非哲学であるような哲学もきちんと自分の尺度を持っており、これを外から別の尺度を用いて裁いても本人はそれを認めないだろう、ということである。論評が成功するのは非哲学が自分の尺度を吟味し、これを自ら改める場合である。こうして非哲学（これをヘーゲルは真正の哲学がその正当性を立証したあかつきには空ろな現象となる、という意味で「現象知」とも呼び、またそれは主客の対立を前提にしているので「意識」とも呼んだ）が一歩一歩自らの尺度を設定し、それを吟味しつつ最終的に自ら真正の哲学へと到るという方式が採用されることになる。こうして出来上がったのが『精神の現象学』の最初の題名である「意識の経験の学」である。この叙述の方式を可能にしたのが、意識が自分の尺度の真でないことを悟ってその尺度を否定放棄しても、その結果は単なる無ではなく一定の内容を伴った否定、限定された否定である、という思想である。これによって意識は次なる尺度を設定できるのである。こうなれば絶対者の立場に立つヘーゲルたち（これを彼は「我々」と呼んだ。）は自らの尺度を用いることなく意識の運動をただ見ていればよい、ということになる。

絶対者は主体

この書物はその当初の構想では、ヘーゲルはあくまで絶対者という実体の立場に立ち、そこで意識の経験をじっと見るというものだった。しかし執筆の途上においてこうした絶対者（＝実体）と意識（＝主体）の本質的な関係を明確に捉えるようになっていく。こうして「絶対者は主体である」と高らかに宣言されることになる。絶対者は我々自身がそれであるところの主体であり、精神である。だとすればこの書で行っているのは単に意識の経験の叙述に留まらない。それは絶対者がそれであるところの精神が現象する学、すなわち『精神の現象学』である。

彼はこの段階においても「哲学の要求」という構想、ひいては「青年時代の理想」の実現という構想を維持している。彼は絶対者を捉える絶対知の立場という、通常の意識からすれば転倒した立場に到る梯子を渡すために『精神の現象学』を書き、これを学の体系第一部と呼び、本来の学への序論とする。続く学の本論でも序論同様、学に悟性性（分かりやすさ）を与えて、学を秘教的なものから公教的なものにしている。彼は明らかにこの哲学を人々に広めようとしている。それによって地上に神の国、聖霊（精神）の国が現れる（現象する）と考えたのである。

また絶対者が主体と考えられたことによって、絶対者は歴史のうちで自らを実現していくものと考えられるようになった。そうしてその最後が、人々が哲学を理解し神の国を実現し、そこにおいて絶対者が自己知に達するというものであった。『精神の現象学』とそれに続く本来の学はこの最後の一歩を踏み行うためのものである。したがってそれは歴史に終止符を打つという性格を帯びることになる。また絶対者および学の円環構造も明確に打ち出されるようになる。

絶対者は我々を待たない

こうした構想の下にヘーゲルは本来の学の最初の部分をなす論理学（『大論理学』）を書き進める。しかしまたしても執筆途上、もしくは書き上げることにおいて根本的な思想上の変化が起こる。彼は当初学の体系第一部である『精神の現象学』を意識が一歩一歩自らの尺度に対して懐疑主義を貫き、絶望する道だと考え、こうした否定の道の後に本来の学が肯定的な学として展開されると考えていた。しかし有限な認識の歩む否定につぐ否定の道がそのまま絶対者が自らを現していく肯定の道であることを明確に捉えるようになる。こうなると本来の学そのものが有限な認識の歩む道でもあることになるから、あれほど情熱を傾けて書き上げた『精神の現象学』もこの立場からは不要なものとなる。こうして従来の第一部と第二部とからなる学の体系構想は、本来の学のみから構成される「エンチュクロペディ」構想へと変化していくことになる。

ところで当初の構想では学の体系を叙述し、これを広めることが学の円環、したがって絶対者の円環を閉じる最後の一歩をなすものであった。この一歩がなければ絶対者は自分を完結することができない。こうした絶対者が、自らを完結させようとする意志に基づいて「我々」に哲学を要求していたのである。そうした要求に襲われてヘーゲルは哲学をしてきたとも言えよう。しかしそうであれば絶対者は「我々」を待ち、「我々」の営みを必要とする絶対者ということになる。

この最後の一歩は否定を完結させる、それ自身否定の道に属する最後の一歩である。したがってそれは目標はまだ達成されていない、という仕方で現実に対して否定的に振る舞う。しかし否定の後にではなく、否定のうちに肯定を見るという立場からすれば、この否定的な振る舞いのうちに絶対者の肯定的な働きが見て取られると同時に、この否定的な振る舞いそのものが否定されてこなくてはならない。

ヘーゲルは後に「無限の目的は、それがまだ達成されていないかのような錯覚を除きさえすれば達成される」[7]、「絶対の善は達成されていて、我々を待つ必要はない」[8]と述べ、「目標に達すると人は、まさに自分が望んでいたもの以外の何者をも見出さないのを不思議に思う」[9]という感慨をもらしている。これは神の国の実現という無限の目的を達成しようと情熱を傾けてきたが、いざ達成してみると、それはすでに達成されていたというヘーゲル自身の感慨を述べたものとも考えられよう。こうした感慨の背景にはプロイセンによる国家統一という現実社会における動きも無視できないであろう。いずれにせよこうなると哲学の役割も変更を蒙らざるをえなくなる。もはやすべての人に哲学を広める必要はなく、哲学は限られた人間がその聖所を守る場所であればそれでよいということになる。

こうしてすべてが絶対者によってすでに成し遂げられているという静かな洞察に導かれることになるが、これがあるところのものを認識する哲学の終着点である。彼は哲学について「この運動は最後に自分自身を捉える際に、すなわちもっぱら自分自身の知を振り返ってみる際にすでに自分自身が成就されているのを見出す[10]」と述べている。

第三節　後期ヘーゲル哲学の根本問題

歴史の終焉？

絶対者はヘーゲルの現在において完結している。哲学はそれによって振り返りの思惟、追考となり、学として完結することができた。しかし他方でヘーゲルの時代をもって歴史が終わってしまうがごとき印象は拭えない。これはどのように考えたらよいのであろうか。

真実の現在は過去と未来に開かれながら、それから裁断された絶対の現在である。過去と未来に開かれていなければ現在ということも意味のないものになるであろう。かといっていたずらに過去を引きずったり、現在なすべきことを未来に引き伸ばしたりすれば現在の持つ意義がなくなってしまう。ヘーゲル哲学の現在は過去に開かれながら、これを完結することで過去に縛られない自由な現在というものを可能にしている。彼は「ここがロードスだ。ここで跳べ[11]」と言い、人間がその時代を飛び越えて思惟できないことを説くとともに、これを少々捩って「ここにバラがある。ここで踊れ[12]」と言い、現在の苦悩を喜んで生き生きと活動すべきことを説いている。未来を語らず、過去に決着をつけることで現在が自由な充実したものとなる。その意味では彼は決して静観主義者ではない。

だが彼はこの点について必ずしも十分に語ってはいない。また現在が、したがって哲学が未来に対して開かれているという側面についてはまったく語っていない。つまり彼は具体的な現在に立って哲学をしてはいないのである。

近代的自我の完成

もう一つの理由は彼がその経歴において、実際に根本的なところで歴史を終わらせようとしたからである。すなわち神の国をこの地上に完全に実現しようとしたからである。しかしそれはキリスト教のみを真実の宗教とし、その内容と近代ドイツの道徳性、とりわけ良心とを突き合わせて実現しようとしたものであった。後期ではそれがプロテスタント教に人倫（道徳）的心術を基づかせ、その上に国家を成立せしめる、という仕方に替わっている。しかもその国家とはプロイセンを念頭に置いたものだった。

このように彼の歴史は明確な中心を持っている。それは彼がまずは自らにおいて、自らの民族において、自らの宗教において、そうして自らの国家において主体的に理想を実現しようとしたからである。ヘーゲルの歴史は主体的実践的な歴史である。その根本には当初から自由の主体としての自我、すなわち近代的自我が据えられていた。そうしてこうした近代的な自我から成る理想的な共同体はどのようにしたら可能かが追求されてきたのである。その答えはすでに見たように、有限な精神としての近代的自我が滅びることによって絶対精神（聖霊）となる、という仕方で逆に自由が実現する、言い換えれば近代的自我が完成する、というものだった。そうしてその終着点は、すべてを絶対者によってすでに成し遂げられていると見る、あの洞察であった。

しかしここにおいて近代的自我は絶対精神となって完成すると同時に、近代的自我であることをやめていることに注意しなければならない。近代的自我とはそれだけで存立するものであるが、このような自我はすでに崩壊しているからである。しかしヘーゲルはこうした近代的自我の崩壊を明確に語らず、したがって自己中心的な主体的歴史観の崩壊も語ることはない。それはそもそも絶対者が自らを思惟する主体として、どこまでも近代的自我を根本として考えられているからにほかならない。

思想における絶対者

ヘーゲルの絶対者は思惟のうちで自己完結する。それはまず自己内存在として自らを展開する。これが「論理学」である。次いでこの論理的理念の自己外存在が「自然」である。したがって自然は理念の自己疎外態とも呼ばれ、ヘーゲル哲学において高い位置を示すことはない。それゆえ彼は何故なく咲き、散る自然の草木に美や価値を認めることはない。そうした自然からの自己内還帰が「精神」である。精神には有限な精神と無限な精神（絶対精神）を区別することができるが、絶対精神はその表現の仕方によって芸術と宗教と哲学が区別される。すなわち絶対者の直観的ないし感性的表現が芸術であり、表象による表現が宗教であり、思惟による表現が哲学である。ギリシャにおける神はその内容がなお自然と一体であるがゆえに感性的な形態と一体となって理想としての美を芸術として表現できるが、神の内容が真実のものとなり、精神的なものとなるともはやこうした形態には収まり切らず、宗教において表象という、より内面的な形をとることになる。しかし精神に最も固有な境地はやはり思惟であり、この思惟によって展開される哲学（学）において絶対者は完全に自分自身を認識し、自分自身へと帰って行く。

ここで直ちに気づかれるのは、この絶対者は自ら思惟する主体として、思惟から出発し思惟へと帰って行く、思想における絶対者だということである。しかし思想、あるいは学は具体的な生とまったく同一というわけではない。もちろん哲学は具体的な生のいちいちについて応えなければならないということはない。その意味で哲学は具体的な生と同一でないことは当たり前のことであるが、哲学は自らの聖所を守りつつも具体的な生に対して開かれていなければならない。しかしこの点に関する十分な主張がヘーゲルにはない。ここに学と具体的な生との分裂がある。

さらに思惟を根本に置く立場から論理や精神を高く位置づけ、自然を低く見る結果となっている。ここでの自然は有限な精神に先立つ、それ以下の存在と考えられているのみであって、人為に先立つ、人為を超えた自然は問題とされていない。また自然を精神に到る単なる通過点としてのみ考える立場から、あらゆる宗教や芸術が類型的に評価されており、評価がそれぞれの宗教や芸術に即したものになっていないという印象は否めない。

同じことは感性－表象－思惟という系列についても言える。この系列に絶対精神の表現形式が当てはめられて、芸術－宗教－哲学という系列が生じ、これが次第に深まりゆくプロセスと考えられている。これらの評価が、思惟を本質的とする絶対者理解、人間理解に基づいていることは明らかである。

第四節　芸術・宗教・哲学と現代

ヘーゲルの絶対者は思惟のうちで自己内完結した絶対者であり、その哲学は根本的なところですべてを解決済みとする哲学である。しかしこのように完結することで逆により根本的な問題が残されることになった。そうしてその残された問題が次の時代とその困難を形成しているように思われる。まずその点から述べてみたい。

神の死とシステムの支配

前節で述べた後期ヘーゲル哲学の根本問題は相互に密接な連関を持っている。過去性と思想における絶対者はともに思惟と意志を本質とする絶対者理解が基になっており、こうした理解は近代的自我における人間理解に基づいている。今や近代的自我は絶対精神となって自らを完成させ、自分のみを意志し、思惟するものとなっている。

ここではまず神の喪失ということが起こっている。ヘーゲルの絶対者はキリスト教の神である。彼はこの神を表象を通じて自らの内面において深く経験し、さらにその真なる内容を思惟によって捉えた。しかしその結果自らが絶対精神となって、その自己知のうちで神が消失することになったのである。神は人間の自己知に解消されない超越的なものだからである。神は人間がこれを完全に捉えることによって、神でなくなってしまうのである。

神の喪失によってそこに虚無が現れてくる。それによって宗教が衰退するのみならず、すべてをつなぎ留めていた神がいなくなることによって、芸術、哲学、世俗的な基礎を成していた国家がそれぞれ自立し、それだけで存立するようになる。芸術は芸術のための芸術として自己目的化し、ひたすら新しいもの（前衛）が追求されるようになる。また絶対者の哲学（形而上学）は衰退し、諸学は哲学から独立し、専門分化していく。またひたすら自己を意志するという仕方で自らを発展させ、自然は人間が支配し利用するもの、社会は人間が地上における神の国として自ら作るものとまで考えるに到った近代的自我であるが、その結果として神が失われると、近代的自我そのものの根底に虚無が広がっていることが顕わになってくる。また近代的自我はその完成態においては、あらゆるものを意志し思惟しながら、それを自己化することで、自我＝自我の抽象へと純化されていく。こうして人々は自らの空虚な心を満たすために、快楽、富、権力（覇権も含む）、名誉を求めるようになる。そうしてこれらの増大が進歩であり、繁栄であると考えるようになる。芸術は一方でひたすらその純粋性が求められたが、他方ではこうした状況に対応して多くは娯楽化していった。

こうした状況の中で近代的自我は、自らの心の支えを表象や思想の神ではないもの、現実において自らが作ったものであるシステムのうちに見出すようになる。そうしてそれが自らの安全と豊さ（その内実は快楽、富、権力、名誉である）を保障してくれると考え、これに信を置くことになる。こうなるとすべての生活がこのシステムを根本にして成り立ってくる。システムの形態は時代とともに変遷していく。それは初め近代的自我を基礎とする民主主義と資本主義によって成り立つ国家という形をとった。その後資本主義の持つ矛盾への反省から社会主義が成立すると、国家間の対立は資本主義陣営と社会主義陣営とのイデオロギー間の対立へと変わっていった。グローバルな経済発展の中で冷戦が終結すると、グローバルな経済システムが唯一のシステムとして機能するようになっている。国家、イデオロギー、経済システムがここで言うシステムの代表的な形態である。

専門分化した諸学は実学として組織されていく。実学とは実際に役立つ学問のことを言う。役に立つとは目に見える結果（形、数値）を出すということであり、何の役に立つのかと言えば、人間に安全と豊さを保障するシステムの役に立つということである。学問が実学として技術に結びつくことによって、技術は科学技術となる。元来人間の技術として芸術にまで深まりゆくものであった技術は、機械の技術として人間の手を離れていく。以前人間が芸術などにおいて絶対者を求めることによって、次第に人為を超えた絶対者の働きが人間において現れたように、システムとしての絶対者を求めることによって、今やシステムの方が人為を超えて、資源や人間を含めたすべてを駆り立てていく。

科学技術から区別される本来の技術としての芸術においては、ひたすら新しいものを求め続ける純粋芸術が行き詰まりの様相を呈しているのに対し、明確に娯楽となった芸術も商品化され、システムの中に取り込まれていく。かろうじて残った本来の学問も、教育や就職などの手段としてシステムの中に取り込まれていく。

すべてを取り込みながら、システム自体はもはや人間に安全と豊さを保障するものではなくなり、またどこへ行くのかも分からないことが次第に明らかになってきた。こうして人間の根底に再び虚無が広がっていく。ところでこうしたシステムは元はと言えば西洋の近代における自我を出発点として作られたものである。そうしたシステムが虚無化していくことによって新たに人々の心の支えとなりつつあるのが、それぞれの文化である。しかし人々が自らの文化の絶対性を主張すれば、そこにあるのは文化間、ないし文化ブロックとしての文明の衝突である。

人間の根底に文化を考えることは正しい。人間とは社会的な存在であり、かつ自覚的に善く生きることを求める存在であり、文化とは社会の自覚的に善く生きるあり方にほかならないからである。しかしこの善理解が社会によって異なる。だとすれば諸文化がそもそも善とは何かを問いつつ対話することのできる場が、文化の根底に開かれていなければならない。虚無の中で性急に自らの文化を絶対化しないためにも我々は虚無に正面から向き合い、虚無を通してその向こうに見えてくる新しい時代の原理を慎重に探求する必要がある。

新しい時代の原理

そのためにはまず正面から絶対者の条件を考えてみる必要がある。それをここで試みに考えてみたい。第一に絶対者は対を絶したものとして真の全体でなければならない。表象や思想における絶対者は真の全体ではない。具体的な生がそれに対立するからである。またシステムとしての絶対者も真の全体ではない。システムは作られたものであるが、これには決して作られることのないものが対立するからである。この対立は人為と自然の対立と呼ぶことができるが、人為と自然の対話の中で成立し、言わば自然となった人為が文化である。しかしある文化が自らを実体化し、それを絶対化してもそれが真の全体でないことは明らかであるが、この実体化された文化がさらに主体化され、世界史的な使命を帯びて全体になろうとする時、文明の衝突が起こる。しかしそのように主体化された文化は近代的自我の復活にほかならない。近代的自我を原理とした自己完結型の絶対者は完結の外というものを常に持つために真の全体ではない。それでは真の全体とはどのようなものであるか。

まずこの全体は対象化することができない。対象化すると「私が」「この全体を」見るということになって、この全体はもはや真の全体ではない。私とこの全体を含む全体が真の全体だからである。したがって真の全体である絶対者は我々がそれを知ろうとすることによって常に隠れてしまうものである。それゆえこの絶対者はこちら（この私）からは、これこれと言うことのできない「形のないもの」であるが、「形のないもの」ということも一つの限定である以上絶対者を正しく表現したものではない。それはまったく何とも言うことのできないもの、その意味でこちら側からは絶対の無としか言いようのないものである。しかしそう言っても外れてしまう。絶対無がまたしても実体化され、対象化されてしまうからである。

それではどのようにしてこの絶対者を知ることができるか。とりあえず「私が」という意識を消去すればよいということになる。これが無我とか無心と呼ばれる境位である。それはまったく意識がなくなった状態ではなく、自分を意識しないことによってむしろ物事を純粋に、ありのままに経験している状態である。また行為の主体が意識されないために、そこに自然な働きが現出することにもなる。こちらから何もしないことによって「自然」が働くと言ってもよいであろう。

しかしこうした無我（無心）になろうとすればそれがまた意識されてしまう。それではどうすればよいか。まず問題となっている事柄を完全に意識する必要がある。完全に意識するとは集中するということである。具体的にはまず問題となっている事柄について問い、答えを定め、その答えに従って実際に行う、その結果に基づいてさらに問う、というプロセスを繰り返すことである。このプロセスを何度も繰り返すことによってもはや意識する必要がなくなった時、集中ということが完成する。完全に集中するとはそのものに徹する、成り切るということである。こちら側に何も残さないことによってそこに無心、無我の境地が現出する。そこへとその物事がいっぱいに入ってくる。その物事は以下に述べるように真の全体につながっているから、それは同時に真の全体者の経験でもある。こうして物事をありのままに経験することができるだけでなく、そこにおいて自然（真の全体）の側からの働きが自由に働き出すことになる。

とはいえ人間の知は常に分別的に働くからこうした状態に人間は留まることができない。それは瞬間的な出来事と言える。この状態を意識することによってまた真の全体から離れていく。しかしこのプロセスを必然的なものと見て、これを意識的に繰り返すことによって、取り立てて意識せずにこのプロセスを歩むことにより、人為のプロセスがそのまま自然のプロセスに重なっていく。そうなった時、体は自然を体とする自然体、心は平常を心とする平常心となるのであろう。

第二にこの絶対者は真の全体としてまるごとであり、ありのままでなければならない。先ほど絶対者を対象にすると真の絶対者は隠れてしまう、と述べた。しかしそれは「私」にとってということであり、私とその絶対者を含んだ真の全体は確かにそこに顕わになっている。このような絶対者は常にまるごとであり、ありのままであり、欠けたり隠れたりすることはない。絶対者は常に開かれており、これが閉じたものになって隠れるのは、我々が自己完結した、閉じた態度を取ることによって絶対者を自己完結したものにしてしまうからである。しかしその場合ですら絶対者がそうしたものであるのは我々にとってであり、絶対者それ自身は常に開かれており、常に顕わなのである。

第三にこのような絶対者についてそれを一者（唯一）とすることはできない。一には多が対立するからである。かといって「絶対」であるから多で済ますわけにもいかない。したがって真の絶対者は一即多（一切）、多（一切）即一、あるいはone for all, all for one（一つはすべてのために、すべては一つのために）といった構造を持っていなければならない。一つがすべてのために自らを無にして尽くす。すべての一がこうした奉仕を行うことによって、各々の一はすべてからこの奉仕を受けることになり、これによってすべての一が他と替わることのできない絶対的な主体性を獲得するということである。この絶対的主体性は自己完結的な近代的自我を破る主体性であるが、この主体性がまたしても無我の主体性として自己完結、自己充足しないことが肝要である。

次にこうした絶対者のあり方に応じた人間のあり方についても考えておきたい。第一にそれは自己完結に留まるものであってはならず、常に自己完結を破り、形なきものに向かって問いを発しなければならない、ということである。異文化間の対話は単に違いを違いとして認めるということだけでは成立しない。形なきものに向けて共に問う、という姿勢が不可欠である。文化の根底には必ず宗教があるが、諸宗教がその根拠である、宗教を宗教たらしめる「宗教性」に向けて自覚的に共に問うことによって、原理主義を超えて宗教間対話が可能となるばかりでなく、諸宗教も生きたものへと改革されることになるはずである。

第二はこうした問いによって導かれる根本経験（気づき）を大切にし、それを我々にとっての導きとするというあり方である。その際こうした経験が具体的な生の現場で起こらなければならない、ということに注意しなければならない。表象や思想のうちで根本経験に導かれることももちろんあるが、そうした経験はある境域内で自己完結することなく、具体的な生の場に開かれていなければならない。

第三は主体性を自己完結のうちに求めるのではなく、この自己完結を破り、自らを開き、無（空）にすることにより、逆に成立する絶対的主体性のうちに求めるべきだということである。

芸術・宗教・哲学の可能性を求めて

新しい時代の原理に関する以上の考察を踏まえて、芸術、宗教、哲学の可能性を考察してみたい。まず芸術、宗教、哲学の根本なる真正の絶対者にはっきりと目を向け、これを求める必要がある。絶対者の不在によって、絶対者がつなぎ留めていたすべてが自己目的化し、自己完結して虚無に呑み込まれることはすでに見た通りである。また真の全体ではない限定された絶対者が根本に置かれると、芸術、宗教、哲学の概念や評価もそれによって限定されることもすでに見た。それはヘーゲルの絶対者についてもシステムについても言えることである。絶対者は芸術、宗教、哲学、さらには日常生活の源泉である。深みにある源泉が枯れれば、表面は衰退し、行き詰まり、荒み、疲弊するであろう。逆に真正の絶対者を求めるという広い意味での宗教心が深まれば、芸術も宗教も哲学も、それがいかなる形態であれその境位を高めることになるであろう。

第二に芸術、宗教、哲学の概念を原初的な単純なものに返して考える必要があると思われる。それを試みに考えてみたい。

芸術、宗教、哲学はすべて絶対者を求める。求めるとは、問う、定める、行うというプロセスを繰り返すことにほかならない。哲学はこれを考えることによって、宗教はこれを信じることによって、芸術はこれを行為することを含めた創ることによって行う。その際考える仕方が論理であり、信じる仕方が教、行であり、行為の仕方が技術である。また哲学の場は考えられた場、すなわち思想であり、宗教の場は信じられた場であり、芸術の場は創られた場であり、これらは日常生活の場からは明確に区別されることを通じて相互に開かれている。絶対者を求めるプロセスにおいて考えることが絶対者の側から起こるようになると、哲学の場は真という性格を帯びるようになり、信じることが神の側から起こるようになると、宗教の場は聖という性格を帯びるようになり、創ることが、それ自体を目的とする遊びの性格を帯び、その技術が自然の側からの技術（自然の技術）となると、芸術はまさに美しい技術として、美という性格を帯びるようになる。

以上は一例にすぎないが、このように芸術、宗教、哲学をその本質において単純に捉え、その入り口を覆っていた様々な混雑物を取り除くことによって、真正な絶対者が、いかなるジャンルのいかなる仕方にも自らを開くことが可能となるように思われる。また同時にあらゆる分野で専門化が進み、提供するものと受容するものが明確に分かれ、提供する側は一方的に発信し、受容する側は一方的に受容するだけといったあり方が、現在支配的となっているが、こうしたあり方をその根本に返す上でもこうした考察の試みは必要であるように思われる。言うまでもなく芸術、宗教、哲学は自ら創り、行為し、自ら信じ、自ら考えることが基本だという点は動かないのである。

最後に各ジャンルが絶対者に開かれているのみならず、各ジャンル相互に対して、また日常生活に対しても開かれていることを示したい。通常は芸術、宗教、哲学は相互に区別され、さらにこの三者は日常生活からも区別される。これはある意味ではとても重要である。例えば物語の世界を現実の世界と混同するようなことがあってはならないからである。しかしこうした区別が自己完結型の区別か、開かれることを通じての区別かが問題なのである。

芸術、宗教、哲学の区別、およびそれらの日常生活からの区別を成り立たせているのは、創られた場、信じられた場、考えられた場、生きる場といった場の違いである。しかしそうした場におけるものが作品などの形あるものとなり、さらにそうした場自身も制度として固定されると、そこで行われているものが芸術、宗教、学問であるかのごとき先入見が生ずる。美術館、演奏会場、試合場、寺院、大学、学会などがそうした制度の例である。しかし区別はそれほど明確ではない。元来芸術、宗教、哲学は絶対者において一つであった。宗教的な内容が美しい芸術として表現され、哲学として展開されていた。しかし絶対者が不在となり、替わってシステムが支配的となるにつれ、そうした制度が固定されていった、と見ることができる。そうしてそこでは常に集客、利益、勝利、論文数などの結果を出すことが求められるのである。逆にどれほど深い芸術性や宗教観、哲学観を持っていても、こうした制度と結びつかなければそれらはまっとうなものとは見てもらえない。

これに対し日常生活の場は生きる場として、すべてが生きるために組織される。衣食住や仕事がこれに当たる。以前にはこの領域にも絶対者が息づいていた。しかし絶対者が不在となり、虚無にさらされた空虚な自我が、快楽や富、権力、名誉によって自らを満たし、これによって自らを支え、生活を成り立たせようとする場が日常生活の場となった。従来日常生活からは区別されつつ、日常生活に潤いを与える場であった芸術、宗教、哲学の場も絶対者の不在によって廃れ、絶対者を求めることのない単なる娯楽の場がその場を替わって支配するようになっていった。そうしてこの殺伐とした日常生活と享楽的な娯楽の場とをシステムが支配するようになったのである。

このように絶対者が不在になることによって、従来は一つであった芸術、宗教、哲学と日常生活の区別が固定されていったと考えられる。しかし根本的には芸術、宗教、哲学と日常生活は一つであると考えられる。すなわち我々の一挙手一投足、着衣喫飯がそのまま芸術、宗教、哲学でありうる。そんなことが言えるのは、考えることと信じることと創ること（行為すること）が、具体的な行為の中では常に一つだからである。もちろんこうした行為がいかなる場で行われているかについての明確な意識を欠くことはできない。しかしその場合でもそうした場が常に具体的な全体に開かれているという自覚が必要である。それは我々がいかなる場合にも真の全体である絶対者に開かれているという自覚と同じものである。それによって単に生きるための場と化した日常生活の場も、絶対者を求めることにおいて深みと遊びの趣を帯びてくるであろうし、単なる娯楽の場と化した場が、絶対者を求めることにおいて同じく深みと真剣の趣を帯びてくるであろう。現代における芸術と宗教と哲学の可能性はこのような方向にあるのではなかろうか。

注

(1) 竹内敏雄訳『美学』第一巻の上〈ヘーゲル全集〉一八a、岩波書店、一九九五年、二六、三七頁。
(2) 同上書、三七頁。
(3) 金子武蔵訳『精神の現象学』上巻〈ヘーゲル全集〉四、岩波書店、一九九五年、二二頁。
(4) 同上書、一六頁。
(5) 船山信一訳『精神哲学』〈ヘーゲル全集〉三、岩波書店、一九九五年、二一頁。
(6) 上妻精他訳『法の哲学』上巻〈ヘーゲル全集〉九a、岩波書店、一九九五年、二二頁。
(7) 真下信一他訳、『小論理学』〈ヘーゲル全集〉一、岩波書店、一九九五年、四八四頁。
(8) 同上書、四八四頁。
(9) 同上書、五一四頁。
(10) 船山信一訳、前掲訳書、五一九頁。
(11) 上妻精他訳、前掲訳書、一九頁。
(12) 同上書、二〇頁。

あとがき――ドイツ観念論研究会・第三期の活動

一九八九年に発足した「ドイツ観念論研究会」は、これまで一八年の間、哲学・芸術・宗教・文学、等の分野にわたる学際的な研究を行ってきた。第一期の成果は、全六巻の叢書〈ドイツ観念論との対話〉（ミネルヴァ書房、一九九三年）として、また第二期の成果は、同じく全六巻の叢書〈転換期のフィロソフィー〉（ミネルヴァ書房、一九九九年）として、それぞれ刊行された。

二〇〇〇年より、本研究会はこの成果を踏まえて、そしてこれまでのテーマをさらに発展させて、第三期の活動に入った。第三期は、これまで会の代表者であった神林恒道（大阪大学／立命館大学）と大橋良介（大阪大学／龍谷大学）を顧問とした上で、実質的な運営を、寄川条路（愛知大学）と高梨友宏（大阪市立大学）と石黒義昭（大阪大学）が継承し、新たな活動を始めた。従来の会の名称と会員は継承し、また哲学・芸術・宗教・文学、等の分野にわたる学際性も維持したが、運営組織や成果の出し方に関してはスタイルを一新した。

第三期は、狭い意味での「ドイツ観念論」に囚われず、人文・社会・自然科学にわたる学際性を維持して、思想・文化のアクチュアリティを求めていった。研究発表では、テクストに即した研究成果の発表を主眼にしながらも、シンポジウムでは、「ドイツ観念論」にこだわらず、諸領域が交差する学際的な議論に重点を置いた。実存思想協会との合同研究会など、シンポジウムでその都度特集を組んだのも、新しい知の総合的・統合的なあり方を探るためであった。

こうした意味でも、「ドイツ観念論研究会」とは、カントからヘーゲルまでのドイツ観念論を研究する会に留まらず、ドイツ観念論がそうであったように、常に思想・文化のアクチュアリティを求めて、広く人文・社会・自然科学を学際的に研究する会である。本研究会には、狭い意味での「ドイツ観念論」（カントからヘーゲルまで）の哲学研究者のみならず、広く哲学・芸術・宗教・文学の研究者が名を連ねているのもそのためである。

最後に、ドイツ観念論研究会・第三期の活動として企画された、研究会のプログラムを掲げておく。研究発表とシンポジウムのタイトルからも、本会の特徴がよく分かるであろう。なお、発表者等の所属はすべて当時のものである。これによって、ドイツ観念論研究会・第三期の活動を総括する。

■第一回研究会（二〇〇〇年九月九日、京大会館）

□研究発表

一　渋谷繁明（早稲田大学）「イエナ・プログラムの新展開――ドイツ観念論の成立におけるI・C・ディーツの意義について」司会・小川真人（東京藝術大学）
二　大塚直（慶應義塾大学）「ネメシス概念と運命の歌――ヘルダリーン時代の人間学的体系理論におけるKraft, Macht, Gewalt について」司会・板井孝壱郎（京都大学）
三　轟孝夫（埼玉大学）「『存在と時間』はなぜ未完に終わったか」司会・関口浩（早稲田大学）
四　茂牧人（青山学院大学）「形而上学の神とハイデガーの神――『哲学への寄与』を中心にして」司会・相楽勉（東洋大学）

□シンポジウム「グローバリズムの哲学的問題」

一　杉田正樹（関東学院大学）「ニヒリズムの消滅――二一世紀の哲学の三類型」
二　秋富克也（京都工芸繊維大学）「ハイデッガーにおける〈全地球的思索の修練〉」
三　小林信之（京都市立芸術大学）「土俗について」

司会・寄川条路（愛知大学）

■第二回研究会（二〇〇一年五月一九日、京都大学）

□研究発表

一　薮田道明（愛知大学）「ヘーゲルの『美学講義』における音楽」司会・小川真人（東京工芸大学）

□シンポジウム「応用倫理学と観念論のアクチュアリティ」

一　伊古田理（千葉工業大学）「発言（情報発信）の自由とその制限――カントの啓蒙のプロジェクトを軸にして」

二　伊勢田哲治（名古屋大学）「倫理学理論は環境科学に貢献できるか？」

三　土屋貴志（大阪市立大学）「何のための医療倫理学か？」

司会・板井孝壱郎（京都大学）、コメント・加藤尚武（鳥取環境大学）

■第三回研究会（二〇〇一年九月二九日、早稲田大学）

□研究発表

一　石原孝二（北海道大学）「錯誤の構造――シェーラーにおける〈自己〉と〈他者〉」司会・森一郎（東京女子大学）

二　伊藤直樹（法政大学）「阿部次郎と哲学――学としての哲学とエロースとしての哲学の間で」司会・森村修（法政大学）

三　相楽勉（東洋大学）「西田幾多郎の技術論、芸術論」司会・的場哲朗（白鷗大学）

四　神林恒道（大阪大学）「岡倉天心とヘーゲル」司会・平山敬二（沖縄県立芸術大学）

□シンポジウム「日本近代思想の再検討」

一　赤羽根龍雄（神奈川歯科大学）「北村透谷と西田幾多郎――明治の精神をめぐって」
二　川端伸典（京都大学）「内村鑑三とキリスト教」
司会・鹿島徹（早稲田大学）

■**第四回研究会**（二〇〇二年九月二八日、京大会館）
□研究発表
一　松本直樹（大阪外国語大学）「ブレイクダウンの存在論――ハイデガー『存在と時間』における〈実存主義〉」司会・古荘真敬（山口大学）
二・佐藤優子（東北大学）「存在と神――ハイデガー『哲学への寄与』をめぐって」司会・山本英輔（法政大学）
三　岡村康夫（山口大学）「ベーメにおける神の問題」司会・藤田正勝（京都大学）
四　松井吉康（大阪外国語大学）「エックハルトにおける神の問題」司会・秋富克哉（京都工芸繊維大学）
□シンポジウム「ドイツ思想史における神の問題」
一　茂牧人（青山学院大学）「ハイデッガーと〈隠れたる神〉の神学」
二　塩路憲一（姫路獨協大学）「絶対一者と意志――クザーヌスとショーペンハウアー」
司会・仲原孝（大阪市立大学）

■**第五回研究会**（二〇〇三年一〇月四日、早稲田大学）
□研究発表
一　香川哲夫（北海道大学）「神秘主義の〈哲学的〉意味――最初期ハイデガーとエックハルト」司会・齋藤元紀

（法政大学）
二　要真理子（大阪大学）「概念と感覚を結ぶ形式――ラッセルの論理命題と絵画作品」司会・上倉庸敬（大阪大学）
三　的場哲朗（白鷗大学）「『ディルタイ‐ヨルク伯往復書簡』から見たハイデガー」司会・大石学（東洋大学）
四　北條慈応（大阪市立大学）「経験における時間――カントの純粋理性批判における」司会・藪木榮夫（大阪市立大学）
□シンポジウム「生命論をめぐって」
一　加藤直克（自治医科大学）「ヒト胚の全体性と可能性をめぐって」
二　板井孝壱郎（宮崎医科大学）「自然哲学的医学思想とバイオエシックスの学的基礎付け――生命・有機体概念の脆弱性はいかにして克服可能か？」
司会・石井敏夫（慶應義塾大学）

▒第六回研究会（二〇〇四年六月二七日、京都工芸繊維大学）

□研究発表
一　伊藤政志（神戸大学）「趣味判断の公共的構造の分析――カントによる構想力の規定を手がかりにして」司会・小川真人（東京工芸大学）
二　亀井大輔（立命館大学）「チャン＝デュク＝タオとデリダ――デリダ最初期の思想形成にかんする一考察」司会・川瀬雅也（佐世保工業高等専門学校）
三　鎌田学（弘前学院大学）「ハイデガー〈技術への問い〉の射程」司会・森一郎（東京女子大学）
四　石黒義昭（大阪大学）「ハイデガーの思惟における音楽と詩作」司会・小林信之（京都市立芸術大学）
□シンポジウム「芸術美のアクチュアリティー」

一　三木順子（京都工芸繊維大学）「美的経験の臨界——〈もはや美しくない〉芸術のゆくえ」
二　古荘真敬（山口大学）「美の人称性について」
三　高梨友宏（大阪市立大学）「美的価値と人格性」
司会・平山敬二（東京工芸大学）

■**第七回研究会**（二〇〇五年五月七日、京大会館）

□シンポジウム「観念論とメディア論」
一　縄田雄二（中央大学）「観念論からメディア論へ」
二　川島建太郎（慶應義塾大学）「凌駕のパトス——マンフレート・シュナイダーのメディア史学」
三　仲正昌樹（金沢大学）「スローターダイクとドイツ型ヒューマニズムの終焉」
司会・大塚直（学習院大学）

■**第八回研究会**（二〇〇五年九月二四日、早稲田大学）

□研究発表
一　加藤恵介（神戸山手大学）「アポリアをめぐって」司会・関口浩（早稲田大学）
二　瀧将之（東京大学）「気分ともう一方の〈終わり〉としての誕生」司会・小林信之（京都市立芸術大学）
三　小柳美代子（早稲田大学）「〈時間〉という謎——ハイデガーの『存在と時間』は、なぜ「存在」と「時間」だったのか」司会・相楽勉（東洋大学）
四　米持和幸（京都大学）「ハイデガーとシェーラー——手許性をめぐって」司会・石黒義昭（大阪大学）

□シンポジウム「ハイデガー『存在と時間』をめぐって」
一　齋藤元紀（法政大学）「『存在と時間』における神的なるものの目配せ」
二　大島淑子（フライブルク禅アカデミー）「『存在と時間』と禅」
三　轟孝夫（防衛大学校）「『存在と時間』における体系構想――ライプニッツ講義を手がかりとして」
司会・榊原哲也（東京大学）

第九回研究会（二〇〇六年三月二八／二九日、大阪大学）

日本におけるドイツ年二〇〇五／〇六年・日独哲学シンポジウム
□講演「絶対的なものに即して／のあとに？――科学技術の絶対性要求の時代に」
一　ヴォルフガング・ヴェルシュ（イェーナ大学）「絶対的観念論か進化論か」司会・小川真人（東京工芸大学）、コメント・岩城見一（京都国立近代美術館）
二　エッカルト・フェルスター（ジョンズ・ポプキンス大学）「アメリカから見たドイツ観念論」司会・出口康夫（京都大学）、コメント・隈元泰弘（梅花女子大学）
三　ロルフ・ペーター・ホルストマン（ベルリン・フンボルト大学）「絶対者のアクチュアリティ」司会・山脇雅夫（高野山大学）、コメント・早瀬明（京都外国語大学）
□シンポジウム「芸術における絶対的なもの」
一　神林恒道（立命館大学）「ロマン的崇高の過去と現在」
二　根岸一美（大阪大学）「絶対音楽の過去と現在」
司会・舟場保之（大阪大学）、コメント・岡林洋（同志社大学）

□シンポジウム「東洋と西洋における絶対者の思想」
一　榎本文雄（大阪大学）「インド思想における絶対的なものと相対的なもの」
二　寄川条路（愛知大学）「絶対者と絶対無」
司会・藤田正勝（京都大学）、コメント・山口和子（岡山大学）
□シンポジウム「絶対者と空無の思想」
一　松山壽一（大阪学院大学）「脱自と無の場所をめぐって――シェリングと西田」
二　秋富克哉（京都工芸繊維大学）「ニヒリズムを通してのニヒリズムの超克――ニーチェと西谷」
司会・小林信之（京都市立芸術大学）、コメント・須藤訓任（大阪大学）
□若手フォーラム「グローバル・エシックスをめぐって」
一　石黒義昭（大阪大学）「ハイデガーの『ものへの問い』と倫理」
二　後藤正英（京都大学）「レッシングとメンデルスゾーン――グローバル化時代の寛容論」
三　入谷秀一（大阪大学）「非同一的なものの承認――アドルノからホネットへ」
四　近堂秀（法政大学）「思考様式の革命と公共性――カントの理性批判を手がかりに」
司会・加藤泰史（南山大学）、コメント・入江幸男（大阪大学）

■**第十回研究会**（二〇〇六年九月三〇日、京大会館）
□研究発表
一　滝紀夫（自営業）「ドイツ観念論の現代的合理性」司会・石黒義昭（大阪大学）
二　茂牧人（青山学院大学）「ハイデガーのシェリング論と否定神学」司会・山本英輔（法政大学）

三　来栖哲明（山口日独協会）「西田幾多郎とヘーゲルの弁証法」司会・高梨友宏（大阪市立大学）
四　稲田知己（津山工業高等専門学校）「ハイデッガーについて」司会・皆見浩史（早稲田大学）
□シンポジウム「インター・カルチャー論」
一　吉田馨（大阪大学）「一九二〇年代の世界映画史にみる衣笠貞之助――『狂った一頁』（一九二六年）と『十字路』（一九二八年）を中心に」
二　柿木伸之（広島市立大学）「言語のディアスポラを生きる――文化の複数性を創造的に経験するために」
三　佐野之人（東亜大学）「異文化理解の原理を求めて」
司会・寄川条路（愛知大学）

寄川条路

二〇〇七年九月二〇日

参考文献

叢書〈ドイツ観念論との対話〉全六巻、ミネルヴァ書房、一九九三年。

叢書〈転換期のフィロソフィー〉全六巻、ミネルヴァ書房、一九九九年。

大橋良介編『ドイツ観念論を学ぶ人のために』世界思想社、二〇〇六年。

寄川条路編『メディア論――現代ドイツにおける知のパラダイム・シフト』御茶の水書房、二〇〇七年。

瀧　将之（たき まさゆき）
1977年生まれ。東京大学大学院人文社会系研究科博士課程在籍中。「ディルタイにおける『生の解釈学』」『次世代死生学論集』（東京大学21世紀COEプログラム「生命の文化・価値をめぐる『死生学』の構築」，2006年），「気分ともう一方の〈終わり〉としての誕生――ハイデガー根本気分論へのアプローチ――」東京大学大学院人文社会系研究科哲学研究室『論集』24（2006年），「ハイデガーにおける『気分の理解性』について――アリストテレス『弁論術』と対比しつつ――」『同』23（2005年），ほか。〔**第Ⅲ部第2章**〕

米持和幸（よねもち かずゆき）
1973年生まれ。京都大学大学院人間・環境学研究科博士課程在籍中。「ハイデガーにおける人間への問い――哲学的人間学に対するハイデガーの批判と現存在の解釈学の成立から」『京都大学総合人間学部紀要』第10巻（2003年），「『物』と人間存在――ハイデッガーの芸術作品をめぐる思惟から」上智大学哲学会『哲学論集』第31号（2002年），ほか。〔**第Ⅲ部第3章**〕

寄川条路（よりかわ じょうじ）
1961年生まれ。ボーフム大学（ドイツ）大学院修了。現在，愛知大学教員。『ヘーゲル『精神現象学』を読む』（世界思想社，2004年），『構築と解体――ドイツ観念論の研究』（晃洋書房，2003年），『体系への道――初期ヘーゲル研究』（創土社，2000年），ほか。〔**あとがき**〕

年），「カント『実践理性批判』における神の現存在の要請について」九州大学哲学会『哲学論文集』第42輯（2006年），「カント『感性的判断力批判』における英知界と感性界の統一」『同』第27輯（1991年），ほか。**〔第Ⅱ部解説，第Ⅱ部第1章〕**

岡村康夫（おかむら やすお）

1951年生まれ。京都大学大学院文学研究科博士課程単位取得退学。現在，山口大学教育学部教授。「神の道具――ヤーコプ・ベーメの人間観――」『山口大学哲学研究』第14巻（2002年），「神の大いなる戯れ――ヤーコプ・ベーメにおける『創造』の問題――」『同』第12巻（2005年），「神の戯れ――ヤーコプ・ベーメの神」『同』第10巻（2007年），ほか。**〔第Ⅱ部第2章〕**

茂　牧人（しげる まきと）

1958年生まれ。上智大学大学院哲学研究科博士後期課程単位取得満期退学。現在，青山学院大学教授。「傷による救いの神秘への信仰」『理想』第678号（2007年），「ハイデッガーのヘルダーリン論と否定神学」ハイデッガー研究会編『ハイデッガーと思索の将来――哲学への〈寄与〉――』（理想社，2006年），“Die Theologie des>verborgenen Gottes< bei Heidegger,” T. Ogawa (Hg.), *Interdisziplinäre Phänomenologie*, vol. 3. 2006，ほか。**〔第Ⅱ部第3章〕**

塩路憲一（しおじ けんいち）

1947年生まれ。マインツ大学哲学部博士課程修了（Dh.D.）。現在，姫路獨協大学外国語学部教授。「クザーヌスとショーペンハウアー――一者の形而上学と意志の形而上学」渡邊二郎監修／哲学史研究会編『現代の哲学――西洋哲学史二千六百年の視野より――』（昭和堂，2005年），『自己との出会い』（ふくろう出版，1998年），*Das Sein des Selbst: Eine Untersuchung im Anschluss an Peter Wust und Gabriel Marcel* (Mainz, 1983)，ほか。**〔第Ⅱ部第4章〕**

佐野之人（さの ゆきひと）

1956年生まれ。京都大学大学院文学研究科博士後期課程修了。現在，東亜大学人間科学部教授。『大学生のためのフィロソフィア』（クォリティ出版，2000年），『〈哲学〉――〈知〉の新たな展開』〈叢書／転換期のフィロソフィー〉第1巻（共著：ミネルヴァ書房，1999年），『ハイデッガーを学ぶ人のために』（共著：世界思想社，1994年），ほか。**〔第Ⅲ部解説，第Ⅲ部第4章〕**

滝　紀夫（たき のりお）

1952年生まれ。上智大学大学院哲学研究科修士課程修了。現在，自営業。研究活動等についてはホームページ「ドイツ観念論のページ」（http://taki.cool.ne.jp）参照。**〔第Ⅲ部第1章〕**

■ **執筆者紹介**（執筆順）

高梨友宏（たかなし ともひろ）

1964年生まれ。大阪大学大学院文学研究科博士課程単位取得退学。文学博士（大阪大学）。現在，大阪市立大学大学院文学研究科准教授。『美的経験の現象学を超えて――現象学的美学の諸相と展開――』（晃洋書房，2001年），「『“芸術論”としての西田哲学』再考」神林恒道編『日本の芸術論』（ミネルヴァ書房，2000年），「美的経験の普遍性――カントと西田におけるその根拠への問いをめぐって――」日本哲学史フォーラム編『日本の哲学』第7号（2006年），ほか。**〔まえがき，第Ⅰ部第2章〕**

石黒義昭（いしぐろ よしあき）

2003年，大阪大学大学院文学研究科博士後期課程単位取得退学。ミュンヘン大学哲学部留学（ロータリー財団奨学生）。現在，ECC国際外語専門学校講師，立命館大学大学院・大阪歯科大学ほか非常勤講師。『美学のキーワード』（共訳：勁草書房，2001年），「ハイデガーの大地概念」『美學』第208号（2002年），「中期ハイデガーの思惟における音楽の位置」科学研究費補助金研究成果報告書『ドラマ空間における音楽に対する観客反応の実証的な研究』（研究代表者：上倉庸敬，2006年），ほか。**〔第Ⅰ部解説，第Ⅰ部第4章〕**

伊藤政志（いとうし まさし）

1975年生まれ。神戸大学大学院文化学研究科博士課程在籍中。現在，近畿大学医学部非常勤講師。「完全性へと解消されないものとしての美――カント美学における合目的性概念の射程」『美學』第228号（2007年），「趣味判断における構想力の自由と倫理――カントによる構想力の規定に依拠して――」神戸大学芸術学研究室『美学芸術学論集』第2号（2006年），「趣味批判の鍵の行方――カント趣味理論を巡る議論の最前線へ向けて」第53回美学会全国大会当番校企画報告書（2003年），ほか。**〔第Ⅰ部第1章〕**

柿木伸之（かきぎ のぶゆき）

1970年生まれ。上智大学大学院哲学研究科博士後期課程単位取得退学。現在，広島市立大学国際学部准教授。「『母語』を越えて翻訳する――ベンヤミンとローゼンツヴァイクの翻訳概念のポテンシャル」『哲学』第57号（2006年），「経験の廃墟から新たな歴史の経験へ――経験の可能性を探究するベンヤミンの思考をめぐって」『比較思想研究』第32号（2006年），「翻訳としての言語――『言語一般および人間の言語について』におけるベンヤミンの言語哲学」広島市立大学国際学部『広島国際研究』第11巻（2006年），ほか。**〔第Ⅰ部第3章〕**

来栖哲明（くるす てつあき）

1962年生まれ。九州大学大学院文学研究科博士後期課程単位取得退学。ミュンヘン大学文化学部博士課程修了（Ph. D）。現在，山口日独協会理事。『健康の倫理』〈諸宗教の倫理学〉第3巻（共訳：九州大学出版会，1994

思索の道標をもとめて――芸術学・宗教学・哲学の現場から――

2007年11月30日　初版第1刷発行

編　者　ドイツ観念論研究会
発行者　白 石 徳 浩
発行所　有限会社 萌《きざす》 書 房
〒630-1242　奈良市大柳生町3619-1
TEL（0742）93-2234 / FAX 93-2235
［URL］http://www3.kcn.ne.jp/~kizasu-s
振替　00940-7-53629
印刷・製本　共同印刷工業・藤沢製本
©ドイツ観念論研究会，2007　Printed in Japan

ISBN 978-4-86065-032-2